吳墉祥在台日記

（1959）

The Diaries of Wu Yung-hsiang at Taiwan, 1959

民國日記 ‖ 總序

呂芳上
民國歷史文化學社社長

人是歷史的主體，人性是歷史的內涵。「人事有代謝，往來成古今」（孟浩然），瞭解活生生的「人」，才較能掌握歷史的真相；愈是貼近「人性」的思考，才愈能體會歷史的本質。近代歷史的特色之一是資料閎富而駁雜，由當事人主導、製作而形成的資料，以自傳、回憶錄、口述訪問、函札及日記最為重要，其中日記的完成最即時，描述較能顯現內在的幽微，最受史家重視。

日記本是個人記述每天所見聞、所感思、所作為有選擇的紀錄，雖不必能反映史事整體或各個部分的所有細節，但可以掌握史實發展的一定脈絡。尤其個人日記一方面透露個人單獨親歷之事，補足歷史原貌的闕漏；一方面個人隨時勢變化呈現出不同的心路歷程，對同一史事發為不同的看法和感受，往往會豐富了歷史內容。

中國從宋代以後，開始有更多的讀書人有寫日記的習慣，到近代更是蔚然成風，於是利用日記史料作歷史研究成了近代史學的一大特色。本來不同的史料，各有不同的性質，日記記述形式不一，有的像流水帳，有的生動引人。日記的共同主要特質是自我（self）與私密（privacy），史家是史事的「局外人」，不只注意史實的追尋，更有興趣瞭解歷史如何被體驗和講述，這時對「局內人」所思、所行的掌握和體會，日記便成了十分關鍵的材料。傾聽歷史的聲音，重要的是能聽到「原音」，而非「變音」，日記應屬原音，故價值高。1970年代，在後現代理論影響下，檢驗史料的潛在偏見，成為時尚。論者以為即使親筆日記、函札，亦不必全屬真實。實者，日記記錄可能有偏差，一來自時代政治與社會的制約和氛圍，有清一代文網太密，使讀書人有口難言，或心中自我約束太過。顏李學派李塨死前日記每月後書寫「小心翼翼，俱以終始」八字，心所謂為危，這樣的日記記錄，難暢所欲言，可以想見。二來自人性的弱點，除了「記主」可能自我「美化拔高」之外，主觀、偏私、急功好利、現實等，有意無心的記述或失實、或迴避，例如「胡適日記」於關鍵時刻，不無避實就虛，語焉不詳之處；「閻錫山日記」滿口禮義道德，使用價值略幾近於零，難免令人失望。三來自旁人過度用心的整理、剪裁、甚至「消音」，如「陳誠日記」、「胡宗南日記」，均不免有斧鑿痕跡，不論立意多麼良善，都會是史學研究上難以彌補的損失。史料之於歷史研究，一如「盡信書不如無書」的話語，對證、勘比是個基本功。或謂使用材料多方查證，有如老吏斷獄、法官斷案，取證求其多，追根究柢求其細，庶幾還原案貌，以證據下法理註腳，盡力讓歷史真相水落可石出。是故不同史料對同一史事，記述會有異同，同者互證，異者互勘，於是能逼近史實。而勘比、互證之中，以日記比證日記，或以他人日記，證人物所思所行，亦不失為一良法。

從日記的內容、特質看，研究日記的學者鄒振環，曾將日記概分為記事備忘、工作、學術考據、宗教人生、游歷探險、使行、志感抒情、文藝、戰難、科學、家庭婦女、學生、囚亡、外人在華日記等十四種。事實上，多半的日記是複合型的，柳貽徵說：「國史有日歷，私家有日記，一也。日歷詳一國之事，舉其大而略其細；日記則洪纖必包，無定格，而一身、一家、一地、一國之真史具焉，讀之視日歷有味，且有補於史學。」近代人物如胡適、吳宓、顧頡剛的大部頭日記，大約可被歸為「學人日記」，余英時翻讀《顧頡剛日記》後說，藉日記以窺測顧的內心世界，發現其事業心竟在求知慾上，1930 年代後，顧更接近的是流轉於學、政、商三界的「社會活動家」，在謹厚恂恂君子後邊，還擁有激盪以至浪漫的情感世界。於是活生生多面向的人，因此呈現出來，日記的作用可見。

晚清民國，相對於昔時，是日記留存、出版較多的時期，這可能與識字率提升、媒體、出版事業發達相關。過去日記的面世，撰著人多半是時代舞台上的要角，他們的言行、舉動，動見觀瞻，當然不容小覷。但，相對的芸芸眾生，識字或不識字的「小人物」們，在正史中往往是無名英雄，甚至於是「失蹤者」，他們如何參與近代國家的構建，如何共同締造新社會，不應該被埋沒、被忽略。近代中國中西交會、內外戰事頻仍，傳統走向現代，社會矛盾叢生，如何豐富歷史內涵，需要傾聽社會各階層的「原聲」來補足，更寬闊的歷史視野，需要眾人的紀錄來拓展。開放檔案，公布公家、私人資料，這是近代史學界的迫切期待，也是「民國歷史文化學社」大力倡議出版日記叢書的緣由。

導言

侯嘉星
國立中興大學歷史學系助理教授

　　《吳墉祥在台日記》的傳主吳墉祥（1909-2000），
字茂如，山東棲霞縣人。幼年時在棲霞就讀私塾、新式
小學，後負笈煙台，畢業於煙台模範高等小學、私立
先志中學。中學期間受中學校長、教師影響，於1924
年加入中國國民黨；1927年5月中央黨務學校在南京
創設時報考錄取，翌年奉派於山東省黨部服務。1929
年黨務學校改為中央政治學設大學部，故1930年申請
返校就讀，進入財政系就讀，1933年以第一名成績畢
業。自政校畢業後留校擔任助教3年，1936年由財政
系及黨部推薦前往安徽地方銀行服務，陸續擔任安慶分
行副理、經理，總行稽核、副總經理，時值抗戰軍興，
隨同皖省政府輾轉於山區維持經濟、調劑金融。1945
年因抗戰勝利在望，山東省主席何思源遊說之下回到故
鄉任職，協助重建山東省銀行。

　　1945年底山東省銀行正式開業後，傳主擔任總經
理主持行務；1947年又受國民黨中央黨部委派擔任黨
營事業齊魯公司常務董事，可說深深參與戰後經濟接收
與重建工作。這段期間傳主也通過高考會計師合格，
並當選棲霞區國民大會代表。直到1949年7月因戰局
逆轉，傳主隨政府遷台，定居於台北。1945至1950這

6 年間的日記深具歷史意義，詳細記載這一段經歷戰時淪陷區生活、戰後華北接收的諸般細節，乃至於國共內戰急轉直下的糾結與倉皇，可說是瞭解戰後初期復員工作、經濟活動以及政黨活動的極佳史料，已正式出版為《吳墉祥戰後日記》，為戰後經濟史研究一大福音。

1949 年來台後，除了初期短暫清算齊魯公司業務外，傳主以會計師執照維生。當時美援已進入台灣，1956 年起受聘為美國國際合作總署駐華安全分署之高級稽核，主要任務是負責美援項目的帳務查核，足跡遍及全台各地。1960 年代台灣經濟好轉，美援項目逐漸減少，至 1965 年美援結束，傳主改任職於中美合營之台達化學工業公司，擔任會計主任、財務長，直到 1976 年退休；國大代表的職務則保留至 1991 年退職。傳主長期服務於金融界，對銀行、會計及財務工作歷練豐富，這一點在《吳墉祥戰後日記》的價值中已充分顯露無遺。來台以後的《吳墉祥在台日記》，更是傳主親歷中華民國從美援中站穩腳步、再到出口擴張達成經濟奇蹟的各個階段，尤其遺留之詳實精采的日記，成為回顧戰台灣後經濟社會發展的寶貴文獻，其價值與意義，以下分別闡述之。

一

史料是瞭解歷史、探討過去的依據，故云「史料為史之組織細胞，史料不具或不確，則無復史之可言」（梁啟超，《中國歷史研究法》）。在晚近不斷推陳出新的史料類型中，日記無疑是備受歷史學家乃至社會各界重視的材料。相較於政府機關、公司團體所留下之日常文件檔案，日記恰好為個人在私領域中，日常生活留下的紀錄。固然有些日記內容側重公事、有些則抒發情懷，但就材料本身而言，仍然是一種私人立場的記述，不可貿然將之視為客觀史實。受到後現代主義的影響，日記成為研究者與傳主之間的鬥智遊戲。傳主寫下對事件的那一刻，必然帶有個人的想法立場，也帶有某些特別的目的，研究者必須能分辨這些立場與目的，從而探索傳主內心想法。也因此，日記史料之使用有良窳之別，需細細辯證。

那麼進一步說，該如何用使日記這類文獻呢？大致來說，良好的日記需要有三個條件，以發揮內在考證的作用：（1）日記之傳主應該有一定的社會代表性，且包含生平經歷，乃至行止足跡等應具體可供複驗。（2）日記須具備相當之時間跨度，足以呈現長時段的時空變化，且年月日之間的紀錄不宜經常跳躍脫漏。（3）日記本身的文字自然越詳細充實越理想，如此可以提供豐富素材，供來者進一步考辨比對。從上述三個條件來看，《吳墉祥在台日記》無疑是一部上佳的日記史料。

就代表社會性而言，傳主曾擔任省級銀行副總經理、總經理，又當選為國大代表；來台後先為執業會計師，復受聘在美援重要機構中服務，接著擔任大型企業財務長，無論學經歷、專業素養都具有相當代表性。藉由這部日記，我們可以在過去國家宏觀政策之外，以社會中層技術人員的視角，看到中美合作具體的執行情況，也能體會到這段時期的政治、經濟和社會變遷。

　　而在時間跨度方面，傳主自 1927 年投考中央黨務學校起，即有固定寫作日記的習慣，但因抗戰的緣故，早年日記已亡佚，現存日記自 1945 年起，迄於 2000 年，時間跨度長達 55 年，僅 1954 年因蟲蛀損毀，其餘均無日間斷，其難能可貴不言可喻。即便 1945 年至 1976 年供職期間的日記，也長達 32 年，借助長時段的分析比對，我們可以對傳主的思想、心境、性格，乃至習慣等有所掌握，進而對日記中所紀錄的內容有更深層的掌握。

　　最重要的，是傳主每日的日記寫作極有條理，每則均加上「職務」、「師友」、「體質」「娛樂」、「家事」、「交際」、「游覽」等標題，每天日記或兩則或三則不等，顯示紀錄內容的多元。這些內容所反映的，不僅是公務上的專業會計師，更是時代變遷中的黨員、父親、國民。因此從日記的史料價值來看，《吳墉祥在台日記》能帶領我們，用豐富的角度重新體驗一遍戰後台灣的發展之路，也提供專業財經專家觀點以及可靠的事件觀察記錄，讓歷史研究者能細細品味 1951 年至 1976 年這 26 年間，種種宏觀與微觀的時代變遷。

二

　　戰後中華民國的各項成就中，最被世界所關注的，首推是 1980 年代前後台灣經濟奇蹟（Taiwan Economic Miracle）了。台灣經濟奇蹟的出現，有其政策與產業的背景，1950 年開始在美援協助下政府進行基礎建設

與教育投資，配合進口替代政策發展國內產業。接著在
1960 年代起，推動投資獎勵與出口擴張、設立加工出
口區，開啟經濟起飛的年代。由於經濟好轉，1963 年
起台灣已經累積出口外匯，開始逐步償還美援，在國際
間被視為美援國家中的模範生，為少數能快速恢復經濟
自主的案例。在這樣的時代背景中，美援與產業經營，
成為分析台灣經濟奇蹟的關鍵。

《吳墉祥在台日記》中，傳主除了來台初期還擔任
齊魯公司常務董事，負責清算業務外，直到 1956 年底
多憑會計師執照維持生計，但業務並不多收入有限，反
映此時台灣經濟仍未步上軌道，也顯示遷台初期社會物
質匱乏的處境。1956 年下半，負責監督美援計畫執行
的駐華安全分署招聘稽核人員，傳主獲得錄用，成為美
方在台雇用的職員。從日記中可以看到，美援與中美合
作並非圓滑順暢，1956 年 11 月 6 日有「中午王慕堂兄
來訪，謂已聞悉安全分署對余之任用業已確定，以前在
該署工作之中國人往往有不歡而散者，故須有最大之忍
耐以與洋員相處云」，透露著該工作也不輕鬆，中美合
作之間更有許多幽微之處值得再思考。

戰後初期美援在台灣的重大建設頗多，傳主任職期
間往往要遠赴各地查帳，日記中記錄公務中所見美援支
出項目的種種細節，這是過去探討此一課題時很少提到
的。例如 1958 年 4 月前往中橫公路工程處查帳，30 日
的日記中發現「出於意外者則另有輔導會轉來三萬餘元
之新開支，係輔導會組織一農業資源複勘團，在撥款時
以單據抵現由公路局列帳者，可謂驢頭不對馬嘴矣。除

已經設法查詢此事有無公事之根據外，當先將其單據內容加以審核，發現內容凌亂，次序亦多顛倒，費時良久，始獲悉單據缺少一萬餘元，當交會計人員與該會再行核對」。中橫公路的經費由美援會提供公路局執行，並受美方監督。傅主任職的安全分署即為監督機構，從這次的查帳可以發現，對於執行單位來說，往往有經費互相挪用的便宜行事，甚至單據不清等問題，傅主查帳時一一指出這些問題乃為職責所在，亦能看到其一絲不苟的態度。1962 年 6 月 14 日傅主前往中華開發公司查帳時也注意到：「中華開發信託公司為一極特殊之構成，只有放款，並無存款，業務實為銀行，而又無銀行之名，以余見此情形，甚懷疑何以不能即由 AID（國際開發總署）及美援會等機構委託各銀行辦理，豈不省費省時？現開發公司待遇奇高，為全省之冠，開支浩大，何以必設此機構辦理放款，實難捉摸云」，顯然他也看到許多不合理之處，這些紀錄可提供未來探討美援運用、中美合作關係的更深一層面思考。

事實上，最值得討論的部分，是傅主在執行這些任務所表現出來的操守與堅持，以及這種道德精神。瞿宛文在《台灣戰後經濟發展的源起：後進發展的為何與如何》一書中強調，台灣經濟發展除了經濟層面的因素外，不能忽略經濟官僚的道德力量，特別是這些人經歷過大陸地區的失敗，故存在著迫切的內在動力，希望努力建設台灣以洗刷失敗的恥辱。這種精神不僅在高層官僚中存在，以傅主為代表的中層知識分子與專業人員，同樣存在著愛國思想、建設熱忱。這種愛國情懷不能單

純以黨國視之，而是做為知識分子對近代以來國家認同
發自內心的追求，這一點從日記中的許多事件細節的描
述可以觀察到。

<h2 style="text-align:center">三</h2>

1951 年至 1965 年間，除了是台灣經濟由百廢待興
轉向起飛的階段，也是政治社會上的重大轉折年代。政
治上儘管處於戒嚴與動員戡亂時期，並未有太多自由，
但許多知識分子仍然有自己的立場批評時政，特別是屬
於私領域的日記，更是觀察這種態度的極佳媒介，從以
下兩個小故事可以略窺一二。

1960 年頭一等的政治大事，是討論總統蔣中正是
否能續任，還是應該交棒給時任副總統的陳誠？依照憲
法規定，總統連選得連任一次，在蔣已於 1954 年連任
一次的情況下，不少社會領袖呼籲應該放棄再度連任以
建立憲政典範。然而國民大會先於 3 月 11 日通過臨時
條款，無視憲法條文規定，同意在特殊情況下蔣得以第
二度連任。因此到了 3 月 21 日正式投票當天，傳主在
日記中寫下：

> 上午，到中山堂參加國民大會第三次會議第一次選
> 舉大會，本日議程為選舉總統……蓋只圈選蔣總統
> 一人，並無競選乃至陪選者，亦徒具純粹之形式而
> 已。又昨晚接黨團幹事會通知，囑一致投票支持，
> 此亦為不可思議之事……開出圈選蔣總統者 1481
> 票，另 28 票未圈，等於空白票，此皆為預料中之

> 結果，於是街頭鞭炮齊鳴，學生遊行於途，電台廣
> 播特別節目，一切皆為預定之安排，雖甚隆重，而
> 實則平淡也。

這段記述以當事人身分，重現了三連任的爭議。對於選
舉總統一事也表現出許多知識分子的批評，認為徒具形
式，特別是「雖甚隆重，而實則平淡也」可以品味出當
時滑稽、無奈的複雜心情。

　　1959 年 8 月初，因颱風過境造成中南部豪雨成
災，為二十世紀台灣最大規模的天災之一，日記中對此
提到：「本月七日台中台南一帶暴雨成災，政府及人民
已展開救災運動，因災情慘重，財產損失逾十億，死傷
在二十五萬人左右（連殃及數在內），政府正做長期計
畫，今日起禁屠八天，分署會計處同人發起募捐賑災，
余照最高數捐二百元」。時隔一週後，傳主長女即將赴
美國留學，需要繳交的保證金為 300 元，由此可知八七
水災中認捐數額絕非小數。

　　日記的特點在於，多數時候它是傳主個人抒發內心
情緒的平台，並非提供他人瀏覽的公開版，因此在日記
中往往能寫下當事人心中真正想法。上述兩個小例子，
顯示在政治上傳主充滿愛國情操，樂於發揮人溺己溺
的精神援助他人；但他也對徒具形式的政治大戲興趣缺
缺，甚至個人紀錄字裡行間均頗具批判意識。基於這樣
的理解，我們對於《吳墉祥在台日記》，可以進行更豐
富細緻的考察，一方面同情與理解傳主的心情；另方面
在藉由他的眼光，觀察過去所發生的大小事件。

四

　　然而必須承認的是，願意與傳主鬥智鬥力，投入時間心力的歷史研究者，並非日記最大的讀者群體。對日記感興趣者，更多是作家、編劇、文人乃至一般社會大眾，透過日記的閱讀，體驗另一個人的生命經歷，不僅開拓視野，也豐富我們的情感。確實，《吳墉祥在台日記》不單單是一位會計師、財金專家的工作紀錄簿而已，更是一位丈夫、六名子女的父親、奉公守法的好公民，以及一個「且認他鄉作故鄉」（陳寅恪詩〈憶故居〉）的旅人。藉由閱讀這份日記，令人感受到的是內斂情感、自我紀律，以及愛國熱情，這是屬於那個時代的回憶。

　　歷史的意義在於，唯有藉由認識過去，我們才得以了解現在；了解現在，才能預測未來。在諸多認識過去的方法中，能承載傳主一生精神、豐富閱歷與跌宕人生旅程的日記，是進入門檻較低而閱讀趣味極高的絕佳媒介。《吳墉祥在台日記》可以是歷史學者重新思考戰後台灣經濟發展、政治社會變遷不同面向的史料，也是能啟發小說家、劇作家們編寫創作的素材。總而言之，對閱讀歷史的熱情，並不局限於象牙塔、更非專屬於少數人，近年來大量出版的各類日記，只要願意嘗試接觸，它們將提供讀者無數關於過去的細節與經驗，足供做為將我們推向未來的原動力。

編輯凡例

一、 吳墉祥日記現存自1945年至2000年，本次出版為
　　 1951年以後。

二、 古字、罕用字、簡字、通同字，在不影響文意
　　 下，改以現行字標示。

三、 難以辨識字體或遭蟲註，以■表示。

四、 部分內容涉及家屬隱私，略予刪節，恕不一一
　　 標注。

日記原稿選錄

於 1959 年 1-31

The real trouble with this world of ours is not that it is an unreasonable world, nor even that it is a reasonable one. The commonest kind of trouble is that it is nearly reasonable, but not quite. Life is not an illogicality; yet it is a trap for logicians. It looks just a little more mathematical and regular than it is; its exactitude is obvious, but its inexactitude is hidden; its wildness lies in wait.

— Orthodoxy. London: The Bodley Head.

二月二十一日 星期六 雨

月
日
星期

賢者不憂其身之死，而憂其國之衰。
——思軒

What a man of high character always feels concerned about is not his own decease but his nation's decay.
　　　　　　　　　　　　　　— Si Hsuan

月

日

星期

四月十八日　星期六　晴　有陣雨

集會一小時，到會者約四十人表明，倫會次屬代表書局而本
復之代表人所召第三屆談會，以會宴音在執行全國紀念會之
議次事／度法促成的會代表，對於全國紀念會所主張之準
備制取憲法……意見，以俾反映中央，今日為參加的住居
針對……及名以予代進，供教發言……時聞，綜合……

如下各題：(一)國民大會目前之職權只有選舉罷免而無
創制複決，應予改善……(二)為維護現任總統
……三屆，以……職權……但此與國際之慣例如何……
(三)將道路有必要，紅兩自表通過法，執攻報案清擬……
憲政權之行使問題，(四)對於……問是否議予對國事。

即交一小時，以台灣大學話該報我為接落……作為
商學系教員工作……對於紀念參加高……同題遇了
加以判別考慮，誠因此事體與……高等院又系其於學選
等擬諸事，視望星旗……好之學生也，意見對好事之由學
……另有其專的名語世內容，住內……予家屋詢，以不知
面復，……此岸主作……

……同度當以增見目宗先友，同人九八人送去如
多如移的席等，……晚至酒寶寶，右教人十多人，社擁栽，
繼晚以……新作當黃其孟宗倫室同桃此飯，亭向晚
當午務，其歡不散。

十月八日　星期日　晴

Death is no cause for sorrow; sorrow that one dies without benefit
to the world
　　　　　　　　　　　　　　　　— Wang Chuan-shan

月
日
星期

天下興亡，匹夫有責。

—顧亭林

Every ordinary man shall hold himself responsible for his nation's success and failure.
— Ku Ting-lin

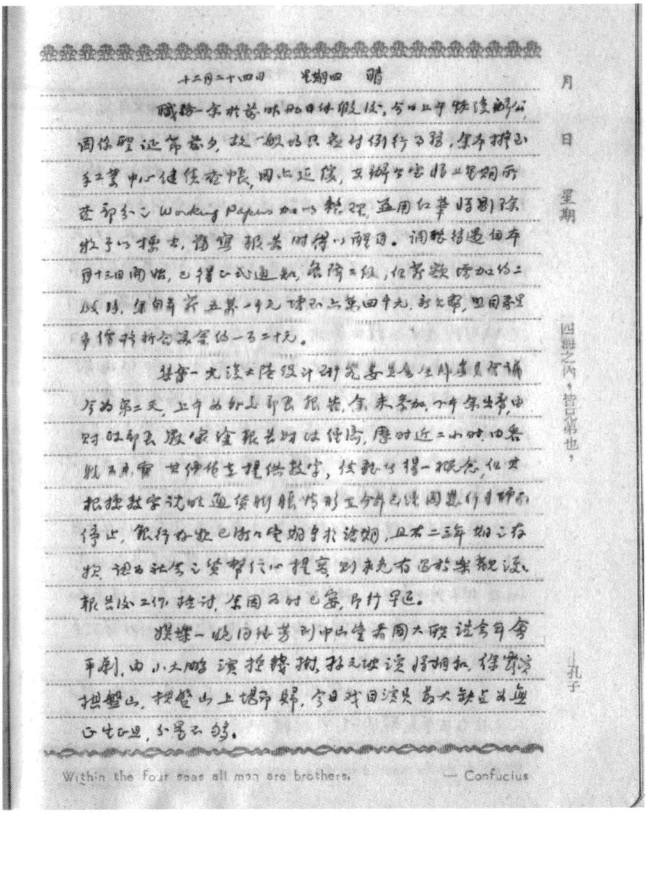

十二月二十四日　星期四　晴

　　關於本件書�日休假後，今日上午繼續辦公同仁處理近第甚多，故一般時只忙於例行之務。牢本持小紅簿中以便隨查帳，用以近後，又辦x定將此星期所費部分之working papers加以整理，並用紅筆另列該款子以標志，讀寫報其附件以明白。調略彷遇迎本身十三日兩地，已排以式迎執，原除二級，位某數添加於二成功，往時考存五某一九九讀弘此第四十九，如此等，四因其平作新仓泥金的一g二十九。

　　發音一大陸級計研究委員會任件某員何請內為第二文，上午為如山部氏服装，亦未參加。x今年生等中對吃部友取家客報告的法伊饬，應時近二小時，�累甚无官官伊信生提供数字，彼執牡得一抚充，但共把挡数字法收逗货桥限情形之分色使困惑作り停止。銀行收收已向之电期吉求逗期，亞木二三年如之在投设该社会之餐群行川提寄明内尤先有官的案毅途。報告仍工作拉讨，此因石时已窒ず打早退。

　　撰集一晚田林芳刊中山堂去同大敬讯會身全平劇，由小大鵬演接蟒掛，挂又彼诗彷期私得賽湾搖兽出，枝蟹山上埸所好，今日我田演員高大缺正式唯已甘四也，分等之約。

目　錄

總序／呂芳上 I

導言／侯嘉星 V

編輯凡例 XV

附圖／日記原稿選錄 XVI

1959 年

1 月 1

2 月 33

3 月 63

4 月 94

5 月 124

6 月 154

7 月 183

8 月 213

9 月 243

10 月 272

11 月 302

12 月 331

附錄 363

吳墉祥簡要年表 374

1959 年（51 歲）

代 1959 年小引

The real trouble with this world of ours is not that it is an unreasonable world, nor even that it is a reasonable one. The commonest kind of trouble is that it is nearly reasonable, but not quite. Life is not an illogicality; yet it is a trap for logicians. It looks just a little more mathematical and regular than it is; its exactitude is obvious, but its inexactitude is hidden; its wildness lies in wait.

Orthodoxy, London: The Bodley Head

1 月 1 日　星期四　晴

集會

上午十時到中山堂參加新年團拜，由蔣總統主持，並宣讀新年文告，歷半小時而散，今日參加者為中央機關首長及民意代表等。

家事

紹寧今晨情況更佳，但仍繼續打止血針，每三小時一次，余上午未在醫院，據云已有值班醫師再來診斷，認為已無危險，至是否腦內有破裂出血現象，須照 X 光始知，然 X 光科在假期中非有急症不能代為照射，須待至星期六始可恢復辦公云。

師友

上午，有此次拖倒紹寧在地之張徽新之父來看視紹寧之病，並對此項不幸表示歉忱，據云所以來遲係由於

張生昨日回家未敢相告之故，其實完全托詞，表示其並
非由於劉老師之催促而已，此人來談只三言兩語，並未
提及醫藥費一節，余因紹寧已脫危險，故亦未與提及。
下午，張中寧兄來看紹寧之病，並以臘肉相贈，又與張
兄同到公務員保險病房看施行手術之汪茂慶兄，謂周後
可以出院云。上午，到杭州南路訪樓有鍾兄，樓兄夫婦
昨曾兩度來寓探望紹寧之事故，余等均未相值，今晨乃
往告已脫險境，又談及二人合存於綸祥之款，因該公司
董事長莊熹全家自殺，公司周轉困難，決定分頭設法將
款取回云。

1月2日　星期五　晴
家事

　　今日為年假第二天，但因紹寧住醫院內，全家均在
忙碌中，終日不息。昨晚由余與紹南在病房陪伴，因室
內共有三病床，除一由蘇太太長期住用外，另一為一即
將出院之幼女所用，除夕回家度歲尚未回院，乃由余
等使用其病床，否則須在水門汀上打舖，困難滋多矣，
此亦為意外之便利，可遇而不可求者。今晨余起床後即
回寓，德芳則俟紹中來院後回家照料炊事，余於下午再
率紹彭到院，紹彭昨曾來院，因格於規定，不滿十二歲
之兒童不准入病房，但今日執意必往，余乃率其再作嘗
試，至則果然再遭拒絕，無法可想，只得要求通融，執
事者云，如由護士長開條，可以准予入內，余乃與護士
商量，適有值班醫師，乃為開條送入口處，始獲入內，
時已四時。今午德芳曾為紹寧燉雞湯自行送往，只食其

半，晚飯再用而醫院內無爐火可用，乃由余攜食盒至公園邊懷寧街同鄉小館甄田芝君處為之加熱，並買包子一籠回院食用，然後德芳一人回寓晚飯，余與紹彭留院至七時後德芳復返，余乃率紹彭回寓就寢。以上種種安排並不侷促，皆因諸女在假期中可以幫忙招呼，如在平時均上課或辦公時，則又不能如此從容矣，家庭成員眾多，平時固多紊亂之處，但在需要群策群力時，則又非人少者可能倖致者矣。

1月3日　星期六　晴曇

家事

余於晨起照料諸兒女早飯後，即赴台大醫院招呼紹寧之病，並率紹因與俱，至此則全家皆見其病勢矣。今日病又繼續好轉，昨日本因脊椎骨曾抽出脊髓，感覺痛疼，且影響腿部，臥床難以翻身，今日已豁然而愈，只餘身體虛弱，起坐時即頭暈。今日醫院恢復辦公，上午曾由入院時之王大夫前來診視，認為仍需要安靜休息，待後日再行照 X 光，至於注射止血針咋止已經十支，今日不必再行注射，上午紹南來云宋志先兄之子宋申曾來談及此症，謂須注意腦內血液防止發炎，又抽脊髓之針眼可以將藥布除去，無甚妨礙，遂代為除去。上午又有其同學數人來探視並送花，余於中午紹南來時回寓吃飯，下午到國民大會秘書處索取證明函件，備作向台大醫院付款請其優待之證件。

師友

下午到交通銀行訪王慕堂兄，探詢最近其董事長莊烹全家服毒自殺之綸祥情形，余告以曾託友存入五千元，王兄認為取回之希望甚微，其所言甚為有徵，因莊乃交行稽核主任，其中微妙處非局外人所知也，又談國家銀行復業事，據云對此最感興趣者為交通銀行董事長趙志垚，中國銀行則並不積極，因其業務注重海外也，然由於交行之掌握於副總統之手，中行亦不能不予附和，此即當前政治行情，絕不取決於是否有業務需要也。

1月4日　星期日　晴有陣雨

家事

上午由余到台大醫院陪伴紹寧養病，病情如昨，但起床稍坐即感頭疼，可見腦部仍有受傷之可能焉。今日來院看紹寧病者有級任教師劉經志君，淡江中學劉皚莉小姐及其妹劉英昕並贈送水果花卉。下午由紹中前往陪伴，余到姑母家約姑母明日上午來余家照料，俾德芳可在醫院照料一切，姑母患感冒咳嗽，余為提醒注意明晨須戴口罩，以免受寒云。

參觀

參觀歷史博物館展出之劉慕曾所藏古書畫展，計共百餘幅，以清人作品為多，余認為中意者有下列各件：字的部分有洪亮吉小篆，最精，計四頁屏條，不可多得；鄧石如隸書亦佳，樊樊山行書聯云「多讀書，多積德，多吃虧，以多為貴，寡意氣，寡言語，寡嗜欲，欲寡未能」意思最好，又有李元度行書聯，陳鴻壽篆書軸，朱彝尊八分軸，趙之琛八分軸，黃慎行書軸，王澍

行書軸，金冬心楷書軸最精，王式丹行書軸，楊守敬行
書軸，王寵行書軸，王穉登行書軸及卷，吳大徵篆書扇
面，繆彤楷書扇面，文嘉題手卷端，康有為卷，文徵明
卷，陳奕禧行書卷，陳道復行書卷，王文治行書卷等，
畫的部分余所欣賞者有顧鶴逸林鴉軸，吳昌碩花卉軸，
文徵明山水，孫克弘佛象，王武水仙，新羅松鼠，金冬
心之梅花與伯樂相馬等。

1月5日　星期一　陰雨

職務

　　為協助現在起始參加查核 RETSER Hospitalization
之李慶塏君，今日將有 PIO/C 之三個 Projects，即
Hospital Additions、TB Hospitals 與 Convalescent Camps
之內容加以研究記錄，其方式為先查 PPA/C，得悉基
本上有若干美金用於何項貨品，查明後再就本署 RSP
部分所作月報內所填之 Status of PIO/C 內十一月份所
載之 Amount Programmed、Amount Disbursed 及 PIO/
C 之號數亦加以記載，但不能明白者有二：何 PIO/
C 相當於何項貨號，及 PPA 之 Amount 與該表所填之
Programmed 一項有所不同，則有待於再查 PIO/C 卷內
資料矣。

瑣記

　　閱十二月號 *Reader's Digest*，有補白一段甚趣，大
意為就下列一段文字中迅即查出其中有若干個 F，
"Finished files are the result of years of scientific study
combined with the experience of years." 註云凡能即行認

出三個者即為水平線上人，四個者更聰明，六個者則異乎常人，萬事出人頭地，余初試果然只有三個，再找始見第一個 of，更找便推及第五第六個，紹南則開始即知四個。

家事

傍晚往台大醫院看紹寧病，無異狀，上午已照 X 光，須三天後有結果，今日因上班上學家中無人招呼，由小姑日間在寓代為照料一切云。

1月6日　星期二　陰雨

職務

余與胡家爵兄十月間所草擬之查帳報告有 RETSER Job Training and Placement，又 1957 年度 Interim Hospitalization 之 Follow-up Audit，至今未經核定，今日起由最近任事 Branch of Audit Chief A. W. Tunnell 約劉允中主任及余一同審查，此新任之 Chief 為一會計專家，故對數字之排列及文字之使用，反覆推敲，不遺餘力，今日以一個上午之時間只閱篇幅之半，其所指出各點，雖有的由於其對實際情況欠缺了解，但大部分均有其細密之見解，愈小處愈注意，例如 Findings 有提及一九五八年度之 Job Training 用款係在一個 Project 中之 Sub-project No. Two，而在開端大項之 Project Summary 一欄內只寫此一總 Project，經彼加一括弧註明為（Sub-project No. 2），又如文內有提及該計劃內之兩個 Training Centers，即稱 The two centers 如何如何，經 Tunnell 推敲，詢共有幾個

Center，答只兩個，遂將 two 字去掉，意謂不寫數字當
指全部，寫出數字有誤解為局部之可能也。

師友（續昨）

下午訪吳先培兄於嘉陵公司，託填保證書為紹寧在
台大醫院治病住院。逢化文兄來慰問紹寧之病。上午樓
有鍾兄來訪，談與同在綸祥存放之款，因其董事長自
殺，現已無支出矣，云云。

1月7日　星期三　晴曇

職務

與劉允中主任續與 Chief Tunnell 核閱昨日開始審
閱之 Job Training and Placement Audit Report，仍然反
復推敲，不厭求詳，其中有一節說明分署曾同意輔導會
以本計劃之援款發給榮民農場補充農民之用，而事實上
則新場員亦有支付，余等查帳認為付給新農場無何不
可，但未說明理由，乃為之鋪陳一項理由，即因核定之
時係因新農場之經費由美援而來，其中有生活補助費之
來源，迨此款項實支時新農場已無此項生活補助費，故
新農場同樣支用此項經費在道理上固無問題，然此點余
為英文說話能力所限不能詳盡說明使其了解，結果只好
全段刪去矣。兩天來與 Tunnell 對談，彼說話甚慢，易
於了解，余則生澀不堪，常常不能達意，尤其在答復
Yes or No 之時，常從中國習慣，時時使其莫名其妙，
凡此皆不常說話之通病也。

家事

自前日起，姑母每晨來余寓，代為招呼一天，薄暮

始回，蓋因上午只紹彭一人在寓，不能委以看家之責
也，日間德芳則在醫院陪伴紹寧，午飯在醫院食，晚飯
余於下班時往醫院換班，余再候德芳回院後始行動身回
寓，回寓後對一切事務如不過問，即將如一團亂麻。

師友

下午孫福海君來，取去景美地之地價稅。

1月8日　星期四　晴曇

職務

依照昨日止 A. W. Tunnell 劉允中主任一同核閱之
結果，今日開始整理 Job Training 之報告，今日所整理
者為胡家爵兄所草擬之部分，余依據昨日之意見加以潤
飾與排列。其中有一甚為微妙之問題，即代訓機關中
之公營事業部分，在報告內原作「抽查數處」字樣，
Tunnell 昨問應為幾處，余告以即含於總綱內之 Scope
中25 處以內，屬此者為幾處，將加以分析獲知之，今
日分析結果為三處，乃註明三處，而下文則緊接說明皆
無異狀，只有兩處情形不佳，此兩處中又有一處新竹煤
礦局並非前往抽查之結果，不過為根據帳面及報告得到
之資料，胡兄未寫出帳內如何，昨日 Tunnell 問何以無
會計意見，余謂余未前往，今知胡兄亦未前往，於是乃
向退除役官兵職訓處帳上查明該局未用之款均已繳還，
乃將此句加入以釋其疑，然上項三中取二之微妙情形仍
然存在未改，終是不甚貼妥處也。下午到美援會訪胡
兄，請將有其中一段太過籠統者加以充實，胡兄立加補
寫焉。

瑣記

　　與紹寧同病房之蘇太太開刀需用 Aureomycin Dressing Sterilized，託余問分署醫務室有存否，經詢林大夫云無，囑詢代理商惠豐行，該行云一兩年前曾進口一批，因需要不多，雖有存餘，然已失時效云。

1 月 9 日　星期五　晴曇
職務

　　繼續將 Job Training 之查帳報告整理完竣，今日所整理者為余所草擬之部分，所改動之事項如下：（1）原稿之 Fund Status 係以 6064 列前，6063 列後，Tunnell 謂須按數字順序予以倒置，（2）在分析實際支出內，原只敘述若干剔除款項，今照其意見加以擴充，說明帳據已查，尚屬相符等語，（3）原剔除款項有每筆數十元者，經彼加以刪除，據云新原則為凡百元新台幣以下者，為 minor items，可不重視，（4）原附表三件，均照前會計長 Baranson 之方式於預算實支比較內設立 Auditor's Recommendations 一欄，便於對剔除數有鳥瞰之了解，今照 Tunnell 之意思予以取消，並在表之下端加 Footnote 若干寫明此等情形，三表均重製，故較費時間。吳文熹建築事務所來人送補充關於醫療計劃內建築結帳之資料，已大體齊備，只差一個小的差額仍待補充矣。向退除役官兵輔導會供應組及衛生處在該會人員催索醫療計劃內 PIO/C 物資之進口與分配等資料，衛生處經手部分今日已送來，輔導會部分則謂至今尚未整理完畢，上週該組王組長曾允半月內辦竣，由今日情形觀之，恐一個月內亦未必有望云。

1月10日　星期六　雨

家事

今日余照例休假，故五日來姑母日間來余家代為照料家事之舉可暫告段落。昨晚紹南在台大醫院陪紹寧過夜，余於今晨前往接替，紹寧飲食及小解皆可行動，故已不需特別之照料，近午主治醫師王宗陽來云，本定下星期二之出院，刻因其親戚須住院而無床位，紹寧則只為靜養，早出院數日亦無關係，故希望於今日下午即行出院，語氣甚為婉轉，余當即同意。下午由紹南、紹中在院陪伴，至四時許，德芳前往，將費用結清，據云將行未行之時，紹寧之全班女生均來探視，一時情況甚為熱烈，至門外登車後又適表妹慧光亦來，於是同車與其回家者計有德芳、慧光、紹南、紹中四人，亦可謂聲勢浩大矣。

師友

下午，楊愷齡代表來訪，談其夫人鄒馨棣女士競選會計師公會理事事須待吳崇泉兄決定參加，庶可換票，楊君曾於七日函邀數人於昨晚便飯，余於八時回寓後始見及之，而郵遞於下午始到，故不克往，晨間已去信道謝矣，楊君既來，余乃當面解釋，咸訝郵政效率之表現何以有如許之例外焉。

交際

國代同人林尹之尊翁逝世，今日大殮，余於上午到極樂殯儀館致祭，林氏兩代皆為教授，家學淵源，故誄輓極多，備極哀榮。

1月11日　星期日　陰

家事

　　自紹寧昨日出院，全家已可不再分身到醫院照料，適所定之紙門疊席工匠昨日有雨未來，今日始來工作，乃不虞有顧此失彼之處，計全日已將疊席二十二張全部更換，紙門亦於早晨取去，傍晚送回按裝妥當，其間由德芳主持清掃，所用洗衣婦亦來幫忙，連帶辦理掃除，至晚即感清潔多多矣。

瑣記

　　為布置房間，發覺日曆及月份牌有太多之情形，最初余由第四建築信用合作社取來三份，除自留一份，另以兩份分送親友，此所留一份則懸掛廚房內，至於客廳、書房、臥室則另有以下各份：（1）余自購桌上日曆一份用於去年遺留之木座上，（2）分署同人黃鼎丞君代索鐵路局大日曆一種，（3）趙榮瑞君贈送日本藥房兩月月份牌，（4）趙君又贈桌上週曆，（5）紹中同學取來中央印製廠之雙月月份牌，（6）趙榮瑞兄取來之石油公司季曆月份牌，交衍訓帶船上應用，（7）隋玠夫兄送來台灣省合作金庫三月曆，（8）蔣書棟寄贈美國新聞處四月曆藍蔭鼎四幅繪畫等，可謂用不勝用矣。天寒，兩餐吃涮鍋，上午德芳至萬合牛肉店買羊肉片，兩度未能取到，十一時余往，門庭若市，戶限為穿，經說明兩小時前即已來定，始挪出羊肉片半斤，再加買牛肉片一斤，再顧若干買者尚在等候，生意之好，

無與倫比，余因兩月前曾吃烤肉傷胃，至今猶不能不節
制飲食，故不敢暢所欲食。

1月12日　星期一　晴

職務

　　將 1958 年度之 RETSER Interim Hospitalization 計劃
之 Follow-up Audit Report 再加整理，主要為將 Findings
中之一項需要 Recommendation 者加以改正，在
Conclusions 中加一條，希望退除役官兵輔導會與衛生
處能做到以後遇有同樣情形時不再重演，緣余與胡家爵
兄合草之報告本無 Recommendations，經徐正渭君代劉
允中主任核改後，對 Findings 中之 Inter-project transfer
of funds 一點加入 Recommendation 一條，但 Report
Rating 仍照余等所擬為 Satisfactory，迨 A. Tunnell 核
閱時認為 Findings 與 Rating 矛盾，但此乃純就形式而
論，蓋所建議者為將來，此不過有提醒之意，將來不
致為此再行 Follow-up 一次，顯然此次之 Rating 不應列
為 Incomplete 也，今日之法蓋折衷之道也，改妥後送
胡家爵兄閱後即連同 Job Training 之報告一同送之劉允
中主任。補核 RETSER Hospitalization Project 248，即
Hospital Additions 中一部分缺單據之開支，此為輔導會
在支款截限時所預留之餘地，當時付出一項數目，並無
單據，以待稍後從容補入，免於作為結餘繳還，在上月
審核時單據未列，現在則已如數補附，故加以補核，大
致尚屬相符，另有一筆則單據找出其數倍蓰，認為在相
對基金另有來源，撥之於支用單位者，但係何來源，竟

一時無由得知，致單據未能分割附入傳票云。

1 月 13 日　星期二　晴
職務

　　上午，檢查兩月來所查之 RETSER Hospitalization Projects，包括 248、360、361 及 465 等四個計劃內之財產物品購置項目，逐一開出送請衛生處駐在退除役官兵輔導會之人員加以分別查記其數量與分配各單位之情形，以便出發各單位檢查之用。下午開始作上項各計劃之 PIO/C 分析工作，備作下週出發檢查之用，尤其注意於 361 計劃，因 248 及 360 計劃內之細節曾由胡家爵兄加以查核也，此項 361 計劃內之 PIO/C 進口物資為數最多，余僅將藥品類之二個 PIO/C 加以統計即有五百餘種，為知何者價高或價低，以便獲知抽查之重點，乃往供應組訪問，該組主辦人員甫在整理 360 計劃內之 PIO/C，謂361 部分已經將衛生處所送資料之價格一項補入，並交打字員打出，因頁數太多，本週難以竣事，而余等時間上不便再行等待，乃請其供給價格方面之資料，余據以自行製表寫成專備查帳用之 work sheet，約定 361 計劃於今日送來，360 及 248 則明後日陸續送來，余即開始繕製表格，記明八個醫院（此次將往查核者）之分配數目，然後將存而未發數與其他醫院數記入第九欄，以便核算總數之用，下午窮半日之力，只完成四十餘種，無怪乎輔導會供應組用去如許時間尚未有交卷確期也。

1月14日　星期三　晴

職務

　　余所查之 RETSER Hospitalization Projects 必須出發檢查而一再拖延，本月份所定 Schedule 內規定余與 Albert Li 在本月內完成之，而李君至今猶從事其他工作，不能抽身，亦未能將應準備之資料加以準備，今日余與其再三磋商，認為舊曆年關在即，如再延誤，將離進度愈遠，乃決定自下週一起即行出發，於是排定日程，填寫各種 Request，日程方面本欲以一個星期赴中部，一個星期赴南部，赴南部需用駐在高雄之車，而此車直至二十八日止均另有任務，於是乃加以變通適應，下星期在中部，再下星期則星期一至星期二亦即二十六與二十七日赴竹東，二十八日夜車赴高雄，二十九至卅一日在台南、屏東一帶工作，於三十一日夜車回北，所填 request 則共有五件，一為致 Branch Chief Tunnell，對此二週之出差加以申請，二為致交通部分請派下星期之汽車，三為致該部分請派 26-28 日之車，四為請派29-31 日高雄之車，五為請買 28 與 31 日之來回火車票，此二至五項亦請 Tunnell 簽字轉出。繼續整理各項醫療計劃之 PIO/C，Project 55-361 部分中之藥品種類極多，經今日核對輔導會所送來之 Contracts 所定價格，擇出若干價格高昂者加以註明，待檢查時得以充分注意，余本欲按其分配情形只就此種價昂者加以彙集分配總表，以便檢查使用，但因李君認為不甚需要，故不另行製表云。

1月15日　星期四　雨

職務

　　全日用於核對 RETSER Projects 之 PIO/C 分配表，此事如在有條理之機構本易於處理，但此項場合則煞費其事，其原因為：（1）三個 Hospitalization Projects 共有 PIO/C 十二個，其中建築材料等尚未整理就緒，只醫藥類即有五個，其中有兩個各包括數百種之藥品與器材，筆數繁多；（2）分配表係由省府衛生處製送，其中並無價格，須查對退除役官兵輔導會所存之中央信託局代為在美招標之 Contracts，而契約號數間有與衛生處所列分配表不相一致者，即須費時間加以揣索；（3）分配表不按契約號數之先後，輔導會之契約亦不按號數先後保存，互相尋對亦費時間；（4）有有契約而未見分配表者，原則上自為物品尚未到達，或尚有例外，但又有有分配表而無契約者，自係卷內資料不全，尚須追補；（5）某種物品在契約上列有名目而未在分配表上出現，其中有另有其他一張或數張分配表者，亦有不見者，即須存疑矣；（6）此項契約內之價格余均就衛生處所送之分配表加以註明，以備出發點查與核對使用情形之依據，因品類太多，其每筆數十元，不滿百元者即不逐筆註明，而只在一頁上註明一契約之總數。通知衛生處在輔導會辦公之祁君以下週及再下週之查帳日程，彼即通知八個被查單位之人員加以準備云。

1月16日 星期五 晴

職務

全日用於查核 RETSER Hospitalization 之 PIO/C，其中有一部分為衛生處未附有分配表者，但余知其曾送有一份於胡家爵君而復移轉於李慶塏君，只未附有價格，余乃以另紙寫明其契約價格，備李君以其契約價格與分配表相互核對，此外則至輔導會供應組，對於昨今兩日所未及核對之 PIO/C 亦即衛生處送有分配表以外之 PIO/C 作大體之鳥瞰，發覺若干事實：（1）大數支出之建築材料，用於醫院房屋建築者本為下星期出發所須查考者，但一時尚不能整理完竣，其原因為五個 project 內共有水泥、鋼筋、木材等五個採購契約，互相混同，復以PIO/C 進口遲緩，在等候材料時即難免另借或另買材料用於實地建築，材料到後又撥還之，如此情形，必須全盤綜核，始能澈底明白，（2）上項建築用料之情形既不能立刻在價值上獲知確數，乃欲採初步權變辦法，由財料數量上獲知每一建築之使用情形，於是詢問工程組，又云卷宗甚亂，合約所定材料預算又因決算加減帳而失去實效，而兩者又不全放置一個卷內，該組只允數日內儘量查出，而不及下週即行使用矣；（3）該組組長王君實對於車輛與打字機等能將分配情形由記憶中喚起，對於若干尚未整理之物資而為數較大者可以不待整理文卷而獲得參考資料。以上種種，費去全日之力，並於下午將資料理好成為一卷，回分署交李君備用云。

1 月 17 日　　星期六　　晴

師友

昨晚丘青萍君來告，隋玠夫兄之封翁前日作古，定於明日發引安葬於六張犁，今日在報上登有訃告，為顧慮有好友未之見者，故另分頭報告，余今日曾看中央日報，但對第二版之廣告則未寓目，丘君來告方知此事，渠並囑余再告郭福培兄及韓兆岐兄等，余於今晨先到外交部訪郭兄，因尚須照料紹寧看病，故囑郭兄前往韓兆岐兄處轉告，余則送紹寧至三路車站回家後另行雇車至市立殯儀館弔祭並送殯，至時已準備啟靈，弔祭後即行登車送殯，至六張犁見棺入土後即行禮回寓，時已十一時半矣。

家事

晨，率紹寧到安全分署醫務室請林大夫為之診察有無跌損後之餘波，林大夫為之驗血後認為尚無貧血現象，至於腦部有無微傷須加休養，則不能遽下斷語，故仍主不必急於上學，以免用腦發生不良影響，至藥物方面林氏以為不需要何等治療性劑，只服多種維他命已足。

娛樂

晚，同德芳到介壽堂看平劇，除首齣外，為李金棠之鎮檀州，寫岳飛收楊再興故事，此為一老戲，但余初次觀賞，劇情緊湊動人，認為有蛇之處，即楊再興已因岳飛之不以私情而害軍命，暗伏相投之因素，何以又以楊先人托夢之方式授戰法於岳飛，事類不經，而發生反效果者，大軸為劉貞模之孔雀東南飛，唱作均佳，惟嗓音略低，不如聽廣播之清晰。

1月18日　星期日　晴

集會

上午，到監察院大禮堂參加政治大學校友會之茶會，此會目的在歡迎歡送新近出國回國之校友，余因尚有他事，故簽名後未及開會即行辭去。上午到西寧南路民眾團體活動中心出席台灣省會計師公會之會員大會，此會規定九時開會，直至十時始行開始，除請主管官署報告外，即行開始選舉，余因他事離去半小時，及返猶未開始選舉，而在討論是否先選舉理監事抑先討論提案，結果表決，多數主張先行投票，於是擾攘一小時餘，投票始畢，其時已經中午，乃一面開票一面午餐，午餐由全體現任理監事招待，計共六席，席間即開始討論提案，余於飯後即先行辭去。今日余投票選舉理監事係為吳崇泉、鄒馨棣二人幫忙，至於圈票手續歸其二人及合作之顧敦熙辦理，余等不過將票領出即行轉交吳兄，余今日並代表陳長興兄參加，票亦照樣處理，會後並將印刷品為陳兄寄去。

師友

晚，張中寧兄夫婦來訪，係為探視紹寧之病於出院後係何狀況者。

家事

衍訓昨日來家鬆漆寓所之天花板，兩日來已完成七坪。下午同德芳率紹寧至市上買太空大衣。上午到女師附小訪劉經志老師商討紹寧是否休學問題，討論結果決定明日起囑紹寧到校試行上課，數星期後再做計議云。

1 月 19 日　星期一　陰雨

旅行

上午八時同李慶塏視察由台北乘安全分署自備車出發南下，司機陳君，於十二時到達台中，在沁園春吃飯，飯後入住新開設之五洲旅社，此旅社為新設備，頗能適合一般之需要，例如附有洗澡間及設備寫字會客等之大房間，取價八十元，余等因所住時間甚短，且公共洗澡亦甚方便，故只住用其小房間，只三十六元，並予八折優待，此地陳設甚佳，彈簧床、小衣櫃、洗面台、手巾架均有之，沙發二張，水罐、茶杯，入夜被蓋亦不似一般之短，可見經營者甚能在細微處設想也。

職務

下午同李視察乘車赴東勢中興嶺榮民台中醫院查 1958 年度 Hospitalization 用款帳，李君查 360 Project 中之器材等（1956 及 57 年度），余查 58 年度經常費帳，共有四個科目，其數目已在台北根據其所送月報加以記錄，在此加以核對，總數相符，單據存於該院，故此次工作之重點在檢查其單據，今日只查完人事費一項。

娛樂

晚，同李視察在市立一中看戲，凡兩齣，一為李環春主演之伐子都，此戲余早年看過不知若干次，但早已忘懷，今日對此故事復覺陌生，李在本戲內有極好看之武打身段，二為秦慧芬、周正榮、馬震廷之大保國探皇陵二進宮，足二小時，唱工繁重，而精彩百出，可謂珠聯璧合。

1月20日　星期二　晴

職務

全日在東勢中興嶺台中榮民醫院查 1958 年度普通經費帳，主要為核對單據，因帳目較多，四科目中筆數最多之衛生事業費即有一千六百餘筆之多，然每筆金額不多，故採用抽查方式，其法為節省時間計，由余就帳內記載甚詳之摘要加以審核，遇有認為需要查檢傳票單據者，即由張英明預財官代為查出，加以核對，余逐項紀錄，由於全年度前後情形不甚一致，有雖列入該院之帳而將單據送衛生處或退除役官兵輔導會者，即無法查出，乃加以記錄，帶回台北時再行補核，至於在該院之單據則大體均屬相符。另有該院轉發之一特殊單位即保安司令部管訓第三大隊九中隊，此中隊專收由各醫療單位送該隊之榮民，此種榮民為調皮搗蛋之類，在此受特別訓練，該隊除人事費由此間付給後又向衛生處算還外，另按月支衛生事業費按百人標準每月三千元，其一至六月份為一萬八千元，尚有超支數千元則又向衛生處報銷，故一款兩部分單據，其在此之一部分則加以抽查，名為衛生事業費，其實與辦公費無殊，亦只好聽之耳。

娛樂

晚與李慶塏君到市立一中看陸光平劇團公演，由李環春演四杰村，武打甚精彩，周正榮演文昭關，余已觀不只一次，大體平妥，大軸由秦慧芬演宇宙鋒代金殿，唱工穩練，二世為夏維廉，甚稱職，花臉太差，是一缺點。

1月21日　星期三　晴

旅行

上午八時許由台中出發，二小時到達埔里，住長春旅社，房間不甚寬大，然尚便利，以較往看之天龍旅社，雖屬略舊，仍勝一籌也。

職務

上午十時起到埔里榮民醫院查帳，李君查一九五六至一九五七年度之 361 肺病醫院計劃中之器材與建築等，余查 465 醫療計劃之普通經費，上午到時據院方云尚未接到公文，故未準備，加以此院係一九五九年度起由退除役官兵輔導會向軍方接收，人事全部調動，對於上年度經費支用情形完全茫然，臨時將接收帳表取出，毫無順序，余乃擇一兩科目較為單純者先行檢閱，一面請會計人員加以整理，使未附於傳票之單據亦有順序，此項單據封面皆只有月份與科目，即按此兩項加以排列，迨下午開始查核，始發現問題仍未解決，蓋（1）帳上摘要雖寫明月份，而所屬月份則往往分布於數個支出月份之內，故帳上每月數目並非單據表面之數目，（2）於是囑將單據某筆相當於某號傳票加以核對註明，據云有若干單據在帳上不能尋出，而帳上支出亦有無單據可附者，至晚尚未完全對清。

娛樂

晚與李君在埔里觀裝甲兵康樂隊演出平劇，張素秋演八寶公主，張春秋演孝義節，尚有可觀。

1月22日　星期四　晴

職務

　　上午續到埔里榮民醫院查帳，該院在 1958 年度支出計有人事費、醫藥費、榮民零用金、營養費及衛生事業費等五個科目，前四者皆可由傳票或其另行保管之卷夾內尋到憑證，獨有衛生事業費帳內所記皆為各單位撥支與退補之逐月數目，與報銷單據不能對照，而報銷單據又未統一裝訂，現任佐理員王子為君用全年度相加之方式欲求在總數上視其是否一致，結果初次得一總數只與帳列相差二百餘元，泊余核對各月份相加之細數，發覺漏列六月份，於是再行加入，即又多出三百餘元，百思不得其解，而此中情形又非短時間所可澈底明瞭，故只有告一段落，其時囑王君將各月份單據逐月開一細數交余，不知其何以又將所記之數撕去，經囑其補抄寄來矣。此單位之傳票整理方式最亂，七至四月份幾乎一切單據皆另行保存，五月份則訂入傳票，而傳票則將衛生事業費者訂成一本，其餘按時序排列，六月份又不問係何科目全部照時序排列，何以如此又不知矣。

旅行

　　午在埔里噴水食堂吃三烹活魚，廉而美，二時出發南行，二十公里至日月潭，遊文武廟，供孔子、文昌、關公三象，再行經水里、集集、林內、竹山、斗六，達嘉義，住嘉義旅社，本日在途約 120 公里。

娛樂

　　晚與李君觀影「玉樓春劫」，大衛尼文、黛白拉蔻、瑪連蒂蒙美柯、珍絲寶等合演，莎岡小說「晨安憂鬱」改編，甚佳。

1 月 23 日　星期五　晴

職務

　　全日在嘉義榮民醫院查帳，所查為 1958 年度之醫療經費，此院之帳務情形又與本週所查之埔里與台中兩院不同，其徵為：（1）傳票與傳票完全分開，其中營養費證明冊與衛生事業費，體積較大，各自成束，所餘各科目則逐月裝於一個袋內；（2）每月帳列經費必須於月底與各分院結清記入帳內，故帳內所記雖亦如埔里之先記預付然後又多退少補，而月清月款，每月份之單據帳目互相一致，單據出帳月份亦即所屬月份，無何歧異；（3）抽查衛生事業費二個月，單據均有尾差，據云單據係保持其本來面，封面為各分院之合計數，在出帳時已先審核有超過額定人數預算（每人以 30 元計）情形時即予以剔除，此項情形尚近情理；（4）購藥輸血等費單據甚為可疑，但又無懈可擊，前者十之八九皆為一家上海大藥房，亦有發票忘填字號者，可見平時關係之密切，經囑補蓋店戳，至於輸血費則皆有受血人蓋章與醫師所出證明書，而筆跡類皆一律，由其六月份為數特多，當係因預算尚有餘裕，允分報支之故，然手續無甚不合，故亦只好聽之而已。

旅行

下午四時一刻由嘉義出發，六時一刻回台中，仍住台中五洲旅社。

1月24日　星期六　晴

旅行

上午十時由台中市出發北返，同行李慶塏君，司機陳君，於一時到新竹，午飯，一時半續行，下午三時過西門之中興新橋而返台北。

參觀

上午，到台中霧峰北溝參觀第十期故宮博物院展覽，展出件數與歷期相似，惟本次展品之時代除銅器外皆為明清二代，此次品類為鐘鼎、瓷器、景泰藍、書籍、刺繡、緙絲、玉器、雕漆等。書籍中皆清殿版與四庫全書，繡品最精，一為花鳥草蟲冊頁，如彩畫無異，二為涇清渭濁長卷，先字後畫，字之部分幾可亂真，同行李君初堅稱為墨跡，迨細看斷為刺繡，始嘆為觀止，緙絲出品亦精，有大幅兩藏佛象，大幅極樂世界圖，米南宮書柏葉詩，皆有巧奪天工之技，清筆墨有數色，雖模型甚美，而不知何以不同時以明品展出，字畫方面，精品有馬遠松間吟月圖，以外皆明以後人作品，有倪瓚溪山圖，王穀祥花鳥，林山風雨歸舟軸，仇英偈鉢圖卷，丁雲鵬十八羅漢卷，錢維城花卉冊，黃增人物冊，書法只見於扇面數件，包括董其昌、文徵明等數件，瓷器中佳品不多，余最欣賞所陳之雍正窯鱔魚、黃鱔魚、青瓶及寶石紅瓶等，色澤極佳。

1月25日　星期日　晴

集會

逢彬青兄召集枋寮買地之小組會議，計到王立哉、童秀明、李鴻音及逢兄與余，開會目的在結束共同買地之帳目，緣一年前小組會，曾根據全體大會之決議及各人實得地積之差別數，按每坪一百二十元找算一點加以解釋，扣除當時買地成本三十二元之半數，亦即一百零四元為實際找算之根據，結果均不肯照找，延宕至今，尚成懸案，今日開會出席人中只李君為反對者之一，然彼時內容並不清楚，不過意圖少出而已，其餘皆能心平氣和，認為前次按104元所算之結果完全合理，既無變更之權限，亦無變更之理由，經決定照案繼續執行，定期二月底繳齊，俟收款後再定付還地缺者之日期，余提議不能希望全體收齊，因內中有人無理性的不肯放棄不合理的既得利益，對於此等人只有表示不再索還，只好自認交友不慎，作為呆帳而已，實收之數按比例攤還應付還之同人，以作結束，此點在座皆同情，但為求實事求是，並決定託宋志先兄以私交勸說同人之一李鴻超不可固執己見，有己無人，蓋此人開會時常不到，會後往往要賴也。

師友

晚，同德芳到溫州街訪許華振兄，道謝其照拂紹寧住台大醫院事，不遇，留片並贈食品。

家事

以一天半髹刷寓所內之綠色油漆部分。

1月26日　星期一　晴晨雨

旅行

上午十時由台北乘汽車出發，同行者李慶塏君，中午到新竹，午飯後住新竹大旅社休息，下午二時復乘車赴竹東榮民醫院查帳，晚回宿於新竹。

職務

上午先到分署開列去年底 Audit in Progress 之四個醫療計劃交曾明耀君彙列總表。葉于鑫君告余，二月份起之 New Assignment 為 POL，亦即油料之稽核，由彼與余二人擔任，約需時三個月，初步須至國防部，為免門禁之繁，將領臨時通行證，余乃以電話通知紹南為送照片二張，以便辦理。下午在竹東榮民醫院開始查 RETSER Hospitalization 1958 年度用款，僅有郭君負責接洽，原任會計主任已經調走，新任主任則因公外出，余乃囑其將傳票等件尋出，余為適應其保管之情形，先將第一個月份於今日看完，亦即 1957 年 7 月份，此月份各科目支出皆含有部分，且為數獨多，單據共成二大捆，由於將各科目均看過一個月，發覺事務費中有招待費等支出，乃決定事務費一科目須全部核過，其餘各科目則只抽查即可。經辦人詢余所支之事務費內有春節加菜等款，如遭剔除如何處理，余不知此問之用意，告以等候輔導會處理或通知辦理可也。

娛樂

晚在新竹國民戲院看電影，陶樂絲黛與克拉克加博合演「教師之戀」（Teacher's Pet），演技甚佳。

1 月 27 日　星期二　晴

職務

全日在竹東榮民醫院查帳，今日查帳方式乃本於昨日所查一個月之觀察所得而實施者，要點如下：（1）因每月成一大捆，乃決定逐月審核，同時在余事先所準備之該院每月各科目支出細數表上觀察，有某月為數特多者，則在翻檢時特加注意明瞭其原因，例如人事費有某月特大者率由於六月份與十二月份加發一個月之故，又如衛生事業費在六月份特多，係因過去十二個月內均照預算限額撙節支用，至末月則又因不願將結餘繳還，於是全數支用淨盡，（2）發給榮民之特別營養費初將支出證明冊附於傳票，後又不然，經再三推敲對照，始知其係因預發時不能全數製帳，故改於次月或再次月份付清尾數時將全部證明冊附後，知其方式後即不復逐月核對，因極為費時也，（3）由帳內所記之數核對傳票有一特殊困難，即傳票編號改變數次，帳上所記為未改前之號次，無法按科目翻檢，只好將每月之傳票按序逐一核過，在前數月尚稱迅速，因傳票為白紙，憑證黏存單為褐色，極易尋找，後又全用白色，且傳票又甚短，縮於單據之夾縫中，乃感覺須多費時間矣。

旅行

下午五時離竹東，六時過新竹，七時半返抵台北。

集會

晚到實踐堂出席研究小組會，因太遲，適已散會，乃致函召集人張平君請假。

1月28日　星期三　晴
職務

今日在劉允中主任假定余無所事事只等候晚間出差之情形下，臨時洽辦若干零星事項如下：（1）去年余與胡家爵兄合作查核之 Industrial Center Project 查帳報告本已由 John Gould 為 Audit Branch Chief 期間核定，不知何以現又由 Arthur Tunnell 複核，被其挑出兩項漏洞，即在前面 Project Summary 與後面 Findings 第一段 Background 中之所引述的 PIO/C amount 與 CEA amount 互有不同，經余核對發覺後者為 Program amount 而前面則 Actual Disbursement amount，在寫作時未能完全前後對照，雖非錯誤，然終是疏忽也；（2）沐松濤、胡重仁二君所查高雄水源工程用款報告已經打出第二次之草稿，劉主任之核對工作交余為之代辦，余以一個下午為之看過並複核一過，該報告對資料之運用安排均稱上選，但難免失之於瑣碎，其所用格式與余等以前所用者不同，乃將其重要項目加以摘記，用備參考，至於所看之內容方面因已經 Arthur Tunnell 核過，故不能再動，只對於其中拼音字有誤處加以改正，如大貝湖譯為 Ta-Ba Lake，殊為失真，乃改為 Ta-Pei Lake，交卷後下班忽又想起中間若干處受原稿用字之影響，將 Pei 寫為 bei，則又自己疏忽矣，余在中年時期本絕無此等大意之毛病，近年精神常有不集中現象，仍當改悔也。

1 月 29 日　星期四　晴

旅行

昨晚十時半與李慶塏兄同乘火車由單層臥舖由台北出發南下，於今晨七時五十五分到高雄，分署駐高之林司機來接，全日工作後，於晚間到台南，住四春園旅社。

職務

全日在岡山燕巢榮民就業講習所查帳，所查為 1958 年度 Hospitalization 內用款，此處分兩個段落，在 1957 年七、八兩月份為診療所，原經手人未移交帳據，據云人轉至玉里醫院，一切與俱，亦云怪矣，九月以後始有講習所，然此所之人事費、辦公費皆由原定之診療所預算內支用，即衛生事業費、醫藥費亦然，僅因非病兵，不發營養費而已，今日審核結果，發現若干值得注意之事項：（1）人事費之單據均另行保管，然檢查其薪俸冊則九至十二月份之數目全然不同，經現任人員由文卷內又查出一部分，然仍不全符，（2）衛生事業費在該所即用為各隊與官舍之各種費用，然夾雜有招待費等，（3）醫藥費多數為付給第四陸軍總醫院之寄醫費，其本身只有醫師護士五、六人，應景而已，（4）全年度只下半年度之會計人員尚有一人在職，上半年情形完全茫然。

娛樂

晚，同李君到南都看電影，為英國片新雙城記，黑白，文藝氣息太重，若干處不能夠了解，雖係名片而不能引人入勝。

1月30日　星期五　晴

旅行

　　晨由台南出發，上午赴近郊之永康鄉網寮工作，下午在左營附近之楠梓工作，晚到高雄，住大勇路萬國旅社四樓。

職務

　　上午，到永康榮民醫院查 1958 年度 Hospitalization 帳目，所發生之問題只在帳簿之記載方面，即日記帳月報表與預算控制帳三不相符，幸原經手人只在近處之台南市稽徵處工作，電話通知前來解釋，始知日記帳與月報表所以不相符合，係由日記帳內多用一欄「其他支出」，此中含一部分應在正式科目之數，又含一部分與「其他收入」虛轉數之抵銷數，故其實際無區別，至於預算控制帳與日記帳之不符原因，則其本人亦不明白，好在月報表列數為核銷數，既與含有序時與分類兩種性質之「相對基金日記帳」相符，預算控制帳之不相符處短時難明，亦只好聽之矣，至於單據則尚屬清楚。下午查楠梓醫院帳，一切尚清楚。

游覽

　　下午在台南市就較近之古蹟名勝前往游覽，此為到台南多次而未果者，先到中正路底之碼頭，此處通安平港間為五公里之海路運河，小船多集中於此，再到赤崁樓，有鄭成功畫象及墨跡，現為歷史館，然後到延平郡王祠，有鄭氏塑象，此祠甚廣闊，乃同治年間沈葆楨奏建，祠後有鄭氏手植梅。

娛樂

晚看電影「春色撩人」（Tunnel of Love），陶樂絲黛演，趣甚。

1月31日　星期六　晴

職務

全日在屏東龍泉榮民醫院查 1958 Hospitalization 援款帳目，據該院帳簿記載情形觀察，大體就緒，尤其各科目在預算控制帳上所列之子目分欄繁多，雖似帳之內容甚雜，而實際上則極便審核，但該院帳目亦表現數項特殊問題：（1）該院榮患全係 1957 年九月初由岡山講習所移來（其時名稱為療養所），該月份支付營養費本記在龍泉院帳內，其後衛生處令岡山已經收到之經費亦移至龍泉，龍泉後在本科目用紅字收回，然單據仍存於龍泉，至於岡山方面則因其療養所階段之單據被前任攜走，內容情形不詳，然必係只憑撥款手續列帳無疑，（2）年度內衛生事業費有超支八千餘元之事，後經衛生處准予追列，且將款撥到，其後又奉輔導會通知須於一九五九年度國庫撥款內扣回，此項扣款自須如數將單據轉作新年度之報銷憑證，結果1958 年之單據須減去此數，但若係扣減新年度之額定經費則與去年度無涉，係何情形，須返回後問衛生處人員始知，如係前者須收回上年度帳，如係後者，則無影響。

見聞

在龍泉榮民醫院見該院栽植蘇魯種木瓜甚佳，院長蘇枬軒云木瓜雄株太多時，可在幹上用木籤釘入，竟能

變雄為雌，又木瓜用子繁育幼苗時，須用端部，勿用尾
部，前者為雌了，後者為雄子云。

2月1日　星期日　晴

旅行

　　昨晚十時半由高雄登八次火車北上，該次列車因等候誤點之屏東線車到達，致遲開廿分鐘，余所乘為坐臥兩用車，此項車輛余曾於日間乘坐一次，現在夜車之坐臥車與日間者無異，僅加收十元，備毛毯一床耳，車開後乘客即紛紛入眠，余亦就寢，除中間因停車醒覺二次外，大體上尚能適應而未有失眠之苦，天明即到新竹，然後起身，此時車行頗速，最後於規定之七時五十五分到達台北。

師友

　　上午，韓華珽兄來訪，云即將赴台中其姪輩家中度舊曆年關，請於元旦勿來拜年，彼亦不來拜年云。下午關文晉氏來訪，為其亞洲腸廠會計薛立回港事尚未請得出港證，原因為兵役機關認為薛君來台時曾正式申請戶籍，而正在兵役年齡，不能核准，然僑務委員會所發布之辦法則明白規定，一年以內不受兵役之約束，雙方之法規不同，正在擬定劃一辦法，薛君恐待至一年期滿再行申請更為困難，決定從速申請，並準備到港後以死亡證明文件寄來銷案，但此項申請必須有資產人士至少不動產一萬元，故來託余為之保證，余即在其保證書上加蓋圖章，並將浦城街國民大會地址開交，以便屆時前往將此項保證書送去用印云。

家事

　　下午利用餘暇油漆門窗，半日只油成一窗。

2月2日　星期一　晴

職務

今日全日在分署，上午臨時協助劉允中主任為審核東西橫貫公路 1959 年 PPA 而費去半日之時間。緣此項 Draft PPA 由業務部門送會計處會簽意見，余核其內容計有二項意見，一為其中 Financial Plan 列數均屬相符，二為其中管理費部分只有一項總數，希望在申請書送到時應有一項細數表，迨送之劉主任時，渠認為 PPA/S 即封面上所寫之 Prior Year 一欄中之 Country Financing 數字 US$64 萬元無所依據，余本因其為鉛筆臨時加改，不足為憑，故未詳核，迨劉君詳閱後，余始覺有疏失，然由過去查過之橫貫公路帳以觀，全部係屬美援，並無中國政府認款，於是往詢業務部分，據云彼等亦知 PPA 本未列此，現所據者為美援會之一套表報，係何根源則未之知云，余歸告劉君，認為 PPA 既未列有此點，即不必注意，但為求知端的，不妨再詢美援會，劉君以為不必，故未再往，彼乃將此點亦加入註內另寫 Router 一件，較余原寫者為詳盡，並認為此 PPA 可以照簽，但須基於上項之了解中云；下午核閱 Job Training and Employment Placement 之查帳報告 Second Draft，改正所打誤字，即轉劉君。劉主任正準備二月份之工作 schedule，需將退除役官兵計劃列入一項 Follow-up，經回憶已查各案，只有 Fish Propagation 計劃查帳報告已發出多時適合此項條件，因而列入，但據云將歸他人從事云。

2 月 3 日　星期二　晴

職務

　　上午，往美援會訪胡家爵兄，為二人前所合擬之一九五七年度 RETSER Interim Hospitalization Follow-up Audit Report 經修改後又經 A. W. Tunnell 退回，認為若干原報告之 Recommendation 有並未做到者，不能將 Follow-up Report 之 Rating 寫成 Satisfactory，其所指之事項皆為胡兄所查，乃往與胡兄商量如何修改，渠認為只有二事，一為衛生處之藥品管理鬆弛，二為苗栗軍用倉庫曾挪用輔導會之服裝遲未繳回，前者已移交於輔導會，不復成為問題，後者則不妨再一詢輔導會供應組，軍方是否已將服裝退回。下午，祁兆琬君來詢上週所查各單位帳務之情形，余即將查帳所得之各項問題加以說明，彼即由該衛生處所記之帳內查尋解答，其中多為台中部分，因台中榮民醫院在一九五八年度初兩個月曾有款已列帳而單據送衛生處保管之事，乃向祁君詢問此項送存單據之狀態，祁君初以為無，乃向帳內細查，始知並非只為保管單據，而係照數列帳，但此項又往往沖回，於是各單位如台中者之列支數即以此項單據為憑證，此項單據既未在衛生處內支款，自然不致有無據支款或重複支款之情形，此項事實祁君初不敢肯定其無複支情事，經余由查帳記錄中加以指明，始知並無不合帳理之處，以原經辦人猶如此，可見情形之錯綜也。

2月4日　星期三　晴有陣雨

職務

　　上午，開始整理兩週來出發檢查之 work papers，其中有若干須補憑證之支出，仍有待於主辦人之照補。下　午，Audit Branch Chief A. W. Tunnell 約 Jack Liu、Albert Li 及余談二月份工作 schedule 問題，緣劉氏在排列中將 RETSER Hospitalization projects 又列入二人各三星期，Tunnell 認為須有理由說明何以不能如預定進度在一月底完成，余之理由甚簡單，蓋一月底之外勤工作甫始告竣，整理資料與撰寫報告四件至少亦須半月也，李君則因所查各節尚無眉目，本向劉氏表示尚須一個月完成，渠初亦不知排為三星期，洎知亦承認如期完成，至於內容方面，Tunnell 以為凡不能立刻獲得之資料不如先行放棄，以免其他已得之資料因等候過久而有明日黃花之感也，惟今次所成問題者為輔導會所缺資料過多，幾乎片段凌亂，使人無從著筆，而李君自前次因他事與輔導會會計處長電話中發生齟齬，又不肯逕往該會坐催，一切均託余代洽，余雖不斷催辦，亦仍嫌不夠有效也。

娛樂

　　下午在分署看記錄電影，為一九五五年美國國防部所攝製邀請火箭專家演講 "Outer Space" 之錄音電影，雖內容甚可寶貴，然不能完全了解，不易引起興趣。

家事

　　晚，以前次油漆室內所用之綠色油漆所餘小半桶，漆玄關周圍之柱樑等，二小時而竟。

2 月 5 日　　星期四　　晴

職務

　　上午，重寫 1956 年度 East West Highway Construction 用款查帳報告之 Follow-up 報告，此報告已擱置半年以上，係因承辦人黃鼎丞與徐正渭二人曾有第八項之建議主張向工程總隊索還多支之 Overhead charge，而輔導會堅持不肯，中間經過會計處美籍人員之一再延移，且經分署法律顧問之解釋說明，仍無解決途徑，昨日劉允中主任告余此款分署已準備放棄，惟文號尚不之知，囑余立即重擬報告，將文號日期先行空格，以待填入，今晨如法炮製，下午即行交卷，惟不知分署係以何理由自解其所繫之鈴也，猶憶此項查帳工作本由 A. Johnson 與余及葉于鑫君所經辦，因當時會計長 S. Baranson 與 Johnson 不睦，將其寫成之報告百般挑剔修正而最後復予以廢止，另行排人往查，新寫報告較余等所作者即多此一項 Recommendation，當時深得 Baranson 之同意，不知此等抽象而又模糊之事項不能肯定的認為其絕對有問題，即不易為被查者所肯定的接受，果然糾纏經年，分署仍不免有出爾反爾之舉，徒然喪失信譽也。助劉允中主任審核 Draft PPA，今日所看為石門水庫請款之 PPA，因該水庫之用款已經由美國開發基金內支應，故此 PPA 內只列五人出國考察費用，及合同所定之外國包商美金費用，內容甚為單純，未指出有何問題。

2月6日　星期五　晴有陣雨

職務

　　上午在退除役官兵輔導會從事於兩月來查帳資料之整理，尤其著眼於尚未集齊之資料，其中關於建築與服裝、藥品等資料本已請供應組與工程組予以供給者，今日再往查詢，則又云須俟諸舊曆年矣，惟衛生處所主管之部分乃 361 診療所計劃中之管理費與榮民生活費等尚未正式報銷者，則已再度集齊，並於今日裝箱送來余之辦公室，是無次序中之比較尚有次序者。下午，在分署核公文兩件，皆為其他部分有關撥款送來簽註意見者，一為工業中心五九年度款之 Breakdown，余提出意見對於其中一部分 Grant 之 working capital fund 主另立帳簿，並製表附於普通月報之後，二為高雄硫酸錏廠之變更預算將一九五八年度經費移一千萬元於一九五九年度，此事無甚問題，主張予以同意。

師友

　　途遇胡鍾吾代表，承贈洛神賦集王帖樣本一張，並示以印成之裱本，甚精美，胡君此集乃就以前壽春孫氏所藏本補集入一百廿八字，孫氏藏本余在大陸曾買珂羅版本，久已佚失，胡君云又集孝經，凡二千餘字，其先君完成大半，其本人補成另半，尚待印行，至於集字之方法則不拘一格，惟必須行書，楷草皆所不取，有時須拼偏旁，固亦煞費苦心，其所集十思疏中之「思」字，凡十六見（？），而無一重複者，可見其一切認真不苟之一斑矣。

2 月 7 日　星期六　陰雨
瑣記

今日為舊曆除夕，余因值週末例假，無須辦公，上午到國民大會秘書處補領本月一日即已發放之本月份待遇，並到介壽堂買後日之戲票，下午則整理剪裁兩月來之報紙，因上月出差半個月，有兩月未剪之報亟待加以整理也，余所訂為新生報，取其剪裁容易，蓋版面固定，一至三版為要聞，五版為經濟金融，只須兩張拆開一看，即知大要，不必若他報之必須往返尋找也，今日積壓有兩個月之久，翻檢費時，故幾於費去一個下午之時間焉。

閱讀

看二月份讀者文摘，有若干常識本所已知後已忘卻，經此而又明白者，如所談用電常識一文，認為電線走火之重大原因為電荷超過限度，所謂電荷限度云云，即在電表上之限度如為五安培，用電即不應超過此數，且所用保險絲亦應照此限度，否則即有危險，余對於若干電器上之有寫明若干安培者，至此始行了悟，蓋為明白指出其用電限度也，至於電燈方面則其所記為瓦特數，以此項瓦特數被 120 相除，即為安培數，余平時用燈為為 100 瓦者一個，60W 者三個，15W 者一個，又 10 瓦之日光檯燈一個，故在用燈方面絕不至高過電表之五安培限度，所不知者為熨斗上之安培數已經駁蝕，不知在開燈而又熨衣時為何等負荷。

2月8日　星期日　陰晚雨

交際

今日為舊曆元旦，全日用於拜年，上午雇用三輪車按住址順程前往一週，計到各家為逄化文、余井塘、楊紹億、李公藩、趙榮瑞、冷剛鋒、李祥麟、尹樹生、曹璞山、楊孝先、吳先培、邵光裕、張中寧、廖國庥、黃德馨、楊綿仲、樓有鍾、比鄰袁君、姚冠午、王一臨、周靖波、汪焦桐、吳治、對門林君、王茂儒等諸君處。下午到田子敏兄處，並同德芳到龔英松君與廖毅宏兄處。上午到會賓樓參加同鄉團拜，由秦德純氏主席，報告希望本總理遺教團結奮鬥救中國，並介紹甫回國來之于斌總主教致詞，于氏認為當前國際情勢正在作空前之武器競爭，而殺人利器之日新月異已使吾人深知，設非人類自陷於瘋狂不欲生存之境，恐難發生大戰，如無大戰發生而欲人類有出路，勢非由文化中找尋不可，近年歐美人士已注意於人文主義之探究，人類精神生活之出路，當於此中探求中，然西方之 Humanism 並不等於中國儒家之人文主義，儒家固主張以人為本，然人之上為天，故須法天，而認為天覆地載，人不過其中間之分子而已，又儒家思想不只在書本，而尤在於實踐，故雖焚書坑儒，而不能滅絕中國之傳統文化，此為最特色處，孔子為吾魯之聖人，故吾人之任務特重而吾人之出處又為最光榮也。今日來拜年者有馬麗珊、王厚增（夫婦）、鈕鍹龢、吳治、王一臨、王茂儒、趙榮瑞、曹璞山、曾明耀、田子敏、吳先培、張中寧、楊紹億、丘青萍、楊象德、黃德馨、廖國庥、蘇景泉、佟志伸、李公藩、李祥麟、樓有鍾（三夫婦）、冷剛鋒。

2月9日　星期一　陰

交際

　　今日繼續出發拜年，上午同德芳到新莊劉振東氏家，因無人在寓，故留片而返，繼至中和鄉宋志先兄家為其岳太夫人拜年，然後回至保福路姑母家拜年，午飯留焉。下午到廈門街曾明耀兄家，又至東園街關文晉氏及佟志伸兄家等處，傍晚同德芳到王厚增君家、李公藩兄家等處。前來拜年者有尹樹生兄夫婦，鄭旭東兄夫婦、金鏡人君、李德民君，孫典忱兄等。

娛樂

　　晚，同德芳到介壽堂看海軍國劇團演出，為全部紅鬃烈馬，由別窯起至大登殿止，實際前段完全墊戲性質，自武家坡起為胡少安、李毅青合演，余等因為時已晏，未待至大登殿上場即已辭出回寓，就武家坡之演出言之，李毅青之唱做均佳，在票友中不在嘯雲館主以下，尤其嗓音甜潤，完全梅派，在台票界青衣無出其右也。

采風

　　在台所過之舊曆新年此已為第十一次，師長友朋相遇，雖有如隔咋，然或則白髮頻增，或則意興蕭索，更有父母奉養而來者，今日已人天永隔，種種景物如舊、人事全非之景象，值此歲序更新之際，尤其使人有極大之感喟也，至於台北春景，由於天多陰雨，似乎亦不如往年之熙攘，余等早晨搭車赴新莊，車上幾乎屈指可數，雖午間人即增多，然終不如往年之盛也。

2月10日　星期二　雨

交際

上午，到新店拜年，計到韓質生兄家、叢芳山兄家、孫典忱兄家，最後到崔唯吾先生家，前日本約李祥麟夫婦同時來此，但余在崔寓坐到十時半猶未見到，乃即告辭回台北，不料在新店汽車站相遇，所以然者，謂等候汽車過久之故，余去時係趕早搭乘火車，其時人甚少，車甚空也。下午，同德芳出發拜年，先到紹南之同事原都民小姐家，因原君夫婦曾先來，且去年紹寧曾臥病台大醫院原君夫婦亦曾來探視也。再到張景文兄家，張兄昨日曾來，惟余未晤及。今日來拜年者有龔英松夫婦、關文晉先生、徐嘉禾太太及周靖波君等。

娛樂

晚同德芳到三軍托兒所看話劇，由梅冬尼等演四幕話劇「咖啡女郎」，完全為一鬧劇，描寫數個咖啡女郎由極不健康的生活轉變至甚為合理的覺悟，題材頗佳，但此等生活糜爛之人群何以能在一轉瞬間回頭是岸，由劇情發展上絕對看不出有此必然性，此乃最大的缺點。

閱讀

讀 R. E. Flanders: *Letter to a Generation*，其中一節論縮軍問題，主張只有擴軍始能保障和平，所引名句有云：Only thru armament can come disarmament，並引 Admiral Mahan 句云："The purpose of military power is to provide time for moral ideas to take root." 此句

極有見解。

2 月 11 日　星期三　晴

職務

今日春假已過，開始上班，到辦公室先與各同人為新年後之晤面，然後到退除役官兵就業輔導會，因其時會計處長王紹堉先來拜年，故往其辦公室回拜，但未相遇，於是順便到其他辦公室進行一匝，計到主任秘書韋德懋處，專門委員于懷忠兄處。統計室廖毅宏、陸冠裳兄處，總務處王塑和陶珠兩處長處，表示問候之意。開始查核 RETSER Hospitalization 計劃內 361 Clinics 內前次查帳發現若干支領而未報銷之各種管理費與榮民生活費單據，經後補送前來者，初步工作為先打開帳箱點查究竟包括若干內容，蓋醫療計劃內除 328 計劃與 465 計劃之以供給行政費為宗旨者外，其餘各計劃中只有 361 計劃內為三個 Clinics 供給 1957 年度 3-6 月份之人事費與事務費，及 5-6 月份之病房作業費與榮民生活費，而轉帳之傳票後皆未附有報銷單據，前日由衛生處補送前來，經今日點查之結果仍缺少一個單位之用人費與事務費，為免又拖延時日，亟須請該處人員再度查補焉。

交際

下午到財政部答拜鈕鉁龢君，不遇留片。來拜年者有周天固兄夫婦及楊孝先氏與王德垕君等。

娛樂

晚到介壽堂看京戲，李毅青演宇宙鋒，甚為平妥，因在樓上可以看全般之身段台步，不若近看之佳，高德松等之取洛陽，余未終場而返。

2月12日　星期四　晴

職務

繼續查核 RETSER Clinics 1957 年度補送來之單據，今日所查為馬蘭診療所之全部，包括 3-6 月份之用人費事務費及 5-6 月份之病房作業費與榮民生活費等，又竹東診療所之用人費等，發覺無其他異常之情形，僅有少數之交際費與自行車牌照，經加以剔除云。衛生處祁君來洽，余囑其速辦數事：一為速補現在正在核辦之單據內尚須查補之岡山部分，二為在數月來進行查核之 248、360、361 及 465 計劃中所發覺之亟應查補事項，務須早日查出，祁君當向輔導會供應組將與中央信託局購料處往來之用款憑證索來四件，經余與帳內列支之款項加以核對，發現有二件之預付款與帳列者相同，另二件則中信局帳單雖列收，然帳上並未列支，則無由知其底蘊，即兩件以之與帳內預付數可以互相核對者，亦因其帳單所列與附送之發票美金數不符，而不能作為最後結帳之根據，結果此數筆預付款仍不能作為正式支出，在查帳報告內不能免於列舉也，輔導會所辦事往往如此。

師友

晚，關文晉氏來訪，談其婿薛立申請回港事，雖已取保而兵役機關仍不允其出境，關氏云有同樣情形之商人聞已出境，果有此事，大可援例辦理，關氏託余代為草擬呈文請政府補救此等法令不一致之情形，待探明有無可援之例,再行向余說明一切云。

2月13日　星期五　晴

職務

　　續核 361 計劃 RETSER Clinics 所送補核之單據,上午核竹東診療所部分,較有次序,下午核岡山部分,除只有一部分送來尚缺半數未在其內正由衛生處祁君查補外,其已有之部分為一九五七年之衛生事業費與榮民生活費,而衛生事業費之五、六兩月份內復有一個月之燃料水電費與病房作業費完全混和,只有單據一本,包括發票百餘張,並無細數,余最初粗略核計,單據並不足數,後經祁君細算,又認為相符,限於時間,只好聽之,一面囑其從速催查缺少部分,據云記憶中存在福州街衛生第七科,但往尋無結果,只好打電話向台中衛生處查詢矣云。下午核萬隆部分,此單位本不在計劃之三診療所即竹東、岡山、馬蘭之內,因病患未及移入三診療所,而此費支出之總數亦未超出預算,故不擬予以剔除,於是進而核其內容,計包括五、六兩個月份之衛生事業費與榮民生活費,每月一捆,內附一張清單,註明本月份之某費有單據若干冊與金額共為若干,余試將五月份者加以核對,證明並不相符,枉費若干時間,而又不能立知問題所在,只好留待下週一再行續核矣。

師友

　　晚,同德芳到同安街答拜周天固夫婦新年,並還贈食品等。晚同德芳到廈門街 113 巷答訪鄭旭東兄夫婦。

2月14日　星期六　晴夜大雨

家事

　　紹南服務中央信託局，昨接通知謂有宿舍待分配住用，希望往看，若合意即登記抽籤，下午與紹南到和平西路二段三十二巷察看，見房屋甚小，不過十八席左右，且絕無園庭，較余現在所住者尚遠為不如，以其目前所領之房租金貼九百元相比，尚相去甚遠也。

交際

　　晚，劉允中主任在和平東路二段寓所招待分署會計處稽核部分同事，計到李慶塏、曹嶽維、曾明耀、徐松年、靳綿曾、黃鼎丞、葉于鑫、歐陽淑麗夫婦，及主人與前同事陸慧禪等君共十三人，事先有八人作竹城之戲，六時半用餐，飯前飯後余與黃、靳二君不能打牌者則集中一隅談天，上下古今，其大無外，所述各方風物，極有趣味，擇其尤者記下：（1）吃魚如骨鯁入喉，中藥有一味，名不復憶，但記為三字，首為「威」字，煮水食之即化；（2）台灣四重溪有海生而逆流入淡水之大蝦甚鮮美；（3）又有龍鰻，似福建所產，福建之龍鰻有大至七、八十斤者，捕魚人有奇術沿河谷以智取之；（4）福建建甌至南平山谷，水流湍急，淺灘不計其數，而有舟子能行駛其中，行所無事，下水時真有千里江陵一日還之觀；（5）Kerosene 之譯名或為煤油，或為火油，獨廣東曰火水，余在德士古日曆上見之，詢人始知。晚飯間大雨如注，劉寓庭內全為水所積，清談至十時出未見全退，除打牌者外，余等係雇用三輪車由台階外接送外出始獲歸家。

2 月 15 日　星期日　晴

家事

中午，請姑母與姑丈在寓吃飯，所請本尚有表妹姜慧光夫婦，但並未到，飯後至明星戲院看電影，未終而返。

閱讀

讀一月份 *Reader's Digest*，補白有 G. Dean 遺作之 "Lessons Learned" 八則，甚有一記之價值：1. Never lose your capacity for enthusiasm; 2. Never lose your capacity for indignation; 3. Never judge people, don't type them too quickly; but in a pinch always first assume that a man is good and that at worst he is in the grey area between good and bad. 4. If you can't be generous when it is hard, you won't be when it is easy. 5. The greatest builder of confidence is the ability to do something - almost anything - well. 6. When that confidence comes, then strive for humility; you aren't as good as all that. 7. And the way to become truly useful is to seek the best that other brains have to offer. Use them to supplement your own, and give credit to them when they have helped. 8. The greatest tragedies in world and personal events stem from misunderstanding. Answer: communicate. (Gordon Dean lived by that splendid testament.)

2月16日　星期一　晴

職務

今日續查 361 RETSER Hospitalization 計劃內之萬隆療養大隊支用經費報銷，經將單據詳核，發覺支出中之二個月份均有特別情形，五月份每一科目之單據皆超過列帳數目而又不註明原因，六月份只有一科目單據不符，係為數不及列帳數之多，前者不再過細推敲，後者則加以再度複核，確定其數目，將作為剔除之依據焉。

師友

晚，關文晉氏來訪，託為其婿薛立申請出境遭遇困難事草擬公文呈請警備總司令部予以補救，並託余洽詢崔唯吾先生可否為其向警備總司令部處介紹會晤云。晚，蘇景泉兄來訪，談舊曆年曾有台中之行，住兩日而回台北，今日並持贈其指導僑生編行之近期海風月刊一份。

師友（補昨）

趙榮瑞君晚間來訪，交來託其代買之 Vitamin B Complex 及本地製之 Vitamin B1 各四瓶。

瑣記

昨晚十時隔鄰袁寓院內發現竊賊，經喊叫逃逸，發覺花盆等有被踏摔破之事，半小時後紹南由室內見玻璃窗外有人張望，待鄰居集攏查詢時，即已無影無蹤矣，今日為亡羊補牢，分頭與德芳準備防賊之具，余買手電筒一支及鎖一把，德芳則買鈴二隻，晚置門上，設有推動即有響聲，並買鐵絲網，將在大門上氣窗加以裝置，至於牆頭太低則將加按鐵鍋釧云。

2 月 17 日　星期二　晴

職務

上午，在退除役官兵輔導會整理三月來所查之四個 RETSER Hospitalization projects 之查帳資料，將應剔除之款項及應清結之付款加以開列，以便開始撰寫 Audit Report。下午到分署與李慶塏君對查帳報告之撰寫問題交換意見，渠因所獲資料不多，若干 End-use 事項未作深入之調查，尤其對於 Project implementation 之賬括狀況未有全盤的了解，故主張以簡單為宜，此亦為余之本意，大致決定：（1）報告開端照例所列各項 Summary，余比較完備，歸余寫列，（2）四個 Project 共寫報告四件，（3）余每一報告均寫 Project Fund Status 及 Financial Details 各一段，（4）凡至今輔導會未能供給詳細資料之支出均不再等待，分別情形及性質在報告內請其予以清結或繳還云。

師友

日昨關文晉氏來託代為撰擬文稿，為其婿薛立申請回港，余於今晚代寫，因法令資料不甚完備，故若干要點只敘述法理，未能引證條文，終覺有欠充實，又對於其所附法規內所載之歸國僑民服役辦法詳加研究，發現若干條文不能互相照顧，而輕重因果又不甚一致，只得就有利條文加以引用，計寫成二件，一致台灣警備總司令部，一致僑務委員會請分轉該總部及行政院，請對台省府單行法規之歧視僑民之來自港澳者一點，加以糾正焉。

2月18日　星期三　雨

職務

上午，到分署協助審核一九五九年度之 Industrial Productivity Project 草案，此 PPA 與往年不同之處為計包括三個部分，一部分為 China Productivity Center，二部分為工業試驗所所辦之三夾板規格標準化，三部分為內政部之工業安全訓練計劃，此第三部分仍由生產力中心受內政部委託辦理，余審核重點在看其 Financial Plan，內容仍如往年，有 Commodities、Technicians 及 Participants 以及生產力中心之行政費等項，至於收取自給自足之費用亦較往年為多，期能走上自給之途，但由大勢觀察，恐距此理想尚遠也。下午對於所查 RETSER Hospitalization 四計劃內缺少之憑證再度催衛生處派駐退除役官兵輔導會之祁兆琬君速速補送，如再不照補，即照剔除，彼對於若干無法照補者已自承計窮，能補者當儘於明日補齊云。對於所查四計劃之 deadline 問題與李慶塏君交換意見，決定（1）248、360、361 之計劃之五七年度經費已經核准將deadline 延至一九五八年之四月底，其中有在四月底以前付出而補入四月底以後之單據者，除所屬時期分明在四月底以前者外，均須剔除，（2）465 計劃則為五八年度之十二月底，此次只查至十月底，故尚不發生此項問題；（3）建築支出之決算與驗收憑證至今未能提出，照章亦可不予承認，另行繳還，但事實上不易做到，只能請其再補資料矣。下午開始草擬 465 計劃之查帳報告，已將面頁各要點填完。

2月19日　星期四　晴

職務

　　續寫 1958 年度 RETSER Hospitalization 之查帳報告，今日寫本文，即 Findings，共分兩段，一為 Project Fund Status，寫明收支總數與結存，並此結存與銀行結單之核對相符情形，二為 Financial Details，寫所查之帳簿單據包括在衛生處即在十四單位中之八個單位內之帳簿單據，前者詳查，後者抽查，認為設帳及財務管理制度均尚合理，用款亦皆用於預定之目標，但有若干支出不合規定，逐一加以開列，以科目為綱，每科目下再按衛生處與各醫院加以排列，大半今日已完成之。共同查帳之李慶塏君今日亦到輔導會索取資料，仍未能立即有成，約定明晨再行蒐集，其所需要者為各項物品之分配情形，須向衛生處第七科與輔導會供應組分索資料，又建築情形則須向工程組索取，亦皆為半月前即已通知至今尚未交卷之件。依據昨日所定之原則今日再核248 計劃內錫口建築眷舍之支出憑證，果然不出所料，工程發包在七月，付款在八月，其他連帶支出亦皆為八月以後之事，該款雖在 Deadline 四月底以前先行列帳，然皆為限期以外之支出，自然不應予以核銷云。

交際

　　朱佛定氏之次女下午六時在靜心樂園結婚，余與德芳前往道賀並參預喜宴，來賓多半為新郎之外交部同事，朱氏在皖時之友人為數絕少云。

2月20日　星期五　晴夜雨

職務

今日寫完 RETSER Hospitalization 內之 465 計劃查帳報告，並為慎重起見，重新查閱在開始查帳後以至現在止中間之未閱文卷，發覺有須加以修正之處，緣原列預算係按每月 13,125 人之平均數列計，余對於榮民生活費之支出即以此項限度為最高額，凡有超出者不予核銷，其中實物補給部分則照數量乘單價計出其限度，但在十一月間退除役官兵輔導會又照其事實支出之情形要求修正預算，只云事實上不能照原預算計列，而原 PPA 之重要精神即切實限制人數一節則打銷於無形，故對於上項剔除款項經再加斟酌，只好刪去矣。輔導會之醫療計劃為一最難澈底查明之計劃，今年因時間較裕，且對於缺少憑證者絕不放鬆，乃發掘出甚多新問題，且有涉及以往年度者，如今日李慶塏君會同查詢今年所查一九五七年 361 計劃中買藥一批之分配情形，余則追查其單據，發覺此一批十六萬元之藥為上次所查 328 計劃內買藥98 萬元之同一筆內事，須相加一同核算，經進一步加以推敲，則全部單價總價俱有問題，而 328 之查帳為余與徐正渭、胡家爵二人所合作，其中醫藥部分由徐君擔任，二人現均不在分署，查其 working file 亦甚尠詳盡之記載，於是乃著衛生處人員補提資料，蓋此藥之買入係由衛生處第三科售出，該科係向內政部供應處買入後轉手者，原始發票何在有待澄清也。

2月21日　星期六　雨

師友

　　上午，到東園街亞洲腸廠訪關文晉氏，送去其以前託余草擬之呈台灣省警備司令部請糾正台灣省之不以港澳華僑為僑民之單行規定之申請書，並告以昨日已與崔唯吾氏約定今日往訪，乃一同前往，途經火車站時並買禮品數色攜往。至則崔氏對此事亦深表同情，惟與現任警備總司令黃杰不熟，恐介紹說項，不生效力，乃想到一變通辦法，即國大代表王天鳴昔曾追隨黃杰為參謀長，直至由越南退來台灣，崔氏乃備函致王代表，請其轉為介紹黃杰氏詳談一切云，至於所持之理由則較費斟酌，余所草擬之文稿本為主張請僑務委員會轉函警備司令部請變更規定，並分呈行政院對於台省府歧視華僑之由港澳來者一節加以糾正，此項方式將有使事態僵滯各機關互相推諉之弊，結果曠日持久，並不能預料何時可以獲得解決。關氏之另一方法為請警備總司令部憑申請人薛立之入境證影本核發出境證，將來兵役機關有通知服役時彼已出境即可無可追查，不了了之，但關鍵在於憑影本發出出境證之有無先例，且兵役機關對於已經報有正式戶口者即絕不放鬆其兵役義務，今憑影本申請，警備司令部是否即肯作為戶口尚未申報而憑入境證影本核發，殊為問題，然為迅速起見，或竟即循此途徑進行，不必再先行與各有關係研究單行法規之抵觸問題，余將文稿交關氏，再行斟酌修改使用。

2月22日　星期日　雨
閱讀

雨中假期無事，閱讀 *Reader's Digest* 二月份，所載之 Quotable Quotes 頗多雋語，摘記數則，以供省覽：(1) Peter De Vines: Who of us is mature enough for offspring before the offspring themselves arrive? The value of marriage is not that adults produce children, but that children produce adults. (The tunnel of love, [Little Brown]). 此語比之學養子而後嫁似更進一步，蓋認為即使嫁後亦未必知如何養子也。(2) Anonymous: Any government that is big enough to give you everything you want is big enough to take everything you've got. (3) Thornton Wilder: It is when you're safe at home that you wish you were having an adventure. When you're having an adventure you wish you were safe at home. 此語道破人性永不能滿足於其已經獲得之情態也。(4) Harlow H. Curtice: The young man who doesn't keep his eye on the clock but still knows what time it is will find unlimited opportunities in this growing country. (5) Dr. Joseph H. Peck: The higher you climb, the more you show you're behind - and there is an awful temptation to kick it.

2月23日　星期一　雨
娛樂

今日補放昨日華盛頓誕辰假一天，蓋美國假期如遇為星期日而非星期六者則補放一天也，下午率紹因紹彭到寶宮戲院看電影，片為「氣壯山河」，聯美公司出品，原名為 The Pride and the Passion，由格雷克蘭、弗藍克辛那特與蘇菲亞羅蘭合演，歷時二小時一刻始完，全片之場面外景與演技均非一般之製作可比，而鼓勵愛國情緒，甚至愛情亦昇華而為獻身戰爭，結果以身殉國，此種情節特別高尚而卓越，非有特殊之見解，不克臻此，此片價值之高，由此可知。（格雷克蘭飾一英國人，客串西班牙之反法戰爭，弗藍克辛那特飾一西班牙軍首領，蘇菲亞羅蘭飾一革命女性，亦在陣中，周旋於雙方之間，愛情屬於克蘭，而事業則屬於辛那特，但最後以事業為重，終以成仁，電影廣告以克蘭喻 pride，以辛那特喻 passion，而以羅蘭為 flame 云。）

意外

在影院散場時紹因須赴廁所，渠即先往，余與紹彭則稍遲至廁所相尋，則男女廁所皆遍尋不得，在場復繞旋數匝，亦無蹤影，更至院外後門口一帶查問，亦不得要領，乃決定先送紹彭回家，再行往尋，歸後見紹因已返，謂由廁所出後不見余等，故自行搭公共汽車回家，而德芳又因恐余等不返，派紹南往戲院通知，於時余等又返，事事在陰錯陽差中過去，亦意外也。

2月24日　星期二　陰

職務

上午，重新修改上週所寫成之 RETSER Hospitalization Project No. 465 查帳報告內之剔除數字，主要為榮民生活費各科目，余本係依 PPA 所列之供給人數作為最高

限度，實物部分則依照數量及實付價款算出最高限度，
超過部分予以剔除，迨後見卷內有輔導會所送之修正
Application 經分署覆函核定，而此項核定之新預算係依
據輔導會以前來函請求，其內容即提及各項支出不能緊
守預算之原因，是即無形中將 PPA 之人數加以打破，
從而余所計算之剔除款即成為無的放矢，於是改變方
針，即以新核定之預算為準，與已支數比較，凡有超
過，即予剔除。此數本不超過，但因該會之修正預算仍
未能十分適應實況，故仍有超出，經即照數剔除，並將
此項變更算法記入 working paper 之中。下午，就 248、
360、361 三個計劃中之建築費部分再度加以分析，並
將建築師公費加以再度核算，將尚須退補部分加以標
記，備寫查帳報告時加以注意焉。

師友

　　晚，關文晉氏來訪，謂其婿薛立回港申請出境證事
已由王天鳴代表介紹至警備司令部與主管方面晤面，仍
不得要領，現決定集中全力向制定免役法規而又未能見
諸實行之僑務委員會要求轉請行政院予以補救，余則以
為不妨另以獨負家庭生計之規定同時申請緩徵，以免萬
一不能出境亦可不必入營云。

2月25日　星期三　陰偶雨

職務

　　余與李慶塏君聯合查核之四個 RETSER Hospitalization
Projects 原訂於上星期五即二月二十日查完，但因尚有
資料未能寓目者，李君約衛生處人員昨日繼續核對，

而查帳報告亦未能完成，以致 Audit Branch Chief A. W. Tunnell 向劉允中主任再三催尋，今日劉氏向余等提出，經決定不再等候資料，務於本星期內將報告寫成，下星期起余即回聯合大樓辦公。下午與李君再行核對 465 計劃 58 年度用款之購藥款，渠發現有一批藥品在余提出無單據在彼不明分配情形者，實際與 57 年度已查之 328 計劃有關，328 計劃已經查完，又不便再行翻案，故如何處理甚費斟酌，由於付款數目在 328 計劃內可能有所出入，余以電話向原查帳人現在美援會工作之徐正渭君詢問，渠亦不復省憶，而原憑證在台中衛生處，又不及調閱，亦覺處理大為困難也。上午再行核算 248 計劃內與 360 計劃所付中央信託局易貨外匯結帳情形，經核明其應行找算數目，將於查帳報告內加以提出，惟本欲先行與原經手人將差額核對，因原人不在而罷，只好作為定案矣。在分署又審核 RETSER Agriculture Development PPA 1959 草案一件，發覺誤點二項，經加以指出交劉允中主任詢其意見。

交際

鄭旭東兄登報為其女結婚，經詢明楊天毅兄其時間地點，屆時往賀並送禮。

2 月 26 日　星期四　陰

職務

上午，開始撰寫 RETSER Hospitalization 中之其他三個計劃之查帳報告，由於內容尚有若干有待於事實之澄清，故所能寫者亦只開端之照例的項目，至於

Findings 與 Recommendations 則尚有待也。今日全日時間仍多用於憑證未全之帳項的補核工作，然其中案中有案，例如在 360 計劃中曾於 1958 年特准延長之 Deadline Date 四月三十日付出五十九萬餘元用於建築，而無單據附後，當知係輔導會之一貫取巧辦法，於結束日先行假定為數若干作名為實付實為預付之帳，此款經再三索取憑證，今日始行送來，然內容又包括由其他工程費繳還之餘款，統作為種種之裝修用途，經對其付款與契約日期特別加以注意，發覺付款全在四月底之後，依規定非剔除不可，但其中雜有建築費收回數等，此等建築費之加減帳與驗收等情形則至今不明瞭，故剔除時尚須審度其情形為之焉。今日又有前岡山診療所會計傅君前來談關於該所會計交代問題，謂帳簿與傳票確經前所長攜去其現任所玉里醫院，此事本係岡山現會計羅君所告，而輔導會與衛生處人員均不知情且不相信，經傅君面談，始知不誤，可見此等指揮監督機關之如何隔閡矣。此次查帳工作之所以進行遲緩，全因此類不能迅速明朗之事實，不絕如縷，雖云可以不必等候其澄清，然事實上連日所查明之若干帳項已足以使查核報告減去甚多之不著邊際的 Recommendations 也。

2 月 27 日　星期五

閱讀

讀完 Ralph E. Flanders: *Letter to a Generation* 全書分十四章：(1) The world you were born into, (2) Is it hopeless? (3) The moral law as guide, (4) Should we abandon armed

defense, (5) Is co-existence the answer? (6) The Grand
Project, (7) Be assured, (8) Our national interest, (9)
Persuading the Soviet: moral encirclement, (10) Persuading
the Soviet: moral infiltration, (11) Persuading the Soviet:
Atomic deterrents, (12) The lines of attack, (13) Problems
for America, (14) Work programs。作者主旨在闡明軍備
之目的為自衛而促使強制縮軍,但軍備競賽之結果,人
民生活無法提高,此為人類之悲劇,如何以公開監督
之方式停止擴軍,乃今日全人類之急務,所謂 "Grand
Project"。作者所懸理想甚高,實行方面則寄望於道德
與精神力量之打進鐵幕與竹幕,甚至希望有朝一日混世
魔王竟有能幡然改圖者,則未免陳義過高也。作者末
章有警句勉勵青年,極為可誦,記之於此:"No matter
what the day-to-day discouragements may be, an alternative
to World War III must be found, which will permit mankind
to live in freedom and order. That alternative, that solution,
can be found only if we seek it through obedience to the
moral law."

職務

　　今日為在退除役官兵就業輔導委員會駐會辦公之最
後一天,本已寫至中途之 RETSER Hospitalization 各計
劃查帳報告,因須利用時間將蒐集資料工作更完善的加
以完成,故未再繼續寫作。上午補核 361 計劃內岡山診
療所所缺四個月的人事費與事務費單據,此單據直至昨
日始行補送前來,但每個月份一本,有封面有總數者,
亦有無總數者,經綜合重新合計,尚缺數十元,即以此

數列入剔除，另人事費內缺單據數千元。下午到工程組核對 248、360 及 361 三個計劃內之工程發包契約，共有二十個合同之多，故核對費時，且有數個為該組所未查到，經向會計處稽核科補核對，尚屬相符。與工程組長嚴孝章談各項工程情形，有若干事實為余所不及知，蓋歷來余與胡家爵兄合作時對建築工程均由彼查核，余只須與其核對付款若干即可，此次與李慶塏君合作，彼參加甚晚，且蒐集資料未能採坐催方式，於是失之片段，乃必須由余自身根據所查之帳內付款情形對於所付是否合於規定亦進一步求其明瞭，綜合與嚴組長談話結果，及依據其所談各節與會計處美援科長梁元鑄相對證之情形，得到如下各點之了解：（1）與醫療工程有關之單位在輔導會有保健處、工程組、會計處及控制小組（所謂 CCG），在執行方面有衛生處，初期主辦者似為保健處與衛生處，故設計完成而又取消之痲瘋農場與馬蘭診療所的原因在此無人記憶，而保健處人已換光，衛生處近來余只與會計室人員接洽，自然不得要領；（2）上項痲瘋農場，據建築師領取公費之情形觀察，係已發包而又解約者，但工程組不知其事，梁元鑄君謂雖未訂約，然已投標並草成約稿，故作為業已發包支付建築師公費；（3）據帳內情形，若干工程已經全部付清，連最後百分之五須待驗收始能支付者亦已支付，而建築師公費亦依據此項數目計算且支領完畢，似乎即為已經決算矣，然嚴組長則云未必，理由為此項保留款之支付，只為一種形式，實際上則加減帳有尚未算清者，故總工程費數目並非即是帳列已支付之數，從而建築師

公費之已支領數亦非即為最後研定之數目，至於衛生處
列帳係據何項資料，余甚為納悶，嚴組長謂會計處有資
料與紀錄，會計處則云無之，謂係衛生處所全權辦理，
衛生處現在主管科人員據云已換光，又無法對證矣云。
蒐集資料工作至此已無計可施，只好告一段落，今日已
將全部用品等攜回，並分別與會計處長王紹垿辭別，秘
書長趙聚鈺不在，留片交其秘書周治華君。

集會

晚，到實踐堂參加研究小組會議，陳寶麟主席，余
記錄，討論「人民公社之研析」一題，其實只是推人起
草作一結論交卷而已，一小時散。

娛樂

晚，到介壽堂觀劇，李環春桑懷音演長板坡，尚
佳，秦慧芬、周正榮演「審頭刺湯」，秦末場大段唱腔
甚好，周則說白表情不夠有力，此劇生角以白口勝，似
非所擅也。

2 月 28 日　星期六　陰

師友

晚，同德芳到和平東路三段訪問廖毅宏兄夫婦，彼
係本週始由廣州街移住於此者，並持贈糖果二包。德芳
在濟南女子師範肄業時之教師土弗青氏今日六旬生日，
但臥病於台灣大學醫院，其友好登報為其在師範大學禮
堂集會慶祝，並議定到會者各送禮金二十元，德芳一人
前往，寫余二人姓名，同贈禮金一百元，當另日到醫院
存問；此次王氏之慶壽實為其友好為籌措醫藥費之舉，

蓋其所患為中風，至今未能發音說話，纏綿病榻，非朝
夕間所能診愈也。

瑣記

今日休假，在寓無事，只閱讀書報並剪存二月份之
報紙等，此月份因值春節縮減篇幅，資料甚少，頃刻即
畢。閱讀方面則為所訂之新生報、*China Post* 及香港自
由人報，尤其自由人報最為耐看，每份非一小時以上不
能閱畢，今日出版之一份內有顧翊群作經濟論文一篇，
所涉及者非侷限於經濟問題，而另闢蹊徑由道德觀念之
角度以闡釋經濟問題，在自由人數月前曾連載「稷下談
龍錄」集稿數篇，當時用筆名發表，但該報後透露即係
顧之筆名，此文則骨子裡為經濟問題而用哲學之廣泛眼
光觀察人類之全般問題，雖不無賣弄之處，然其淵博實
不可及，晚近治經濟學者或已有由狹趨廣之趨勢，而
國內則尚不多見，顧本多年從政，而能不廢學問，亦可
貴也。

3月1日　星期日　雨
閱讀

讀一月份 *Reader's Digest*，有補白題曰 "Nature Lesson"，係採白 *The Freeman*, L. E. Read 作，文曰："The something-for-nothing idea grows out of failure to see the purpose behind the struggle for existence. The fullest possible employment of one's faculties is what makes for strength of body, of character, of spirit, of intellect. Non-use of faculties leads to atrophy. The story of the wild duck that joined the domestic ducks, was fed, but later couldn't fly above the barn; of the gulls that flattened up at a shrimp plant but starved when it shut down; of the cattle that became accustomed to pen feeding and died rather than forage any more; of the hand-fed squirrels that laid up no nuts for the winter but bit the hands that had fed them when they no longer held food - these and other stories of nature attest to principles of biology which are as applicable to persons who won't use reason as they are to animals which haven't the faculty of reason." 此與日前李嗣貴牧師廣播說明魔鬼試探對人之不可少所作之比喻，謂小雞必須啄破卵殼而誕生，倘以人力破之使出，反將夭亡之理解正復相同，均耐人尋味也。

3月2日　星期一　陰
職務

今日起回至聯合大樓辦公，仍用於撰寫三月來所

查之 RETSER Hospitalization Projects 查帳報告，今日
寫 248 計劃即 Leper 與 NP 病床增加之計劃，此計劃用
款最多處為建築費，而此項建築費則一直未能弄清，余
本擬將付款情形告之李慶塏君併入其所勘查之建築情形
內一併寫出，後又感覺不妥，蓋建築費查核甚費時間，
帳內既未有分析情形，余曾分別工程加以分析，理應將
付款內容加以分析說明，由此分析可以知計劃之內容，
於是改弦更張，將建築費支用不分年度加以綜合分析，
開出一表，上列橫標為各支用單位，即錫口、樂生、痲
瘋農場及另一未列預算之單位玉里，左列縱標為各費性
質，計分為工資、材料、水、電、眷舍、建築師公費
等，此表之列本根據余所抄出之帳內建築費分門別類數
目而成，由於分類方法不同，致核對總數發生差額，至
下午散值時猶未查明。

娛樂

　　晚，同德芳到美國新聞處聽音樂，由司徒興城及另
五人合奏室內樂，計有一鋼琴、二小提琴、一中提琴、
一大提琴、一木簫（Clarinet），節目為四段，一為大
提琴獨奏，以鋼琴伴奏，二為大提琴木簫鋼琴合奏，三
為小提琴獨奏，四為弦樂四重奏，計大中小提琴及鋼琴
共四人，皆古典名曲，其中以司徒之小提琴為最出色。

3月3日　星期二　晴曇

職務

　　繼續寫 RETSER Project 248 之查帳報告，已經完
成，然其中最費時間者為昨日所製之建築費分析表，費

去半日之時間始將總數與帳列者改正核對相符，由其中間差出四千五百元，余因為九的倍數，疑心為其中有千位與百位數抄寫顛倒之情形，再三尋找不到，最後決定用最笨之方法，由各數之構成內容逐一加以核對，始發覺其中有一筆初列於樂生之分戶單中，後又發覺實為錫口，該分戶單寫重，於是劃去，然余寫彙總數時則已將該筆包括在內，故在查帳報告內之分析表內此數實列過兩次，然始終未能發覺，直至逐一核對始行發覺，甚矣核帳時有時發生誤點加以尋找之難也，寫至此處幾已陷於停頓，迨得到問題表之數目已經調整完全，始急轉直下，有又柳暗花明之妙，而衷心輕鬆，如釋重負，於是未經若干時間，即將其他各項小分別寫完。下午繼續寫作 RETSER Hospitalization Project 360 用款之查帳報告，今日已將該項報告中之 Project Fund Status 一段寫完，迨寫至末句須申明其收支總數與美援會所記是否相符，乃發覺有衛生處帳內已繳美援會之款，為時半年有餘而尚未繳到者，經向本署業務部分核對 CEA 最後修正之金額，直至去年底為止，此數仍然存在，只有待明日續核矣。

3月4日　星期三　晴

職務

全日在辦公室寫作查帳報告，今日所寫為 RETSER Hospitalization 內之 360 計劃查帳報告，其中最浪費時間者為對於建築用款之分析列表，緣在 1956 與 1957 兩個年度中之用款，以建築費為最多，查帳時用去精神亦

最多，惜乎因資料不全，不能獲得全部之了解，在報告
內因須寫明何部分用款可以核銷或剔除，及何部分應待
諸以後之 Follow-up Audit，故按單位別與項目別列成一
表，此表所列數目之總和應為兩個年度之建築費總數，
鑑於 248 計劃中之此項分析表列數有誤，費去甚多時
間始行查出，故在此次列表時改用一種方式，即依照
working paper 內所列之數加以累計，以覘是否與各計劃
報表內所列之建築費總數相加為相符，結果並不相符，
然差數甚奇，為十萬元零五角，經再三校對，始知十萬
元為在小計之過程中將尾數抹去，今日本希望無特多之
枝節，不料仍然不如所期也。

娛樂

　　晚到介壽堂看戲，第一齣為樊江關，由秦慧芬與桑
懷音合演，為一趣劇，演來尚佳，次為問樵鬧府打棍出
箱，此劇最為冗長，然身段多項，演來亦殊不易，末為
鐵公雞，在向帥赴宴途中，各武生均賣盡力氣，且人數
眾多，包括各名角之反串，然後有真刀真槍之打武，演
來尚屬緊湊，而內中向帥與張嘉祥一再換人，尚未聞有
何不能勝任者。

3月5日　星期四　晴

職務

　　開始寫 RETSER Hospitalization 之查帳報告內361
診療所部分，報告之正文亦即各項零星要項必須列出之
報告事項等已寫好，今日始知 A. W. Tunnell 之心目中
另有高雄港給水計劃之查帳報告作為大家之藍本，雖內

容與余所見之前次為余等所改之報告大同小異，然為符合其意者，乃決定加以重寫，將項目排列先後，加以說明，費去不少時間，又鑑於前昨二日所作之建築費分析表欲速不達反使改尋錯誤更費時間，於是在未寫正文前先行草擬該表之內容，相加其總數，再核對與帳列建築費總數是否相符，核對結果，相差一個不大之數目，乃在帳內尋找有無此筆，結果發現有一筆相同之數在帳內列支於建築費，事實上為其他科目之支出，在統計之時並未置入建築費內，自然結果比帳列數少去此數，於是證明表列之數完全無誤，由此可見查帳工作中有時最迂遠之辦法時即為最捷速之辦法，因其逐步絲絲入扣，有何差別易於追蹤，反之以冒失突擊之方法，如一次求得合宜之結果尚無問題，一旦發生差額，勢非將全部帳項從頭對過不可，在此次所作三個表中之所顯現，完全證明此理之正確，第一表費時最多，第二表亦幾乎相同，查至弟三表採用最穩健之方式，始賴此而製成無誤之結果也。

3 月 6 日　星期五　晴
職務

　　續寫 RETSER Hospitalization Clinics 之查帳報告，今日寫全部 Findings，至晚已全完成，惟尚未複閱文字與校對數字耳，由今日寫作經過又得知若干過去所忽略之事實：（1）報告內照例有 Project Fund Status 節，其中首列 Receipts，亦多為 Counterpart Fund 之移入數，余過去喜用 CEA 之最後的修正數，往往可以與

支出數相比而得結存數，直接了當，今日體察此不甚
妥，因將 CEA 之簽發與修改情形加以查閱，最初欲將
初簽所列數作為 Receipts，後見有修正中註明修改原因
為繳還未用餘額與未經領發共若干數目之字樣，然若干
未發，若干繳還，則無從知悉，於是以電話向美援會會
計處鮑爾一君查詢，始知底蘊，而 Receipts 一項即用該
會最初 Release 之數，如此比較的表現全部經過；（2）
本計劃之衛生處帳內有數筆收支誤記其他科目，又有繳
還某 CEA 帳款而誤記入其他 CEA 帳內，以致帳面各科
目餘額不能與 CEA 及實際數目相符，余在報告內對此
如何落墨，甚費周章，考慮結果，對於 CEA 之間的差
額並予保持，以期報告數字與 CEA 及 Final Report 均
能相符，只須在報告內註明不符之原因，對於各科目間
之不同數目，則在 Fund Status 內用帳列數，在以下分
項分析內容之章節間，則首揭帳列餘額，然後將修正數
目及原因列下，經此 Reconcile 以後，即得各科目之實
際數，即據以分析內容，庶無脫節之弊。

3月7日　星期六　晴
職務
回至安全分署會計處辦公室適滿一週，此時期內
因趕寫 Hospitalization 之四件報告，每日工作八小時，
絕無暇晷，其他同仁亦皆類此，惟由內容言之，問題
甚多，其中包含如：（1）現在之 Audit Branch 係由以
前之 Audit Section 與 End-Use Section 合併而成，在昔
前者之人員為 Auditors，後者為 Investigators，現在大

部分去美援會，所餘只九人，其中一 Chief Auditor，五個 Auditors 及三 Investigators，然工作已有事倍功半之觀，現據云又擬將全部人員均稱為Auditors，引起 Investigators 之極大不滿。（2）現在工作每月一排，計算時間甚緊，往往不能如限完成，Tunnell 則吹毛求疵，尋根究底，引起甚大之反感。（3）Chief Auditor 劉允中對洋人一項採唯命是從之見地，由此而若干麻煩麕集一身，例如報告書格式一改再改，改後對於已核定之草案又須再改，種種浪費時間之事，不一而足，劉君且甚不獲洋人與國人之雙方諒解。反此種種皆充分顯露不協調之處，洵非好現象也。

娛樂

下午，率紹彭到華宮觀電影，伊里沙白泰勒與蒙哥馬利克利夫特合演「戰國佳人」（The Raintree County）寫一追求人生之模糊主題，演技甚佳，結果之高潮最為感人，惜對話配音不甚清楚。

3月8日　星期日　雨

閱讀

開始讀 R. A. Hall Jr. 著 *Leave Your Language Alone!* Part I, "Things we worry about"，開端時即有數語甚趣："Is it bad English to say 'it is me' instead of 'it is I'? "Isn't it incorrect to say 'everybody should take off their hat', instead of 'everybody should take off his hat'?" "Is it wrong to spell 'nite, lite, fite' instead of 'night, light, fight'? Isn't that debasing the English language?" 其答案曰："It's not at all wrong to say 'it's me'; on the contrary 'it's me' is normal and absolutely correct English, and the great majority of people use it." "'Everybody should take off their hat' is perfectly alright." "It's not worse to spell 'nite' for 'night' than it is to spell 'smoke' for earlier 'smock', or 'delight' for earlier 'delite'; and in no case is the change either for better or for worse - nor, in fact, does it have any relation to language at all, but merely to spelling." 由此數句之見解，可知作者在認語言為一種實際之存在，凡存在者必有其合理之根據，並不含有是否正確或有無錯誤之問題，是作者以其書題為今名之原因也。

3月9日　星期一　晴
職務

因今日須趕將所作之RETSER Hospitalization Projects 查帳報告處理完畢，以便將明日開始之新案之文卷先行核閱，以致今日工作最為緊張，上午將四個 Hospitalization 查帳報告除已有二個交會同工作之李慶塏君參照寫作美金部分與 End-use 部分資料外，尚有二個在余處甫經完成，而尚有 Recommendations 未寫，於是將所寫之 Findings 重閱一過，繼即將 Recommendations 加以補寫，而已交李君之 465 計劃一件之 Recommendations 則由李君加寫，合計四個計劃共剔除款約二百萬元左右。下午將已寫之報告全交李君整理並加入其所經手之美金部分與 End-use 部分，並將 working file 略加整理裝訂，供彼參考。下午寫兩件 PPA

會稿之 Comments，一為 E/W Highway Fruit Orchard，
數目有誤，註請修改，二為台中水廠請延展還款期間由
八年而十年，余認為公用事業不能加價不能籌得財源，
只好如此。下午看有關 1957 年度 POL 之文卷，以備明
日同葉君出發查帳之準備，因為時短暫，帶回留待明日
再看。與同事靳綿曾君談油料計劃情形，以備明日開
始參加工作，彼曾查過，故較為熟習，據云此完全為
End-use 方面之事，而 Tunnell 與劉允中主任硬派兩個
Auditors 為此事倍功半之事，猶之彼等之調查員將改稱
為 Auditors，皆為極不智而不可解之舉也。

3 月 10 日　星期二　雨
旅行

　　今日出發為四天之查帳旅行，至晚到達新竹，住新
竹大旅社，同行者同事葉于鑫君及聯勤總部黃君。

職務

　　上午在新竹以北之湖口裝甲第一師查核一九五七年
度之油料使用情形，該師直屬於陸軍總部，因有戰車
等，用油特多，每月領到五、六萬加侖，但仍不敷用，
余等到後首由郭東暘師長陪同到大禮堂由經理組長陳其
懷作簡報，係說明若干數字與綱要等，繼即至經理組看
卡片與表報，余只擔任看各單位送來之需要汽油證明
單，單上重要一欄為該單位所填之里程與每加侖所行里
程，而每加侖所行里程直接與所報銷之油料有比例關
係，發覺有少數未照此項奉頒之標準里程計算，等於耗
費較大，據云此項控制油料方法不過為其中之一，尚須

以每日清點與管制運出為輔助辦法云，午飯後至第一營
參觀新型 M41 坦克車，據云時速四十哩，且有紅外線
調節設備，晚間行車能外視而不被發覺，每車只需四人
管理，車價極貴，每輛美金二十五萬云，再往看油庫
（名為分配點）而辭別。下午到新竹近郊之坪埔查核陸
軍第二軍油料帳，此單位用油較少，每月不過萬餘加
侖，由經理組張應天接待，晚並來答拜。余此次出發查
帳事先未及充分準備，故對於軍用油料情形並未窺其全
豹，只就葉君所告配合工作，加以並無會計問題，興趣
殊不見佳。

3月11日　星期三　晴

職務

　　上午，在新竹與葉于鑫君往查陸軍經理品第一儲備
庫第四分庫，此分庫主管物品有第一類食物，第二、四
類被服，及第三類油料。今日所查為油料，該分庫經常
與中國石油公司新竹供應站連繫，該公司在埔頂有油
池，分庫每次由高雄第二儲備庫撥運來油時即會同供應
站將油點查後貯入公司油池，分庫用油罐汽車每日向公
司提運相當數量分送用油較多之單位，如第一軍團（龍
潭）、裝甲兵第一師（湖口），又隨時用 53 加侖桶向
公司油池裝桶運至油場，備零星來庫提用單位之需要。
分庫之責任為承轉與管理，油料之貯存與登記卡片填製
表報則皆為油場之工作，惟今日所查 1957 年度部分，
當時卡片尚存於四分庫，經加以核對外，並抽查其三軍
油料月報表後所附之收油發油憑證（前者稱 Inter-land

Shipment Slip，後者稱 Issue Slip），然後即至埔頂之油場（現稱供應點）查核，因注重存量之現在情形，故所查已超出 1957 年度而以今年二月份為對象，並檢查其本年度卡片，注意其控制數量經常做到者有二：（1）每次到油均根據石油公司及鐵路局單證核算耗量，按實存數登入卡片，（2）每二月或三月儲備庫派員清點蓋章，大體甚為清楚。

旅行

　　下午乘經理署車赴台中，住金山旅社。今日所經路線為清水、公館，路面較差，內只台中五公里為柏油路，餘 15 公里為土路。

3 月 12 日　星期四　晴

職務

　　上午同葉君到后里油池查帳，此處為苗栗以南員林以北供油之源，檢查其一九五七年度之帳卡，發覺只有七至十一月，十二月以後則不知去向，且保存零亂，順序不整，無法核對，據云係與七堵油池作業員新近對調，故有若干不甚接頭云。該池設有三萬八千容量（加侖）之 tank 六個，新近又加建十倍量之 tank 一個，尚未驗收。此處油係由高雄用油罐火車運來，由站用 pump 打入油池（進出均用同管），發油時則對於經常補給單位隨時裝罐用油罐汽車運送，對於零星單位來領油者，則先裝桶備發，汽油以外之附油，則 50 號機油係大桶，露天放置，其他如考排油等則放置倉庫房屋內，堆置情形尚屬合理。下午到豐原查核台中兵工保養

場用油情形，此廠有修車修械之二種任務，用油則並不
甚多，而零件倉庫則種類甚繁，庫用油由 motor pool 控
制，派車、報油，均有固定手續，每月填汽油使用證明
單，經詢其主管上尉對於標準用油之哩加侖數與實際數
之差額情形，據云無甚差異，且云與車上里程表亦皆核
對，此顯然為一種應付之詞，再三詢問又云遇有因路
面上下而用油有出入時，則以他車交替派遣，以便拉
平云。

娛樂

　　晚，觀評劇「桃花庵」，王淑芬主唱，余觀此劇不
多，終覺有種表演唱辭失之村俗。

3月13日　星期五　晴

職務

　　上午同葉君出發神岡裝甲兵第二師及裝甲兵學校查
核油料，為時間所限，二人分頭從事，余到裝校，詳細
考核其用油之管理程序並核對一九五七年度之卡片記
錄，表現均甚嚴格，歷二小時而畢，乃回至裝二師會
齊，同返台中，午餐在迎賓樓由二單位招待便餐。下午
至烏日查核第一軍團烏日補給點油料，此補給點全用於
油料之補給，查核卡片無誤，並視察作業，其油係由后
里油池用汽車油罐運來，卸車時即用管注入此處固定的
十個油罐內，此處再分裝 53 加侖桶，備各單位提用。
又至台中五級兵工保養場，因管油人不在，未能查核，
僅由場長陪同參觀一週，規模甚好。此廠主要業務為修
護戰車及其他戰鬥性之車輛，其中使用機件甚多，出品

則似特別注重電瓶一項，廠房多所，佔地十七甲，完全為在台新建者，基礎為由大陸遷來，但其時規模甚小云。

師友

原擬於晚間訪朱興良兄，但在下午回至旅館門前附近時，途見朱兄，彼未見余，乃下車追晤，並邀至金山旅館閒談，互道契闊，晚飯承約至模範西巷其寓所吃飯，並參觀其住宅，其地雖為余三十八年時曾來過訪之處，然經其布置整理，煥然一新，朱兄有子二女二，最長為女，最幼為子，長女與次子在小學四年級與五年級，三女則尚未上學，幼子甫三歲，甚聰慧。余於下午七時半辭去，在往訪時並略買菜餚之屬。

參觀

中午，到霧峰北溝參觀故宮博物院第十一期展覽，展覽品最精者為宋畫三幅，一為馬遠雪景中堂，氣象萬千，二為宋人歲朝圖，畫梅與山茶，一白一紅，色彩如新，而筆意亦復不同，三為宋人嬰戲圖，畫數個孩童敲鼓為戲，神情煥發，栩栩如生，此三幅使人流連不忍離去，此外畫幅有元黃公望九珠峯翠，明邢國賢達摩葦渡，宋蘇漢臣鞠場叢戲，宋徽宗池塘秋晚卷，宋夏珪長江萬里圖卷，清高其珮海天出日大軸，清黃應諶陋室銘圖軸，王原祁秋山圖，郎世寧十駿犬圖大軸中之茹黃豹雪爪盧兩軸，明人入蹕圖卷，小幅中則五代刁光胤花卉冊頁卷最佳，而宋徽宗題之唐韓幹牧馬圖最為名貴。此外展品有景泰藍，彫漆，南宋明清瓷器，漢玉珮十件，清玉屏玉盌，玉耳簋，玉洗，掛瓶，而最高貴者則翠玉

屏八扇，不可多得。銅器方面則散氏盤，宗周鐘，毛公
鼎，鳳首盉，獸帶紋罍等大件皆展出，執事者云此本非
十一期展品，因約旦國王將來參觀，特加調換，至書畫
部分則須待至星期日再行調換云。今日為時間所限，只
參觀半小時，即匆匆以三輪車至霧峰換汽車回台中。

旅行

下午八時二十分乘 3502 次火車由台中出發北返，
此車為機車拖行之快車，然照柴油快車計價，路線亦特
殊，係由台中繞王田經海線行駛，所停地點有沙鹿、清
水、大甲、新竹、中壢、桃園等處，於十一時五十分到
台北，此次誤點十分鐘，此車設備較好，不覺疲勞。

3月14日　星期六　雨

閱讀

續 讀 Robert A. Hall Jr.: *Leave Your Language Alone!* 第
一卷第二節 "Right vs. Wrong"，此段主旨在闡明正誤
之難有定論，開場即謂 "Almost everybody makes these
blunders in English: 'between you and I, it's me, those kind
of books'", "Even the greatest writers sin against the laws
of grammar." 其意在謂此三句皆不合文法，然皆為正確
之用法，其結論云："The entire structure of our notions
about 'correctness' and 'right' vs. 'wrong' in language is
not only inaccurate, erroneous, and useless; it is definitely
harmful, and we would do well to outgrow it. ... What our
purists give us in the way of rules and laws to observe has
no authority, no validity aside from their own preference,

and is often based on specious pseudo-logic or on the structure of a distantly related language, Latin, which has no relevance to English." 此說在英文固然如此,在其他文字,例如中文,亦皆如此,所謂文成法立,任何語言文字皆無一成不變之法則也。此理論對於語言學家之著書立說固有其特見,然不足以語於初學,尤其不適於外國人士之研究,因若持此見地以臨其所不甚熟悉之文字,必將一無是處也。

3 月 15 日　星期日　雨
閱讀

　　一週來所讀之 *Leave Your Language Alone* 雖甚有趣味,然不甚切合實用,且借之美國新聞處已經到期,決定送還。今日將全書加以涉獵,記其全部綱要於下:Part I, Things we worry about: 1. Which should I say? 2. Right vs. wrong, 3. Marks you make with your fist, 4. What price history? Part II, How language is built: 1. Language has system, 2. Language has sound, 3. Language has form. Part III, Language in the world around us: 1. Language has meaning, 2. Language covers territory, 3. Language doesn't stay the same, Part IV, What we can do about language: 1. Learning your own language, 2. Learning another language, 3. One world, one language? 4. There is nothing wrong with your language. 書後有附錄,Some useful books,列前三位之書為:1. E. H. Sturtevant: *An Introduction to Linguistic Science*, 2. Edward Sapir: *Language*, 3.

L. Bloomfield: *Language*。

娛樂

下午，同紹中、紹寧、紹彭到國都戲院看電影，國際電懋出品「龍翔鳳舞」（The Calendar Girl），李湄、張仲文合演之歌舞片，歌曲全用數年來之流行歌曲，優點為彩色鮮明，配音清晰，缺點為內容貧乏。

3月16日　星期一　陰

職務

上午，與葉于鑫君會商繼續稽核油料之計劃，原擬於下週開始南部工作，但經往詢派車之蔣君後，知派駐於高雄之車自本週起允美援會使用兩星期，須再延一星期後始有使用可能，乃回與劉允中主任商洽，下週無事可作，本可將東部之工作插在下星期處理，但葉君謂東部為事無多，余謂是否不必前往，亦不置可否，最後提出其本人下週 Annual Leave 一星期，等待出發，至於本星期本有赴宜蘭一帶之議，彼亦同意，現在又不提及，謂將通知陸軍供應司令部經理署，日內補核其各單位之汽油證明單云。決定後乃分頭將兩週後出差手續加以準備，由彼填寫 Field Trip Request 及汽車申請單，由余填火車票申請單，事先余本主張南部連續兩星期工作，彼謂無如許工作，一週已足，但至填寫之時，彼又主張填寫兩星期，於是又照兩星期申請，亦可謂任性矣。兩週前余所寫之 RETSER Hospitalization Project No. 55-465 之1958年度用款查帳報告經李慶塏君將其 End-use 部分加入並按新格式重寫，業已用打字機打成 Second Draft

之形式，今日交余複閱，其中有若干處所經過彼加以改刪，均考慮周密，甚為妥善，如其中剔除之稅款為數不多可依規定予以免剔，又如榮民生活費超過預算部分經余剔除，彼主暫緩於此次報告內提及，以待其結帳後再議，均甚妥貼也。

3 月 17 日　星期二　晴
職務

今日重新整理查帳報告二件，一為去年五月所作 East-West Highway Construction FY1956 年度之 Follow-up Audit Report，此報告本因前經剔除之管理費五十餘萬元不能結案，現在則因分署已經核准予以通融而不再追繳，余在兩月前已另寫成修正稿，但格式與現在不同，今日劉允中主任交余照新格式重新整理，並將內容再度簡化，只謂一切均已照查帳報告做到，只有此五十餘萬依何號公函予以註銷，至於該年度尚有查過一段之帳，因並未有實際之新的支出，故雖帳面餘額與結算不同，亦將解說之一段以及年度結束報告之總表不再加附。二為 RETSER Interim Hospitalization 之 1956、57 年度 Follow-up Audit Report，此本亦為早已交卷之件，由於新格式之不同而重新加以草擬，最大不同為余本寫有一段此計劃與 55-361 及 55-248 間有 Interchangeable use of funds 之事實，此次免予糾正，以後不可再行擇用，但亦經予刪除，或係由於新 Chief A. W. Tunnell 主張非全無問題不能結案之旨須求貫澈，故亦不再提及，且從正面說明此一段之開支甚為合理云，此等處實有削足就履之嫌也。將 1958 年度 RETSER Hospitalization 查帳報告之 working papers 於今日加以整理並寫成 index 冠首，其中包括李慶塏君之資料，但為數甚少。衛生處祁君送來數月來所查之 55-248、55-360、55-361 三計劃之查帳報告所需附卷之結束報告，但均為 1957 年度，經通知補送 1956 年度者。

3月18日　星期三　晴

職務

　　全日在陸軍供應司令部經理署查核汽油證明單，共同工作者為葉于鑫君。今日工作之緣起，由於上週視察各單位時發覺，多有在汽油證明單上所列之每加侖行車哩數一欄上未照國防部所定之標準數填列者，尤其以二噸半卡車為最普遍，蓋照國防部所定標準，二噸半車每加侖油行五·五九哩，但多數單位係照五·五哩填列，如表內之里程欄係照合理之實際里程填列，則右欄之用油量必為之加大，此情形既最普遍，乃有動機調查不按規定行程報銷之用油究有若干，此項數目可由各陸軍單位報送經理署之汽油證明單上查出，於是二人分別將此表加以審查，將超過國防部標準者一一抄下其標準數與哩數，以便全盤統計多發之油究有若干，復因車種甚多，乃選出使用最多之 1/4 噸 Jeep，3/4 噸卡車與 $2\frac{1}{2}$ 噸卡車三種為之，至下午下班時即全部完成。在陸軍供應司令部經理署時，與油料組副組長冉君及補給署李君談汽油控制之一般情形，大致為由國防部每月配定三軍各別用油總量，然後由經理署根據各單位所報送之所需

汽油證明單數目參酌編列用油表，送補給署與美國顧問
「協調」後，另製一核定表，送還經理署據以配撥，另
有預備油每月數萬加侖，備用於平時以外之用途，但亦
須顧問同意，始得撥發云。

3 月 19 日　星期四　晴
職務

　　上午，就昨日在陸軍供應司令部經理署取來之資料
加以彙計，與葉君所得者綜合之，約共得凡按每加侖汽
油行駛二噸半卡車五・五哩者十萬哩，比標準里程超過
數據葉君統計為三萬加侖，按陸軍用油每年度約一千萬
加侖，此項浪費約當千分之三云。整理 Hospitalization
之 248、360、361 三個 projects 之 working papers，並加
一葉為 Index，寫明頁數，其中 361 一冊將李慶增君之
資料亦即有關 Property Control 與 PIO/C 者亦加以整
理列入。退除役官兵輔導會會計處派周煥廷君來洽詢
有關 RETSER Construction Corps 之查帳報告內剔除款
九十萬之內容，按此項報告去年此時即已依該會請准之
Deadline date extension 改寫，剔除數亦大為減低，但該
會仍感九十萬不易負擔，欲洽詢內容予以聲復，蓋報
告內之剔除款在文內經已刪除，而聲明清單見 Working
File，該會遂派人來查詢也，迨見內容無非稅款交際費
與單據不全等情形，亦覺難以啟齒，只云負擔為難，如
來函申請，務希幫忙，余漫應之，蓋不知其將如何尋出
免繳之理由也。

師友

　　王文甲兄之女公子將於本星期日于歸，晚與德芳到市上買衣料二段一同送往，但未獲相遇，其子女云夫婦二人皆因事外出云。

3月20日　星期五　晴

職務

　　今日工作為審核兩個文件，一為 East/West Highway Development 計劃內一個 Sub-project，高山養魚計劃（Trout Raising），只用款五萬元，昨日已送來，聞需款甚急，今日復來催辦，余乃提前為之寫 comments，大意為 PPA was not finalized; computation was checked and found to be in order; CONT concurrence is recommended subject to the approval of PPA。此為最普通之例文，但余經辦甚少，故尚係參考一般情形而寫作者；另一為 RETSER Agricultural Development sub-project E and F，一為 Farm Reclamation，係接續往年對於各大同合作農場之補助，二為 RETSER Reclamation Team，前者計劃甚詳細，大致平實，後者則有兩問題，一為援款一百五十萬元交輔導會借予此 Team 從事一百公畝土地之開墾，余提出問題認為此項援款在結案時，應對於餘款如何繳還有所澄清，二為其中行政費內之人事費未照中國政府之規定待遇，認為應於實支數改正，以不超過統一薪俸為準云。以餘暇時間從事整理個人之卷櫃，將由輔導會所帶回之文件等，亦按分類屬性加入以前之文卷夾內，如 Staff Notice、Audit Reports、Field

Trip、Guidance、Format and Assignment、Periodicals，
自己另行保存不入 Work File 之草稿等。

3月21日　星期六　晴

娛樂

　　下午，率紹彭到新生戲院看電影，片為轟動一時之
聯美出品「環遊世界八十天」（Around the World in 80
Days），為一放映三小時半之 Todd 創製 AO 綜合體五
彩片，雖似紀錄片，然情節亦十分緊湊，實名不虛傳
也。本片演員眾多，且多為男女明星，然主角只四人，
一為演福格之人衛尼文，二為演僕人之康丁法拉斯，三
為演印度王妃之秀莉麥克林，四為追蹤尼文之警探勞伯
紐頓，其實重頭戲全在康丁法拉斯一人，此人多才多
藝，由客串鬥牛舞，而真正參加鬥牛，以致爬上火車之
頂而與印地安人槍戰等場面，皆驚險使人心弦為之忐
忑，片內所插各地風光，特別注重西班牙、印度、日
本、美國舊金山等地，皆剪裁適宜，不蔓不枝，結尾初
因誤會入獄，迨出獄後已八十一天，東道賭輸，垂頭喪
氣中，聞晚報喊聲知將星期六誤為星期日，實未超過
八十天，原因為過太平洋時有一天跳過，故實際只八十
天，於是由負而勝，此點雖難免於賣弄之譏，然使此片
有一奇突之結束，確有峰迴路轉之妙也，觀者多謂此
片為介紹各地風光，故事不足以相稱，余之看法正相
反也。

師友

　　上午，到和平東路訪吳崇泉兄，因兩週前曾託其代

為參加李洪嶽律師妻喪賻金，今日特往送還，但吳兄不在，留字及一百元請日內答復。

3月22日　星期日　晴

瑣記

今日全日幾用於照料瑣事，上午為上學諸兒燙卡其布制服，為余與德芳及兒女輩曝曬冬日，用汽油擦淨，晚間置入箱篋，為諸女洗頭，種種瑣碎事情，最為耗費時間，然不可一事省略，家庭間事往往如此。

參觀

下午，率紹因到中山堂參觀某膠捲商所辦之攝影展覽，頗有佳品，又到該堂看荷蘭嬰兒牌奶粉之環遊世界八十天照片展覽，為世界名勝明信片之展出，與電影之八十天無關也。又到新聞大樓看龐曾瀛油畫展，計三十八幅，頗有佳作，惟售出者不多，雖報紙上有胡適及趙元任之登報介紹，似乎無大效力也。

交際

晚，同德芳到靜心樂園參加王冠洲兄長女與劉海君之結婚典禮，賓客甚盛，其新親為市議員劉立卓之子，尚在大學未有畢業云。

娛樂

下午率紹因到美國新聞處聆聽立體身歷聲音樂唱片放奏會，今日節目為兩小時，余因尚有他事，只聽一小時，計有兩套曲子，一為鋼琴獨奏，Eugene Lizt，憂鬱狂想曲（Rhapsody in Blue），Eastman-Rochester Symphony Orchestra、Howard Hanson Conductor，二為小

提琴協奏曲，Beethoven 作，The Hollywood Bowl
Symphony Orchestra 伴奏，發音極清楚，微有立體感。

3 月 23 日　星期一　晴

職務

　　本星期內事務比較輕鬆，因預定南部之行無車可用
延至下星期，而一同工作之葉君又於本週使用其 Annual
Leave，余無事可為矣。今日乃補看早應看過之 FY1957
年 POL 的 PPA 與 CEA 等文件，並摘錄其要點，以備查
考。上週曾助劉允中主任看 PPA 會稿一件，其內容為退
除役官兵輔導會所提出 "Agricultural Reclamation Team"
之計劃，余提兩點意見，一點為財務計劃內有一百五十
萬贈與款，係由輔導會以貸款方式借之該 Team，無
息，但在 Project 完成時勢必仍有該款存在，應如何
refund 或 dispose，應有交代，故主張 PPA 內容應加註明
白，第二點為 Team 之管理費內設有六名職員，其待遇
完全不照中國政府統一薪俸之待遇，而地位則又分為薦
任委任等，不倫不類，余主張該 Team 在實支時應完全
照統一薪俸辦理，以便將來查帳時予以承認，劉君告余
此二事與 Branch Chief Tunnell 解說不清，結果將第二
件取消，只保留第一件云。

瑣記

　　昨晚十時有歹徒越牆向窗內窺伺，發現後逃逸，今
日乃備文致第七分局，謂兩度為盜竊潛入，希望予以防
範云，此舉未必有效，然或可提高該局之警覺云。

師友

晚，李祥麟兄來訪，談決定轉新加坡南洋大學任教，但入境許可尚未寄到云。

3月24日　星期二　晴

職務

上午，用於處理零星事務，（1）所查衛生處主管之 360 與 361 兩計劃上週衛生處將 Final Report 補送副本前來，余加以核對，發現兩計劃之 FY56 轉 57 繼續使用部分，建築支出數目皆與帳上所列不同，且均較大，今日該處祁君攜帳前來核對，始知該項結束報告副本係甚早以前所製，其時各有若干繳回款尚未繳還，因表端所列包括期間不清，致一時不知底蘊，及知此原因，調整核對仍然相符；（2）所查之工程總隊經費報告內本有胡家爵兄所寫之一段該隊將 Overhead 提交輔導會三百餘萬應該剔除，如數繳還美援會，所持理由為此項工程總隊之經費應為 Non-revenue producing，今一面補助，一面發生盈餘，殊屬矛盾，但此項理由為洋員 Fraleigh 所否定，認為退除役官兵計劃之目的即為助其有賺錢之能力，乃告刪去，此點本在 Recommendation 中有二項，一項為將已繳輔導會部分提交美援會，一項為令各工程總隊辦理決算，以明其於援款終止時究竟盈餘若干，其間經過年餘之反覆修改，Recommendation 中前者已刪，後者仍列，輔導會前來查詢，余詢之胡君，然後將計就計，即作為催其辦理決算，完全屬於技術問題，事之滑稽，竟有如此。

師友

　　晚，關文晉氏為其婿出境事來訪，略談辭去。

集會

　　晚，出席小組會議，決定開會日期不復固定。

3 月 25 日　星期三　晴

職務

　　今日補閱 FY1957 之 POL project 有關資料，其中之一為葉于鑫君在國防部與陸軍供應司令部經理署所得之各項法規與表格等，有若干為前星期查帳經過各處所已經連帶的明瞭者，亦有為以前所不知，或片段已知而不能構成系統的知識，經閱看條文而加以整理者，其中另一部分為 FY1955 年度之 POL 查帳報告，以及其 Working File 中之有關資料，該項報告為一 Follow-up Audit Report，就國防部依據美國軍援顧問團之建議而改善建立之油料補給制度而加以考察與評價，現在所查之 1957 年度油料補給制度，即係依此而發展充實者，此次查帳似尚無何等新的事實可以發現，有之亦僅細小情況而已。余與李慶塏君合作之 RETSER Hospitalization Projects 查帳報告，經兩星期來之探討，渠已將其中之第二件即 clinics 就余寫者補充完成，其中若干事項余經加以涉獵，深覺其作風又與胡家爵君有異，胡君就其工程師立場往往對於各種情形皆由實地察看而得結論，李君則為一常識專家，於建築、於進口器材藥品，皆由其管理情形求其漏洞，雖對全案不十分了解，然由數處建築中之要點，即可在報告中加以發揮，一若經過縝密觀察始能者，蓋李君工作於此已近十年，已知在此等機關求如何事半功倍之訣竅也。

3月26日　星期四　晴

職務

上月所作之 360 RETSER TB Hospitalization 查帳報告余之部分本已交同往工作之李慶塏君據以加入彼之部分彙成一件，因彼近始看卷以與其所查者相印證，發掘出另一問題，此問題容亦為余所見，然因看卷在先，查帳在後，以致當時無深刻印象，此即預算單位以外有台中醫院與東勢管訓所兩項修建費，余本持一般理由將前者核銷，因其為肺病醫院之一也，將後者剔除，因其乃保安司令部之機構也，不料卷內對台中本有予以充實之函件，然須以修改 PPA 為條件，而在此函之後果有 PPA 修正案，又不及台中醫院，乃予以剔除，而東勢管訓所則另有來函請求，已經復准，雖謂須修正送呈 Application，而一直未送，但並無否定之證明，於是乃予以核准焉。

瑣記

晚早皆步行，黃昏過女師附小，街旁有女販賣橘子者，講好每斤二元五角，待過秤時不肯交余看視，余不允，彼又指鹿為馬，強謂二斤半處為三斤，余指出其弱點，彼見計不售，又云講定之價為每斤三元，其前後矛盾，顯見初意在短秤出售，蓋一般往往不識秤或無看秤之習慣也，最後彼將橘收回不賣，余告以不可在此存心欺騙小學學生，彼猶口出不遜，余為此事延誤二十分鐘，自思亦可謂庸人自擾矣。

3 月 27 日　星期五　晴

職務

　　今日所從事者幾全為一種補充工作，緣上週左右所提出之 Follow-up 報告二件，即 1956 年東西橫貫公路與 1957 年臨時醫療計劃，已經照劉允中主任所轉達之外國人意見，謂凡已做到者只說做到即可，不必一一再行細述，而將已寫好之逐一細述者加以刪除，另行寫成簡單文字，謂已完全做到，不料外國人 A. W. Tunnell Audit Branch Chief 今日對若干之 Follow-up 報告均已發回，囑對於「做到」云云提出 support，無已，只好將幸而未經撕毀之原始草案檢出再行送閱，由此以見外國人只看報告不去查帳者之矛盾心理，蓋在核閱之報告文字多者雖往往大加刪削，然非如此詳盡，彼固亦不知應如何簡化，迨真正簡化，彼又因未經過此項過程而感覺茫然矣，於是有詳略皆難盡滿其意之弊，此問題之存在殆屬宿命的，蓋在此種制度下，美國人調動頻繁，對人既不信任，對事復無所知，宜乎劉允中主任幾乎每日有大半時間供其審訊轟炸而疲勞不堪也。下午將劉允中主任交辦之高雄硫酸錏廠擴充設備之二件 Application 審核加註意見，並對另一件榮民計劃補充意見。

集會

　　晚，出席研究院小組會議，通過上次會推人起草之專題討論結論而散會。

3月28日　星期六　晴

師友

下午，同德芳到羅斯福路三段訪張中寧夫婦，僅其夫人在寓，閒談子女出國事，彼已一子一女出國，據云繳驗保證金均係借貸而來，當時余井塘氏甚為協助籌措之方式。又到羅斯福路三段訪邵光裕夫婦，彼在台灣銀行出納科辦理金銀外幣出納事務，余詢以現在留學生繳存保證金之方式，據云本有黃金、美鈔兩種，有時頗有差價，往往客戶擇上算者照繳，但自單一匯率實施後黃金一律照每盎司卅五美元折算，比市價相差太多，現在無人繳納黃金矣。

瑣記

今日休假，上午到安全分署醫務室注射維他命 B Complex 及 B1 之混合劑一針，並到國防部福利社買雞蛋備贈比鄰姚君賀其生女，又到南昌路台北合會儲蓄公司支出利息並續存款項，此項存款日積月累已有新台幣數萬元，本為準備紹南出國留學之用，去年美鈔市價三十六、七元時未能及時買進，後有統一匯率時每美元三十六元三角八分之舉，美鈔黑市漲至每元新台幣五十元，無形中此款即減去三分之一，殊覺慘痛，月前聞政府有為免於黑市美鈔之季節性的狂漲，擬採取准許官價 36.38 元折繳之說，但詢之外貿會及台灣銀行人士皆無其事，料政府無此魄力氣度也。

3月29日　星期日　晴

閱讀

　　涉獵 E. L. Kohler、H. W. Wright 著：*Accounting in the Federal Government*，全書分十五章：1. Introduction、2. Local Government Accounting: The Fund, 3. Local Government Accounting: Special Funds（二章）、4. Local Government Accounting: Revolving Funds; Interfund Transaction、5. The General Accounting Office、6. The Budget、7. Treasury Accounting、8. Management Control、9. Transaction Controls、10. Accounting for Costs、11. Intral-Auditing、12. Revolving Funds、13. Property Accounting、14. Construction Accounting、15. Purchasing。余特加注意其 Budget 兩章與 Accounting For Costs 一章，書中對 Performance Budget 或稱 Program Budget 有較詳盡之闡發，此項預算為商業化之政府預算制度，由 Obligation 之見地而移轉於 Accrual Basis，在製表時於普通之目的別支出外，加入資產負債項目乃至折舊計算，分錄登帳尤其繁複，猶憶三十年前受業於雍家源氏時，雍氏在官廳會計中強調應進而由 Accrual Basis 再進而至 Budget Basis，此項見解似與現在美國之潮流在步驟上有先後之別，余一向未在政府會計界服務，理論研究尤缺，讀此書始覺了解之不足與基礎之不固也。

3月30日　星期一　晴

旅行

　　昨晚十時半由台北啟程搭夜車，於今晨七時五十五分準點到達高雄，同行者葉于鑫君，在站相接者有陸軍供應司令部經理署油料組丹副組長及伍參謀及本署在高雄司機林炳煌君，當赴萬國旅社下榻。

職務

　　上午，陸軍第二軍團司令部第四處經理組主管油料之安少校來接洽檢查工作之進行，決定十時同赴鳳山五塊厝該司令部，屆時前往，即會同該組副組長薛中校商定南部兩星期檢查全部日程，排成日程表，大致為本星期在高雄附近，下星期在台南、嘉義一帶。下午續到第二軍團司令部檢查該部本身之油料記錄，發覺應注意之事項為：（1）一九五七年度卡片共分三套，總帳卡片只有收支結餘與堆藏三個月補給點之存量，收支無累計數，分戶卡片記製成憑證發出之數量，據云與逐日總發出量相符，亦因前者無累計數，不能核對二者之總數是否相符，分類卡片（用途別）記六類用油之發出數，然與油料月報表及汽油證明單之總數亦不能核對，原因為證明單據各單位綜合而成，卡片則凡簽出發油憑證者即須記入，其中包括一部分已發未提之數之故；（2）六類用途之流用與訓練用油之不被移用於其他五類問題，其中亦有甚長之經過，現在已由陸軍總部第五署專司訓練者加以按月控制，並考核，甚為收效，並無百分比之硬性規定。

3月31日　星期二　晴

職務

　　全日在高雄五福三路查核陸軍第二經理品儲備庫，查核重點在 FY1957 所設之帳卡運用方式，發覺事實如下：（1）卡片凡三套，一套為總帳卡，二套為補助帳卡，後者一為按支出科目之分類卡，按月將各科目總數記入總帳卡之支出方面，二為按儲藏地點之分地卡，此卡與總帳卡同時記載，其各卡餘額總數應等於同時總帳卡之結存數量，至年度下半則支出科目之分類卡廢止，原因為另有一種統計表，據表列數即可分科目記入總帳卡。（2）卡片之作用本為一種存量統制之用，但後來規定為代替帳簿，目的在簡化會計手續，不另設帳，但使用發生困難，蓋帳卡用 Accrual basis，而三軍油料月報表則用 Cash basis，以致卡列餘額與表列餘額相差甚鉅，現在原經手人已調至金門，幸今日休假來高雄，於是向其查詢解釋，請將此不同之餘額加以 reconcile，結果費去全日之力，將卡片內之應收應付數逐一消除，復將預收石油公司數減除，最後始得出此二者相一致之餘額，設非原經手人必無法作此解釋也。（3）盤存清點情形因該年度之文卷疏散下鄉，改將本年度之記錄文卷加以核對，每月均由儲備庫將各油池、油場加以清點，並多經向上呈報，俟奉准後即補記入帳，每年度且有三軍普查一次。

4月1日　星期三　晴

職務

　　上午，到鳳山附近仁武地方之陸軍八十四師師部檢查油料帳務，因該師在 1957 年度時係駐防於馬祖、大陳一帶，其各項紀錄為行軍方便計俱已不存，故改就現在之狀態加以審核。現在使用油料之制度仿自第二軍團部之辦法，其數量等項由葉君查詢彙總，余則只注意其分配之制度，由其制度方面發覺一項事實，即每月陸軍總部核定之用油總數與其中訓練用油數量雖由軍團列表通知辦理，然在師部奉列此表之後，各單位協調分配之結果，並不必等於奉核發之數，該師之訓練用油數有低於百分之六十五而不及奉核發數之例。下午，到楠梓第四油池管理所檢查，此處有大 tank 一尚未啟用，小坦克五，一坐漏耗，亦未啟用，檢查五七年度帳卡表報，並與其上級機關第二儲備庫所查之數相核對，尚屬相符，但須經過 reconcile，此即在二庫核其月報表時常有剔除數，池方則須於次月內沖回之故，又檢查其清點盤存記錄，只有六個月份，其餘云已疏散，或係前後人員交替關係，蓋疏散絕不致年度分割為二也。

娛樂

　　晚看電影「孤星淚」（Les Miserables），法國五彩新藝綜合體長片，約翰傑潘、黛妮陶樂姆及貝爾那布立合演，然全部戲在傑潘一人，刻劃一由惡轉善之人物，極盡鞭辟入裡之能事。

4月2日　星期四　晴

職務

　　上午，到鳳山陸軍軍官學校檢查 1957 年用油料記錄，該校為以前日據時期之營房，建築甚大，面積亦廣，核對卡片後即承引導參觀，首先視察其集用場，其所用之派車單（110 表）有一木框，其中間為四層，每層左右分為六欄，每欄復上下分為五小格，用法為共能放置四個月份，由上而下，至第五份時即將第一月份銷毀（規定），六欄五格則月內每日一格之意，甚有條理，繼參觀其汽車教室、科學館、革命先烈紀念堂，牆上全為黃埔各期之照片（殉難烈士），科學館則土木測量電機與機械等儀器甚為繁多，教官解說不厭其詳，至十二時退出。下午，再到鳳山查核陸軍步兵學校之油料記錄，亦大致就緒，繼即參觀各項設施，因校址太大，云在一百甲以上，均用車代步，所過有靶場，同時可容百人，快速靶場，則用電動，前者之大與後者之特性皆為遠東第一，又至汽車教室、電學教室、情報教室等地參觀，均有規模，最後為沙盤教室，有四十之一的作戰設想（步兵營）模型，完全用電指示，當由教官作大略報告並演習，有耳目一新之感，步校有萬餘人同時受訓，云規模之大為全國之冠，其教材調配有五人專司，數十張插列課程卡片之木板，極盡微細與錯綜之觀，參觀畢與副校長江學海晤談後辭出，晚赴該校宴會。

4月3日　星期五　晴

職務

上午，與葉君同到鳳山第二軍團，渠查核該軍團通信兵群之油料使用情形，余復乘車至五、六公里以外之後莊補給點查核，此補給點由軍團經理營之一個排作業，其油之來源在 1957 年度時期為以油罐汽車兩部隨時向第二儲備庫之楠梓油池提運，其時補給點亦在楠梓，現在則由楠梓油池油罐車送運至補給點，至於移至後莊之原因係由於美軍顧問之建議，理由為楠梓太近交通線，此處比較掩蔽，又此地較近屏東，在潮州之一個師補給較便，至於偏北之單位則另有台南補給點支援，分工合作，較易配合。今日檢查其卡片憑證與表報尚屬清楚，僅提領單位有不能一次提清者，其憑證只有一件而卡片則紀錄筆數甚多，且亙至全月，綿延不斷，非至月底，不能核對清楚，雖另有附屬之暫記卡片，然主要卡片之作用，究不章也，核畢到油場檢視保藏堆存情形，在一片大芒果樹下，頗有掩蔽作用，按排亦有條理，十一時畢，乘車回軍團約葉君同回高雄，本星期之任務於焉告終。

旅行

下午四時半持預購之票到高雄車站乘柴油特快車回台北，按時刻表為十時到達，但晚點至十時二十五分始行到達，據云係因車輛調度困難，高雄台中間只三節，至台中始加成四節，行車情形尚屬良好。

4 月 4 日　星期六　晴
銀婚

　　今日為余與德芳之結婚二十五週年紀念日，西俗稱為銀婚。回憶此二十五年歲月，除最初之三年外，其餘無日不在國家憂患驚濤駭浪之中，安定時少，奔波日多，雖未陷於貧困，然亦難謂豐裕，近十年僻處海隅，流離之苦倖免，家國之思轉劇，此皆只可體會，難以言傳者也。其中損失最大者為兵燹中兩幼兒之夭亡，而收穫最豐者則子女之逐漸長成，且已漸有嶄露頭角者，顯見繼起有人，所謂生命之意義在創造未來繼起之生命者是也。今日稱慶只在家庭中為之，長女紹南已成自立，為製大蛋糕一件，上鑴 Silver Wedding Anniversary，玫瑰數朵上散布銀色之沙粒，閃爍有光，頗饒風趣；余在高雄為德芳買紗衣料一件，黑地上散佈銀色之小花圖案，亦自不俗。晚同到東南照相館攝影留念，率紹彭幼子，在旁觀看，幼子今年滿八歲，已在小學二年級，而體魄壯碩，似有過之，近年已無生育之勞，而課讀則尤重也。至於余夫婦之健康，余固無何疾病，德芳雖更年期有數年纏綿，然自手術奏效，亦有極大進步，亦吾人今日之所能自恃者，或猶得以親見或躬與歸復大陸之盛業，償得十年來家國之思歟？是則有賴將來二十五年之努力，以證過去廿五年之不虛也。

4 月 5 日　星期日　晴
家事

　　今日為舊曆二月二十八日，乃德芳五十歲生日，明日二十九日為余之生日，因余今晚即須出門，故二人生日合併在家以吃麵紀念。回溯五十年過去光陰，值動亂之半世紀，可謂憂患餘生，今日兒女逐漸長成，海隅孤處以待反攻之機，尚何可慶之有，只有耐心工作，以餘力補充學識，得不負聖人日新又新之明訓而已。

師友

　　崔唯吾先生來函約於今晚至碧潭寓所便餐，並囑於五時到達，以便至河下划船助興。余於四時半乘火車由古亭站前往，下車行抵大坪頂共費時三十五分鐘，至則僅有一客人余秉樞君在座，余君為煙台先志同學，現任空軍機械學校校長，駐地岡山，由是陸續集合者有在立法院任立法委員之張曉古君、台大教授李祥麟兄、基隆力行中學教員林荃齊君、公賣局第一科長張積敬君、基隆經營煤業之趙石枕君，皆三十四年前在煙台先志中學之同學，雖少數在台曾有謀面或往還者，多數皆三十餘年來未曾相遇，故面貌不能相識者居多，殊不勝今昔之感也。菜為自助式，甚豐盛，飯前並由李祥麟兄為拍照三幀，以作紀念。至於遊船之舉，因會齊時已不早，且風大恐船上不穩，故又作罷。八時分袂，由張曉古兄發起下次聚會將為李祥麟兄餞行至新加坡，時間約在五、六月間。

4月6日　星期一　晴

旅行

　　昨夜十時半由台北搭車赴高雄，今晨七時五十五分到達高雄，早飯後乘分署在高雄由林司機炳煌駕駛之車

赴屏東潮州工作，午後北返，先到高雄取交洗衣服並購
買用物，續行於四時到台南，住四春園旅社，同行者葉
于鑫君，由高雄迎接一同工作者有陸軍供應司令部伍家
謨中校及第二軍團經理組長楊君。

職務

上午，到潮州檢查九十三師油料記錄，因該師去年
方由金門調回，其 1957 年度之用油憑證等俱已銷毀，
只餘卡片尚屬存在，而卡片式樣一再換新，前後餘額有
不能銜接之現象，且無從由原始憑證獲悉原因，經手人
只憑記憶亦有難以索解者。下午在台南赴兩單位檢查油
料帳務，葉君擔任第八軍，余擔任砲兵學校，該校為一
教育單位，資料較齊，但教育用油皆係照計劃發於示範
單位之部隊，由其集用場自行支配，難免有存餘不還之
現象，又有舊車不易照標準里數行駛而略略將里數放寬
現象，值得注意。晚由八軍招待便餐。

生日

今日為余生日，而于役道途，中午第八軍慶生會邀
余等午飯，作特別來賓，規模盛大，極為巧合。

娛樂

晚，到南都看電影「老人與海」，史本塞屈塞主
演，將原書精粹處一一表現無遺，的是佳片。

4 月 7 日　星期二　晴

職務

上午在台南市衛民街檢查油料，單位為憲兵 201
團，事先毫無準備，卡片以前未登，其制度亦有異於一

般，大致為每月不製汽油證明單，只由憲兵司令部額定
用油，發來後其他縣市單位即至當地領取，台南及附近
者即至楠梓油池領取，團內有一技術官執行類似集用場
之職權，月製明細表，由政治部與榮團會審核存卷了
事，查完後又發生此單位是否美援支援抑係經理署所謂
控屯油支援之問題，看其軍品撥發單上之科目，不得要
領，同來之署參謀伍中校亦不之知，只好歸後向該署查
詢矣。下午，到台南市郊後甲檢查二軍團台南補給點油
料，卡片不全，過去情形因人事更迭，亦不能完全答
復，惟原始憑證尚屬完備耳。

娛樂

下午，看電影「戰地櫻花夢」（Wind Cannot
Read），Dick Bogarde 與谷洋子合演，以印度為背景之
戰爭愛情片，且富文藝氣息，中文譯字幕亦佳。

瑣記

日昨約定今日下午同赴後甲者有二軍團楊副組長，
二時到旅社門前等候，云來過問余等，旅社云在睡覺，
調頭自去，余與伍中校認為須待其返回，因有約其在先
也，葉君則言不必，謂其或往詢伍中校，至後甲時果見
楊已先到，備述旅社無理，尚有餘忿，蓋遷怒也，此事
顯現楊君與余皆北人性直，葉君則南人多慧，雖小事亦
可觀大也。

4月8日　星期三　晴

旅行

上午八時由台南出發北行，一小時餘到南靖，中

午續行十公里到嘉義，住新開之世界旅社四樓，設備尚佳。

職務

上下午均在南靖油池檢查油料，此油池屬第二經理署儲備庫，共有一千美桶之 tank 六個，來源為由高雄用油罐火車裝運，鐵道有叉路入池內，用泵浦打入坦克內，供應對象主要為第二軍團各補給點及代發空軍車用汽油，均用油罐汽車送往，其他機構則持撥發單來領。今日檢查發覺如下之事實：（1）1957 年度卡片只有一部分，云係油料中隊更替作業交接頻繁，致有缺少，無法追查；（2）就已有之卡片抽查其 1957 年五、六兩月份者，發現記載順序及數目與憑單及三軍油料月報、旬報表等相符，但須經過第二儲備庫核改沖帳後始行相符，其原因為油罐火車有時月底開出，至月初始行到齊，以致五月份有數千加侖係據庫批補入，且係在 31 日記入，因適值換頁，余意其係在次月將已記他帳撕毀，然後插入此筆，求得新餘額，重新接記次月帳者。

娛樂

晚，看電影「禁園情淚」（The Spanish Garden）、Dick Bogarde 主演，描寫親子之愛之失之偏執，友誼之戰勝偏執，刻畫人性，頗多入微，演技彩色配樂均佳，蘭克出品。

4 月 9 日　星期四　晴

職務

上午到嘉義近郊陸軍第九軍檢查油料，一同工作者葉于鑫君，陪同前往者經理署伍中校與二軍團經理組安少校，該軍過去資料已不全，據云係銷毀，而自 47 年二月份以後只為承轉單位，各單位分別領用，軍部不復設立帳卡，於是乃就其有記載之最後月份亦即 47 年 1 月份加以核對，發現其當月份用油分配案與月終所送之軍月報表數字完全相同，而卡片列數則收支兩方雖屬相平，而各少一千餘加侖，經辦人只云係以前他人經辦，理由不明，然由此可見其報銷不根據帳卡也，乃進一步核對其十二月份數字，則表報與帳卡又屬相符，至於憑證方面，則一月份與帳卡相同，而十二月份則見已相符，即不復再核其憑證矣。此單位似有負責無人之嫌，由細事三端見之：（1）週一託買火車票，無法應命，（2）其招待所事先接洽居住，無法應命，（3）軍長赴美，副軍長於拜訪時值開會，以後亦無反響。下午，到嘉義近郊蘭潭查核第二軍團嘉義補給點之油料，余查 1957 年度，葉君查現況，余對其憑證及帳卡抽查一個月，有若干時間先後錯綜之處，然為數無誤，作業者為一個經理排，大致尚好，設備方面只注油用之幫浦皮管已破舊不能使用，而國內不能製造，一補再補，無法換新云。

4 月 10 日　星期五　晴
職務
上午，到新營陸軍九十二師檢查油料，1957 年度該師係在澎湖，雖使用汽油之情形相似，而不填送需要汽油證明單，只用規定專案用油之預算表式按月填送，

使用後則據卡片數記入三軍油料月報表，經抽查一個
月，為數相符。

娛樂

下 午 在 新 營 看 電 影 ， 孤 兒 奇 緣（The Grcat
Expectations）蘭克公司出品，主演者亞歷堅尼斯與珍
茜蒙絲，黑白片但內容甚精彩，配樂配音並佳。

瑣記

今日上午工作即完，余預料如此，晨間曾與同事葉
君談利用下午時間赴二十四公里外之關子嶺一遊，如顧
慮汽油不足，買油補充，彼謂怕在路上拋錨或肇事，而
又適在辦公時間之內，如定欲前往，可買客票前往，但
晨間又未事先注意客車時間，飯後至新營客運公司觀看
時刻表，知前班方開，後班尚須一小時後，再問其回程
時間，則幾乎等於到後即返，只得作罷，倘非以後到處
找尋電影院，得有「孤兒奇緣」消磨二小時，全下午四
小時尚只用於等候火車矣。余前日在嘉義本欲利用傍晚
時間赴關嶺小住一夜再返，因知葉君之事不好商量，單
獨前往，亦不太好，故預料最後半天尚可利用，晨間即
作安排，而陰錯陽差，孰知全無結果。

4 月 11 日　星期六　晴

交際

紹南在中央信託局服務，其同事原都民女士之父母
曾來拜訪，余未相遇，今日下午乃偕德芳率紹彭前往大
崎腳答訪，其地為青潭附近，在赴蘇澳之公路線上，風
景頗佳，尋至，穿過中央印製廠轉另一大門為中央銀

行倉庫，原父振家及母居後近，此處為堆藏代發券料之
所，由於反攻大陸無確期，故須推陳出新，以舊紙供給
中央銀行代發行鈔券之台灣銀行使用之，在原寓勾留半
小時辭歸。本星期一余生日適外出，安全分署同人有輪
流慶生之舉，今日福利食品店代送來蛋糕十二吋者一
個，蓋補星期一者，因知余昨今始回也。

瑣記

凡事往往敗於無準備，或準備不充分，今日赴新店
大崎腳，事先不知應搭何路線車，於是臨時至南門市場
站詢問，一面等車，先看時刻表上有大崎腳終點車，但
須待至四十分後始有班次，乃詢賣票人其他路線有無途
此大崎腳者，據云小格頭與坪林皆過該處，迨再看時刻
表，小格頭有車五分鐘後過此，甫欲至候車處，即見小
格頭車來，候車處無人未停，余等招手，車掌未見，徒
呼負負矣。

旅行（補昨）

下午五時卅八分由新營持前日台南所買票上柴油特
快車北返，於十時七分到達。

4月12日　星期日　陰雨

家事

下午，到基隆海軍第三醫院看衍訓指傷，據云大致
經過甚好，但今日略有痛疼，尚待醫師檢視云。

閱讀

連日讀 James B. Conant: *Modern Science and Modern Man*，
此書為著者之四篇演講詞合成，四篇為：1. Science

and Technology in the Last Decade、2. The Changing Scientific Scene, 1900-1950、3. Science and Human Conduct、4. Science and Spiritual Values。著者為一物理學家，曾任哈佛大學校長，本書之作為一連串的科學演講，在說明五十年來之科學何以由發明家與科學家之分離而趨於由科學家自己左右發明，又科學何以由實驗而進步，由進步而摻入人類之常識，使學問與常識之界線永不分明，在綜錯複雜中漸漸進步，而作者之重點在於第四篇，第四篇所謂 Spiritual Values 多在於宗教生活之何以不受科學進步影響，觀念之如何在經驗中形成而根深蒂固，作者之思想綿密，極其可佩，全書結句云："With humility we recognize the vast ocean of our ignorance where empiricism alone can be our guide; yet we can set no limits to the future expansion of the 'empire of the mind'. A continued reduction in the degree of empiricism in our undertakings is both possible and of deep significance - this, in a few words, is the message that modern science brings to modern man."

4月13日　星期一　陰雨
職務

兩週公出，今日恢復到辦公室，先到美國大使館支領上星期三應支之待遇，又草擬報支旅費之日程表，上午以所餘時間照料瑣事，包括開列一至三月底之 Audit in Progress，又應劉允中主任之囑，為開列三月底之 Retired Servicemen's Projects Audit Reports，以已經發布者為限。下午整理半月來之查帳所得資料，先從初步著手，將所查陸軍單位按時間先後順序加以排列，以備進一步加以分析。與葉君開始籌畫繼續查核油料之進行方式，彼與國防部後勤參謀次長室油料主管人通電話，彼方主張第二步即查海軍，海軍單位集中於左營，此間則基隆亦有一個軍區，由於南部分署之汽車下週不空，故本週與下週皆不能出發工作，將以此兩週之時間從事於下列數事：（1）修正已完成之其他查帳報告，（2）查核國防部及直屬不屬三軍之憲兵司令部與陸軍總部等集用場之運用情形，（3）與海軍總司令部接洽全盤安排之方式，以便進行檢查。

瑣記

兩週前與德芳合照，今日往接洽洗印，據云在兩張樣片之中只有較大之一張尚可使用，但余等則認為以形象較小之一張比較自然，此照相館本印二種憑擇者，而事實只一張可用，亦可見其馬虎之一斑矣。

4月14日　星期二　晴有陣雨

職務

上午，重寫 1956-1957 年度 RETSER Interim Hospitalization 之 Follow-up Audit Report，此已為第三次，第一次脫稿後在半年前，經劉允中主任一再刪削，繳卷後認為仍然麻煩，於是由彼再度刪削，成為 All recommendations have been implemented。而續查之一段時間則認為一切 In order，繳卷後新 Audit-Branch Chief A. W. Tunnell 要此二結論之具

體依據，乃將幸未撕毀之第一次稿逐項有所說明者由 Working File 內檢出送閱，提出意見數項，囑逐一加以說明重寫，此即大體上仍恢復第一次稿之方式，而將認為有疑問處再加以肯定之說明，今日重寫即完成此項工作，尚有一項留待輔導會衛生處補充資料，以覘能否認為滿意而不復再作 Follow-up 焉。下午同葉君到海軍總司令部補給署，與關係人員以會報方式確定續查海軍使用油料情形之日程，經決定下週從事台北、基隆兩地之單位，再下週從事左營方面之各單位，而此一星期本署之高雄車輛尚未確定用途焉。

交際

晚，海軍總部補給署在狀元樓宴請余與葉君聯歡，該署八人作陪，菜餚甚豐。

師友

裴鳴宇氏上週來訪，余公出未遇，今日往答訪，亦不遇，晚間復來，談其籌備水產公司之計劃，認為本小利大萬無一失之事業云。

4 月 15 日　星期三　晴

職務

上午，到國防部查核其 1957 年度使用汽油狀態，此為對於國防部本身之第一次檢查，其情形有異於陸軍，陸軍之最大特點為每月之油用於訓練者為多，而由訓練計劃不同，每月有所需汽油證明單之造送，國防部本身則全為行政用油，每年定一預算數，其數乃由於車輛數目估計而來，每月由總務局第四組印發派車單，而

以每日一百二十車次每月累計總數分配於各單位，使其
均能節用派車單，以收省油之效，此為公務車之情形，
至於交通車則由集用場統籌，用油數量每月一定，可以
先行控制，第三種為專用車，據一參謀對余說明，謂每
車每月有一定數量，如部長一百五十加侖，以次一百廿
或90加侖，此為最高限，每月發給油票二次，仍然由
集用場管理，並照填報銷性之110表，但據同去之葉君
云，另一參謀相告，不填110表，未知孰是。下午同往
憲兵司令部查1957年度油料，該部為直屬國防部之單
位，不用三軍月報表，亦不用汽油證明單，此為最大之
特點，又有若干場合之專案用油係憑領條發出，並不歸
集用場統一管理，類似數年前之按車發油的包辦制度，
故由其精神以觀，實不若陸軍之制度遠甚也。

師友

　　電話詢張中寧兄是否與台大系主任李穎吾有舊，將
為紹南參加留學甄別事有所說明，據云不相識。

4月16日　星期四　陰

體質

　　晨起腹瀉三次，且有裡急外重之感，早飯後余循數
週來之習慣步行至辦公室，方出寓所巷口，有雨點落
下，恐途中遭雨，乃改變方式，至公共汽車站候車，
二十分鐘不得上，最後有一車停靠，余未得上，見同事
黃鼎丞在車上，告以腹疾，如下班車不能再上，即請代
為請病假一天，移時果內急，乃不復候車，回寓休息，
於是又兩次如廁，最後有黏液，腹微脹，上午精神至不

濟，睡眠數次，中午紹南為余配來丸藥，係中信局醫師配方，據云為 Sulfanuxidine（音讀如此，寫法或有出入）及黑色炭素片，每三小時前者服三片，後者服一片，下午又睡一次，精神較好，讀書不覺疲倦矣。

閱讀

讀 *Japan between East and West* 中之第四篇 Japan and the Rise of Communist China by C. Martin Wilbur，此書為一六篇文字出自六人之結集，因本篇與中國問題特別有關，故加以細閱，作者所描寫日本人之處境、思想，皆能鞭辟入裡，大致言之，中年以上人不傾向中共，青年則否，而一般則認為商業與外交關係終將建立，至於民意測驗所表示者，則第一友好者仍為美國，中共則居其中，最惡劣者則為蘇聯，日本人固不因中共之為蘇聯附庸而一視同仁，此點最值得重視，至於通篇四十頁只提及 Formosa 一次，且係閒筆，此間與大陸之比重在作家筆下乃至如此。

4 月 17 日　星期五　晴

職務

上午，同葉君到聯合勤務總司令部查核油料，該部有兩署七處，其本身之管制處尚在外，故用油者多為附屬單位，然其本身亦由於將台北附近之車輛集中於一個集用場內，用油亦不甚少，可注意者為總司令、副總司令與參謀長共五部專車可以不填 110 表，亦即按定量發給，不辦報銷，仍為不進步之一面耳。下午在署處理內部工作，主要者為研擬對於退除役官兵就業輔導委員會

之對於工程總隊查帳報告所提要求，余查閱有關文卷，
認為彼方意見毫無理由，如對於剔除稅款等不當開支主
張另用其他單據替換，及對於溢付官兵生活費，認定自
己統計不可靠，須照國防部支款加以清還等，皆只為要
錢，不擇說詞，可為一嘆也。

娛樂

晚，率紹因到台北戲院看電影，片為 "The Gypsy
and the Gentlemen"，蘭克公司出品，尚佳。

師友（補昨）

晚，張中寧兄夫婦來訪，因日昨通電話時提及紹南
出國尚須借款事，渠今日持來其友人之台灣銀行所開香
港支付匯票一張可以出借，余因其利息須三分，尚須數
月始可使用，故未借入，張兄又云另一友人可以息借美
鈔五百元，利率二分，余表示將於需要時洽借云。

4月18日　星期六　晴有陣雨

集會

下午，到重慶南路國大代表聯誼會出席山東、青島
兩單位之召集人所召集之座談會，此會宗旨在執行全國
聯誼會之議決案，廣泛徵求全體代表對於全國聯誼會所
主張之準備修改憲法一案之意見，以便反應至中央，今
日出席者為住居新竹以北及台北市附近之代表，發言甚
為踴躍，綜合言之不外以下各點：（1）國民大會目前
之職權只有選舉、罷免而無創制、複決，應予改善，即
須修憲，（2）為擁護蔣總統連任三屆，亦須修憲，但
此點國際反響如何亦應考慮，（3）修憲雖有必要，但

應勿太過廣泛，動搖根本，削弱台灣政權之法律基礎，
（4）對所謂國是會議反對召開云。
師友

　　上午，到台灣大學訪總務長黃德馨兄，請與商學系
李穎吾主任洽商對於紹南參加最近出國甄選事加以特別
考慮，誠因此案係與法商學院及東吳法學院等校競爭，
理宜選派較好之學生也，黃兄對此案之內容只知有其事
而不詳其內容，經向秘書室查詢，亦不知要領，將與李
主任接洽云。
交際

　　同事曾明耀君月前生女，同人九人合送食物及奶粉
酒席等，今晚在曾寓宴會，有數人下午先往雀戰，傍晚
不賭者靳綿曾、黃鼎丞來約余同往吃飯，席間觥籌交
錯，盡歡而散。

4月19日　星期日　晴有陣雨
師友

　　上午，佟志伸兄來訪，談自十二月底即離開國民住
宅興建委員會，刻欲謀他職，而無所成就，蓋待遇較好
之機會不多，而政府機關則待遇不足以謀生也。
交際

　　晚飯陸軍供應司令部經理署署長王未之在天長樓請
吃飯，其本人未到，到者為其張、羅兩副署長，油料組
戴組長，客人為余與葉君，陪客國防部後勤參謀次長
室傅科長，並由油料組黃繼庭參謀出面照料一切，菜餚
極豐。

閱讀

　　三月份讀者文摘有一文極饒回味，著者Jack Benny，題為 "The Best Advice I Ever Had"，此題目為該刊所經常選載之總題，此篇為作者述其父有志培植其本人成一大音樂家，但其本人實未能在學習間有此志趣，亦無表現，反在表演時以說笑話見稱於時，初時其父甚失望，但最後知其天才在此，為之大悅，其父所作評語有云："In the old country we never laughed during bad times, and during good times we didn't laugh much either because we were thinking about the bad times. It is good to laugh, and I am glad it is Benny Kubelsky who makes it possible." 此語真可深長思也。

4月20日　星期一　晴

職務

　　全日在海軍總司令部補給署物資組檢查油料，余完全就其制度方面加以檢討，未接觸實際數字，實際數字以及車用汽油之集用場皆由葉君擔任之，余由全日研討制度所獲全般印象為海軍之制度非常技術化，舉凡法規、手冊規範等無慮八、九冊之多，而集聚資料之專冊專卷亦非常齊整，圖說表解尤為詳盡，有的甚至失之瑣碎，例如油量本為上級發給之物品，該署轉發至海軍供應司令部，帳籍即由供應司令部登記，每月該部彙集全部單位之月報製成總表，送該署審核後分別將海軍專用油部分報國防部，三軍通用油送陸總經理署，而空軍所撥之油則送表報於空軍總部，該署只有表報存底，而無

帳卡之設，但為統計用則又設有「軍品會計」一科，將
一切軍品數量完全化為金額，並製成各種統計分析表
格，每年度印成一厚冊，在三軍中獨樹一幟，然除呈海
軍總司令核「閱」外，別無他用，亦深值考慮也。

瑣記

今日填寫申請下週赴高雄之 Trip Request，往返日
期須察看日曆上之所印月曆，本應填寫 26 日往，下月
一日返，不料在月曆上看前一行，竟填為昨日往 24 日
返，經劉允中主任核閱時看出，乃取回重填，此等錯
誤在中年前絕不致發生，不知何以五十之年即有此顛倒
現象。

4月21日　星期二　陰雨

職務

上午，同葉君赴基隆檢查海軍油料，同行者有海軍
總司令部所派之吳、趙兩參謀，到基後即赴碼頭內之海
軍第三造船廠供應處，此處為受造船廠監督之半獨立補
給單位，大約對造船廠供應器料占全業務比重百分之
二十，補給各單位油料占百分之二十，其餘百分之七十
為一般之海軍補給業務，今日重點在觀察其制度運用，
並抽查1957 年度一個月份的卡片記錄與憑單，證明相
符。中午該處招待午餐。下午到海軍第三軍區汽車隊檢
查油料，其制度採集用場作業，與陸軍大同小異，只不
用汽油證明單以作請油之根據耳，在此汽車隊發覺一甚
饒興趣之問題，即其所填月報表內汽油撥入一欄與卡片
截然二事，表內填本月份核定之定量，而卡片則只記載

其實際收付之數量，前者之結存為預算與實用之比較結果，後者之結存為庫內存量之實際數額，二者無一橋樑加以溝通俾知其間之關係，此問題為其他已核過之任何單位所無也，此年度之下半年度則又增加綠色卡片一種，每月填六大類總數一次，而逐日收付總數則用白卡片記載，又用分戶卡片一種，每戶一張，以控制其逐月領油之累計數量，覘其是否超過云。又到停靠碼頭之油輪賀蘭號（305）參觀，係虜獲物，載油一萬噸，本身七千噸，設備甚好。

4月22日　星期三　雨

職務

全日將上週所擬之對於退除役官兵輔導會對本署1427號查帳報告之意見函的摘要與檢討意見，重新加以推敲整理，因層次過多，須使閱者一目了然，故將原函之混同敘述者改按原報告項次先後加以分開說明，以便對照，計分三欄，第一為 Item，寫出問題之所在，第二為 VACRS Request/Explanation，摘敘該會之說明或請求，第三為 Auditor's Comment，對其所持理由之歪曲處一一加以辨正，其補送憑證請求補核者則在符合原傳票性質之前提下允與重核，下午將定稿自用打字機打清，並一再核對。

家事

有團體名為 Scottish Rite 者以獎學金一名請各大學法科部分提候選人送赴美國研究，台大商學系代主任李穎吾曾允紹南為伊加入候選，但知前日已將空白申請書發給兩助教，託黃德馨兄詢問，則云決允紹南參加，望靜候通知，今日紹南往詢，猶囑其等候，而見他人已將通知填送，且係畢業生而非助教者，情知有異，乃再詢李，彼無法抵賴，乃允將申請書發給，紹南即填送法學院，但聞此次無他系之人申請，可能即由商學系自行決定，而李有可能再玩花樣，於是囑紹南再訪黃德馨兄說明原委，請其切實釘住李之動態，又今日證明李之私心為希望其中一學生膺選，其餘學生助教全為陪襯。

4 月 23 日　星期四　晴

職務

兩週前所重寫之 FY1956-1957 Interim Hospitalization Project 之 Follow-up 查帳報告，因其中尚有一項情形不明，未能定稿，今日與衛生處祁兆焱君通電話，請其再詢退除役官兵輔導會保健處有無關於此項之資料，意在只要有可以引用之根據，即下一肯定之註腳，將此項查帳報告予以結束，但結果不如所願，祁君云不問衛生處抑輔導會，根本對於查帳報告中之此項建議亦即所提希望該兩機關對於藥品供應與管理之程序加以改善一節，未採任何行動，而衛生處已將醫院交還輔導會接辦，該處對此已無能為力，輔導會則接辦伊始，尚未定出新的辦法，余乃就商於劉允中主任，渠認為不必為此一點而不結案，可以就時間一點加寫意見，待將來延續計劃查帳時再行併案辦理，乃寫好後將第三次稿交其核轉。

師友

以電話詢問台灣銀行虞克裕兄請其為楊秀卿小姐分

發時注意在近台北之處所，彼云已經分發，余謂今日尚
待報到，彼始謂當與設法，再問希望大否，則又云桃園
以北為不可能，可見余上次往訪所留字條根本未得其注
意，目前該行應付人事太難，應諒解其現實觀點也。

娛樂

　　晚，到國都看電影「一夜夫人」，珍娜露露布利基
旦主演，情節緊張而輕鬆，頗有趣味。

4月24日　星期五　晴

職務

　　本日無特殊工作，只將月來所查陸軍油料業務情形
之 work papers 按補給單位，軍團補給單位及使用單位
之順序加以排列整理，並細閱海軍所擬之補給手冊草
稿，由此稿而獲知若干美軍管理方面之術語，頗有趣
味，例如軍品之收入有新收與撥入二項，發出有供補性
與非供補性二項，均在卡片上分別列出，所謂新收係指
海軍所新由軍外獲得供自身支配之收入，所謂撥入指軍
內移撥並未增加海軍總收入量之收入，所謂供補性支出
只應歸本軍消耗之必然性的支出，所謂非供補性支出指
不屬本軍應得而只為墊借償還等支出，若以會計術語加
以比照，則實付與損益二項收支之分野，彷彿近之，目
前軍中物料管制之精細往往類此。

集會

　　晚，到貴陽街出席研究院小組會，全組十九人只到
九人，討論題目為如何爭取金門戰爭第二回合之勝利，
第一段由盛禮約先草成結論草案，第二段下次再行繼續

討論，又檢討目前將黨費預算隱藏於各級政府預算內之
得失，咸認為不妥，但如何改善尚無具體之方案。
娛樂

晚在實踐堂看電影，片為環球出品之怒海焚舟
（Twilight of the Gods），由羅赫遜與雪特卻麗絲主演，
色彩配樂及演技均尚可觀。

4 月 25 日　星期六　晴曇偶雨
師友

上午，到交通銀行訪王慕堂兄，口頭約其於下星期
六吃飯，並託屆時轉約陳舜畊、趙葆全、侯銘恩、李鴻
漢諸兄參加，又談及紹南之出國準備問題，余告以刻正
參加兩項公開競爭，其一為 Scottish Rite 所徵求各法學
院之候選人，其二為昨日方始公告之台灣大學李國欽獎
學金，將於下週考試云。
瑣記

國民大會秘書處通知，配售夏季中本衣料，六期分
付，余於今日下午往詢一切，見有樣本九種，四種為凡
立丁，五種為達克隆，余定達克隆之一種，綠灰色，計
西裝料旗袍料各一份，前者二公尺八公寸，後者一公尺
一公寸，合共三公尺九公寸。推銷藥品者有極別開生面
之方法，係製一大紙袋，袋上印有其所出之藥品名稱、
適應症及價格，置於人之家庭中，若干日後前來察看，
凡使用者照收價款，存餘者則仍歸其取回，余見其藥品
多類似八卦丹、萬金油等類，無病可用，有病反不濟
急，相信其不易於推廣得開也。

體質

十餘日來右指中指最前一關節之附著肌肉感覺痛疼，現在則僅餘一中指尚未痊愈，其他已健好，上午就診於醫務室林大夫，云無何異狀，只須注意不使受涼，並作熱敷，即可減輕。

4月26日　星期日　雨

家事

上午，到中和鄉訪表妹婿隋錦堂君，與商其同宗叔能否由美借款問題，緣其堂叔隋洪林君去年赴美留學，現已一年，聞工作情形甚佳，或有積蓄，而紹南現在準備秋季赴美，雖目前有兩個競爭機會，一為台大李氏獎學金，一為 Scottish Rite 獎學金，但因競爭者多，未有充分把握，而所請之在美獎學金，亦至今尚無具體答復，今年必須前往，所需保證金尚缺少美金一千元之譜，託隋君尋其宗叔能否撥借數月，自此間繳台銀起至到美撥還止，隋君允寫信相商，如有此力量，再議如何調撥之手續云。

交際

紹南服務之中央信託局產物保險處經理相壽祖向未謀面，早欲往訪，而荏苒未果，後相氏因病住入台大醫院，最近出院，改服中藥，聞顯有進步，今日上午由紹南陪同到其寓所探望，並閒談紹南留學出國等問題，甚為投契。預定下星期六日宴客，因余今晚即須動身赴高雄，除菜已定好外，請柬於今日寫好，備俟星期三日由德芳交郵發出。

體質

　　近來大體健康，只三日前患眼癤於右目之下眼皮，同事靳君云可服用維生素 B2，但余始服稍遲，未見速效，後用熱敷，得以迅速消退，今日已能照常讀書作字矣。

4 月 27 日　星期一　雨

旅行

　　昨晚十時半由台北乘夜車南行，一夜大雨，火車誤點，於今晨七時五十五分應到之車，至八時四十分始到達，海軍總部趙煒參謀來接，至旅館後該部吳希和參謀及海軍供應司令部燃料科胡壽宣科長與國防部後勤參謀次長室虞鼎上校均來迎接，此次仍下榻於大勇路萬國旅社。

職務

　　上午到海軍供應司令部檢查油料，首先由胡科長陪同訪供應司令李連墀，渠接事不久，對實務甚多隔閡，然後由胡科長擔任簡報，繼即參閱其一般法規，了解概況，下午繼續核對所設之卡片，該司令部為一綜合性之管制單位，只對供應單位為領發調撥之處理，並不對受補單位為直接之補給，但受補單位每月之耗量報銷則係報該部審核，其 FY1957 年之卡片六月份核對大體尚符。下午繼續至供應司令部燃料管理所查核油料，因為時無多，只對其一般情況加以了解，該所之地位與基隆馬公兩個供應處相似，乃一管理領發單位，並非單純之倉儲機構也。

娛樂

　　晚，在高雄戲院看戲，由周正榮、秦慧芬、馬震廷、李環春等演出審頭刺湯、打龍袍、一箭仇等劇，以刺湯為最精彩。

4月28日　星期二　晴

職務

　　上午，續到海軍供應司令部燃料管理所查核油料，繼續昨日未竟之抽查一個月份記錄工作，今日核對證明相符，憑單皆順序保管，惟只抽查汽油一種，其他油類則因時間不及，未予核對，卡片在總帳卡以外尚有按儲存之所在而設之分戶卡，亦只抽查加油站一戶。查完後往看該所附近之龜山倉庫、露天油坪及山洞倉庫，又赴壽山看大山洞油池，由第二號洞口入內，現在使用之洞內桶裝油凡長二百七十公尺，均堆滑機油，至將盡頭處適輕柴油油池正在清洗，由池口下瞰，極其深邃，此為二池之一，另一為重柴油，未往再看，其容量各為17,500加侖，工程浩大，油池用油管與石油公司及碼頭機房相連，一面由公司收油，一面由油管向艦艇供油，管有二，平行，云十公里長云。下午到海軍第一軍區汽車大隊檢查油料，先舉行簡報，然後進行檢查，發現汽油消耗月報表之填法以實收實支為根據，與基隆之只記配量作為收入數者記法不同，余意此間記法以現收為準者比較合理，又卡片根據每月統計之結果記載，故已非序時之記錄矣。今日全日在左營，中午在四海一家休息並午飯。

娛樂

　　晚，在高雄戲院觀劇，周正榮、桑懷音、李環春、沈漓等演出珠痕記、挑滑車、鐵弓緣，尚佳。

4 月 29 日　星期三　陰雨
職務

　　上午，到左營開始檢查海軍陸戰隊之油料，該隊為對於海軍半獨立之軍種，其配備主要為 LVT，其他各型車輛亦多，故用油亦以80 號汽油為主，副油則為五十號機油與黃油二種，到達時先往訪其張參謀長（司令羅友倫在美），然後在經理組開始查核，因該司令部一切制度參和陸海空軍之形式而成，故上午先為了解其制度，即費卻甚多之時間，先根據該司令部卷內所存以前對於各所屬單位所製發之帳卡表報規定，查詢其經辦人，良久始知其中有若干格式名稱類似而作用大同小異，已經早已簡化，然後審核其現用之制度始得一概念，大體言之，主要卡片為按油類所附之總帳卡，然後對汽油則每單位設六戶分類卡，復綜合而為六戶總分類卡，其他各油則因不分六類而只設各單位一戶之分戶卡，表報亦只餘三數種，該司令部則只有兩種每月送海軍供應司令部。下午核對 1957 年內該司令部之帳卡與表報及憑單一個月份，為數相符。下午又到該部直屬第一營檢查油料，甚單純，簡報時所懸之統計表，抄寫甚多誤字，惟核對帳卡尚屬相符，並參觀 LVT4 及 LVTC3 各一部，後者方到，尚未使用，其引擎在二邊，有蓋，前者則露空，引擎在前，均為運輸用，另有作戰用者為 LVTA，則未見焉。

4 月 30 日　星期四　晴

職務

　　上午，到高雄縣屬林園海軍陸戰隊第一師檢查油料，此地倚山而建，營房整理清潔，泉水潺潺，景色幽美，師部所記載為轉發各單位之數字卡片，並不直接作受補單位之記載，核對撥發單尚屬相符，至午而畢。在師部午飯後，又到一使用單位第三團檢查，有一種狹長之卡片記載消耗數量，此數量分六大類，每日據 110 表先記入一項日報表，綜合表上分類逐日總數記入卡片，110 表無三個月以前者，而日報表內則領發數字皆為五、十、二十、三十加侖，顯然非據實際加油數記載，而逐月領到耗用又復完全一致，全無結存，事實亦未必如此恰好也，據稱係為處理方便，又此年度規定月底結餘須繳還，不若現在之規定移轉下月使用，亦為無結存之原因。下午再到陸戰隊第一旅檢查油料，與一師不同處為本身為使用單位，亦略有二個分集用場係原數轉發，故該旅之性質兼二者而有之，惟發現其中一個轉領單位並非集用分場，亦無人考核其用途，顯有包辦之嫌焉。

交際

　　晚，陸戰隊司令部郭副司令在四海一家約宴，陪客有供應司令李連墀、陸戰隊一旅耿旅長、補給組陳組長等，飯後並有晚會，克難樂隊表演歌唱，甚緊湊精彩。

娛樂

晚觀劇，秦慧芬、周正榮合演雙官誥，唱做均尚可取。

5月1日　星期五　晴

職務

上午，到海軍供應司令部與海軍總部趙煒參謀、吳上尉及供應司令部胡壽宣科長同到碼頭，就停泊之艦艇檢查油料，先到驅逐艦洛陽號，即 14 號，後到巡邏艦永康號即 54 號，其所採管理油料記錄大致相同，只後者油櫃不若前者之多，故前者每日先作「油水測量記錄」，然後填入日報表，後者則直接核算登入日報表，每月附根據此項日報表加以累計，而成月報表送供應司令部審核。其間並無卡片或訂本帳冊加以記錄，似有過於簡略之缺點焉。兩艦看畢已十一時，本週任務已告全部完成。

游覽

下午，乘高雄市公共汽車到鼓山一路下車登壽山公園遠眺，由此可以看港口桅帆，遠處燈塔，都市全景歷歷在目，惜石階甚少，再上即為小徑，因時間不許，且新晴午間奇熱，以致未能再上至高處。此為市區風景區之最近者，余初擬至西子灣，見車次甚少，每小時始有一次，良久不至，且回程時間難以把握，故臨時改變，實際目前高雄最佳之游覽區大約尚在大貝湖也。

旅行

下午四時半由高雄乘柴油特快車北返，車票乃本星期一到達高雄之晨所預購者，半小時到台南，一小時半到嘉義，三小時到台中，四小時半到新竹，五小時半行完全程到台北，惟今日略有誤點，十時十分始行到達。

5月2日　星期六　晴

交際

晚在南昌路天長樓宴客，事先請十二客人，計有王慕堂、趙葆全、董成器、李祥麟、徐自昌、徐君佩、黃德馨、朱如淦、侯銘恩、陳舜畊、李鴻漢、王厚增諸兄，其中除最後之陳、李、王三兄因外出、病恙或他事未到外，其他九人全到，今日宴客之目的為三數年來有若干事甚賴朋友之協助，如余到安全分署服務前，所提供之友人作為該署調查之 reference，又如前次聲請安裝電話，雖無所成，而協助其事者亦有數友人甚為費力，此外在會計師業務上及紹南等職務上之關係而向友人處請助之事亦甚多，久欲作酬謝之舉而未果也。

讀書

讀 *Reader's Digest* 四月號，書摘篇為 "The Inner Secret of Health"，結尾之句，簡潔有力，發人深省："If we are to enjoy a long life in which there is health and wisdom and inner peace, we must first grow up. We must deal with immaturities left in us from childhood. We cannot merely hide them, or trust passively that years of living will do away with them. We must consciously seek maturity by making a positive adjustment to living which comes from knowing ourselves. ... We must take time to cultivate the will to live."

5月3日　星期日　晴

游覽

　　安全分署俱樂部旬日前即籌備一次團體旅行，於今日實行，地點為石門水庫，昨日德芳已準備食品，今日又略買水果，上午九時余與德芳率紹中、紹寧、紹因、紹彭到聯合大樓乘第八號交通車出發，路過中興大橋、桃園、十一份而到石門。在此由石門水庫建設委員會派員引導解說，計在大壩之山巔及谷地均加以看視，現在進行者皆為準備工程，如道路、溝渠等，最重要者為山腳隧道，將由石門上游流下之水引由上游穿山流出於大壩之下游，以便將谷口之河床乾涸，以進行大壩本身之工程。聞開始即在目前，而明日起即拒絕參觀云，看後在該會接待室野餐，下午歸程看辨天池之養魚池，四時返抵台北。

家事

　　紹南於昨日往考台大李氏獎學金，本定昨晚發榜，余曾兩度前往，均未獲，今晨再往看榜，見初試錄取為二十名，共往考者約五十餘名，此二十名係按有參加資格之一百餘名之名單順序，故紹南雖為十二名，顯然非按成績排列者也。

師友

　　晚與德芳到隋玠夫兄家看其夫人之病，緣其子宮生瘤，已經在台北醫院割治，至今甚久，尚未完全復原，顯然有難以即行恢復之其他原因云，今日並以木瓜及餅乾為贈。

5 月 4 日　星期一　晴

職務

上午繼續到署辦公，先從事補閱一週來所發之 Staff Notice，其中大半為關於 Annual Leave 與 Sick Leave 之規定，其中只有一種規定與以前不同，即在病假三天內與公假五天內可以不必填寫請假單，只須在 timekeeper 之 Attendance Record 簿內之 Remark 一欄簽字即可，此外如時數之計算及病假預借之限度等項，皆與現行制度無何不同，不知其何以又須從新發佈一次也。Audit Branch 本星期全體集中工作於內部工作，其中半數為從事於 704 統計表及另一種彙計表，皆為根據華盛頓總署之要求而作者，余則從事於業務部分所送之 PPA 草案會稿審核工作，今日下午余看其中之一件尚未完成，蓋因其為 PPA 之修正草案，於修正前之 Background 亦不能不加注意也。

閱讀

昨讀之 *Reader's Digest* 內 "Inner Secret of Health" 末段限於地位未能抄完，茲補抄於此："To live long, not only in years, but in the enjoyment of them, we must understand and control the forces which shorten life. Both early and late, we must take time to cultivate the will to live." 此即言人之健康得於生理者固屬不少，而得於情緒者尤多也。

5 月 5 日　星期二　晴

職務

今日從事於業務部分所送 PPA 草案請會計處會

簽前之審核工作，今日共核三件，一為 Agricultural
Development（Retired Servicemen）內之 H、I 兩個 Sub-
project 之 PPA Amendment，意見有其中職員訂有待遇
職級，職級分為簡、薦、委三階，而待遇不同，乃建議
應照中國政府所定薪級辦理，二為 East-West Highway
Development Sub-project Hsipao Vegetable Garden，其中
數字所列有前後不相符處，經建議就此點加以修正而
予以會簽，第三為 RETSER Hospitalization 之 Project
Agreement，經與 PPA 相核對，發覺部分不相符合，詢
之業務部分人員，謂確已修正，只修正本尚未印成，未
有附卷，數目無誤，余乃註明，並主張即行會簽。

聽講

　　晚到美國新聞處聽演講，由甫由美國來台做三天考
查之 Brode 教授講 The Role of Science in Today's World，
主要內容在說明科學團體之國際合作情況，並非謂科學
之本身在世界負何任務，其中有述科學刊物之使用文字
統計，百分之五十五為英文，百分之十六為俄文，百分
之十以下者有德國、日本、法國等文字，此點最能發人
深省，氏演說甚慢，發音清楚，余可了解十分之九，可
見最難之語文非在科學而在文學也。

5月6日　星期三　晴有陣雨

職務

　　今日仍從事 PPA 與 Project Agreement 之會簽工作，
今日所辦共三件，一為 RETSER Hospitalization 之修正
Fund Application，較原有之五百餘萬增加為一千四百餘

萬，即在總醫院建築設備費內增加九百餘萬，據云所以
又予以增加，係因退除役官兵輔導會在所定全部援款美
金四千二百萬元之總額，有在最後限期即本年六月底
不能用完之虞，於是乃准其增加，但 PPA 尚在核定程
序之中，未能見其草案如何措辭，只核算其 Application
中之總散各數均屬相符，於是在簽註意見中，即寫明
其數字相符，擬予以同意，但仍應以最後之 PPA 為準
云；二、三兩件為開礦計劃中有若干家煤礦申請貸款，
在一總計劃下分家核定，今日所核即為其中之兩家，數
目相符，但 PPA 亦尚在未經 release 之程序中。與葉君
準備下週出發開始檢查空軍油料，但因其準備不及，須
再延一週始能出發，但為控制南部車輛之使用，今日即
先行辦理申請手續，當與葉君準備各項申請手續，即日
送 Tunnell 核定。海軍總司令部趙煒上尉來訪，談左營
海軍供應司令部之油管換裝工程進行遲緩，影響補給工
作，又談下次出發尚缺少之資料當儘速供給，今日並送
來余向其借閱之石油工業手冊一本。

5月7日　星期四　晴

職務

今日仍從事於PPA 之會稿簽註工作，今日核過一件
PPA 兩件 Construction Plan 與 Procurement List，其中有
關 Construction Plan 一項為建築師所擬之工程預算等，
一一將總散各數加以核算，發覺單價乘數量往往並不即
等於金額，而好在金額欄多有低列，不影響其請款之將
失之於浮列，故不加理睬，任其照列，所成問題者為此

項學校補助計劃係將若干學校列入一個 Project，而此項 PPA 內又將其學校名稱加以列舉，今送來建築計劃之學校單位又有並非原定之單位，無法證明其如何正誤，只好將實情寫出，俟業務部分加以澄清矣。余作日所寫之 PPA Comments 今日經劉允中主任修改後送還，並重打簽字送去，其實並無何等變更，不過文字上略有潤色，例如其中之一為對一 Application 之審核，此時 PPA 尚未定稿，簽註意見云：According to P/LCM, PPA is still in process, P/LCM 者，主管 PPA 之 Office of Program and Economic Policy 也，進行中之 PPA 情形，余無由得見，只耳聞該部分人員口述而已，且此等措辭為以前其他稽核處理同樣情形時所採用，今經劉氏再度核稿，又加刪削，此等事難免以意為之之譏，且對於舊人新人有不同樣看待之嫌也。

5月8日　星期五　晴

職務

今日為余在安全分署以來罕有之輕鬆之日，蓋本週余之 assignment 為對於業務部分所送之 PPA 與 Project Agreement 等之會稿工作，自昨日劉允中主任交余三件，今日上午即行將意見寫於 Router 上待交，而劉氏下午未到，故未交卷，亦無新工作分配，乃利用時間翻閱由海軍總部借來之石油工業手冊，藉以補充若干油業常識，以為檢查油料之助。安全分署之工作已二年餘，對若干事務尚無所了解，惟自今年解除常駐退除役官兵輔導會之職務後，與署內同人接觸較多，因而對若干特殊之內情亦漸有所知，即如余所服務之會計處，亦演變多端，其中工作年代較久者對於當前狀況最感不滿，就工作言，以前稽核視察兩部分立，各有所司，今年移十人至美援會，以所餘几人混和編組，且支配工作，視察亦查帳，稽核亦查案，調度紊亂，事倍功半，且於稽核視察兩項工作以外，又多出一種會核稿件之工作，此在以前乃其正副會計長之工作，從無假手於人者，現在則美籍人員凡事均逐層下交，本身為事極少，再如待遇方面，司機已呼籲再四，職員亦叫苦不已，現在已比五年前之實際所得降低三倍，又何怪人心離散，且漸有另謀他就者乎？

師友

上午訪樓有鍾兄，對於日昨所告綸祥債權團召集會議事，希望樓兄前往與會，否則缺席亦無不可。

5月9日　星期六　晴

師友

上午，到台灣大學訪黃德馨兄，閒談紹南準備下星期六參預李氏獎學金之複試事，據云其口試方式為在一間教室內由數位教授或校外人士分別擔任，英語會話甚關重要，餘為談吐儀表等亦甚重要，今年競爭甚烈，緣去年只有文、理兩學院參加，故十餘人內即取三人，今年名額只有二人，而複試參加人數達二十人，且成績無一不超過去年之十餘人者云。又前日蘇景泉兄亦查詢校內其他人員關於複試情形，曾來相告，並云關於進修計劃可以參考以前台大所出版之英文本台大概況，余今日

向黃兄借閱，承即向校長室索來一九五五年者一本，謂
一九五六年者已分送完畢云。

家事

上午利用所餘時間到台北區合會儲蓄公司存款取
息，並詢其上月德芳申請參加標會事如何，據云尚未湊
成完全之人數，俟再過一星期可以通知云。又到市政府
福利社購買日用品等。

娛樂

下午同德芳到愛國戲院看電影「殉情記」，原名
Romeo and Juliet，為千古悲劇，數度搬上銀幕，此一
copy 為蘭克出品，由勞倫斯夏威與蘇珊仙桃合演，特
藝彩色，絢爛中有含蓄，不愧力作，中文字幕名手所
譯，亦不同凡響也。

5月10日　星期日　晴

參觀

下午到歷史博物館看溥心畬書畫展覽，氏之作品曾
不斷見過，然從未見如此次展出之精品。就幅面言，有
六、七尺以上之中堂，亦有寬不盈尺之小幅，更有三數
寸高之手卷，就畫類言，則山水、人物、禽獸，無所
不能，就畫法言，則水彩、淡墨、紙絹、工筆、寫意，
無所不包，至於書法，則一般所見多為行書，真書不數
度覯，今日則展出大小楷書與草行皆擅於一時，有琳瑯
滿目之觀焉。余今日所見之畫值得特別提及者有以下各
幅（因氏題畫多用詩，另無畫題，茲所用者就其畫意所
命者）：（1）水薑花賦，水墨小幅，清雋脫俗，自畫

自撰，（2）蝸牛賦，亦同，（3）九逸圖，工筆九馬，
橫幅，為態各異，（4）帚生菌，小幅，並題記，用燕
丹鳥白頭比擬，含意深遠，（5）沙晚脊令寒，畫雙鳥
相依，情態逼真，佈局尤佳，（6）殘荷翠鳥，蒼勁有
餘，以上為畫；書法方面則以真書正氣歌小中堂為第
一，氣象萬千，通篇無一敗筆，以次為（1）行書古柏
行，為習見作法，（2）行書淡水關渡宮天后碑，似為
臨本，（3）楷書千字文手卷，與上記正氣歌有異曲同
工之妙，（4）小楷白撰浮海賦，半月賦，霖雨賦，水
薑花賦，並以秀勁勝。

娛樂

　　下午到美國新聞處聽身歷聲唱片音樂會，為貝多芬
皇帝奏鳴曲，甚佳。

5月11日　星期一　晴
職務

　　上午同葉君到空軍總司令部接洽空軍油料之檢查事
宜，由後勤署田副署長、補給處鄧處長及油料科于科長
一同研商，余等希望赴各單位之工作於本週及下週完
竣，而南部已排在下週，乃決定明日先赴基隆，後日再
赴桃園，四日至新竹，不回台北，當日至台中，星期五
在台中，當日晚間或次晨北返；至下星期則先到台南，
然後至岡山、屏東等地，最後一日至嘉義返。上午先就
其一般機構情形加以探詢，並借來補給油料手冊加以
研閱，以期了解其全盤制度，備出發檢查時頭緒較為
清楚。

交際

　　晚在健樂園應空軍總部後勤署之邀請宴聚，在座除余與葉君外，為曾參謀及空軍方面油料有關之人員等。

瑣記

　　填本期今日世界之填字遊戲，皆甚易為，而有兩名詞不知或不憶者，一為水滸傳上石秀為拼命三郎，余查原書始知之，二為有向量，此為數學名詞，昔所不知也，而尤其應知而未知者則為杜樊川詩句，余由樊川文集內查出之，詩云：「千里鶯啼綠映紅，水村山郭酒旗風，南朝四百八十寺，多少樓台煙雨中」，題目寫出第三句，應填入第四句，此詩雖習見，而余鮮對其句文有背誦功夫也。

5月12日　星期二　晴

職務

　　上午，同葉君由空軍總司令部後勤署補給處于科長及劉參謀陪同，到基隆八堵檢查油料，先到基隆 29 及 30 號碼頭，看所用油管，此管通至桃園、新竹，桃園北為六吋徑，桃至新竹為四吋徑，將來由基至桃將改為八吋徑，桃竹之間則改六吋徑，以加速卸運之時間。此項油管乃輸運 JP-4 噴射機用油料者，係由高雄煉油廠用油輪運來者，至於其他汽油則係由高雄用油罐火車運來者。看後即至八堵油料中隊檢查記錄與倉儲情形，因只有一小時餘下之時間，故只淺嘗即止。其實中午應留基午飯，下午接至松山基地，因葉君堅欲回北，只得成行，余由此段期間所見之情形加以了解，知此處油池只為管理 JP-4 油管所運之油，至於 100 號空用油以及附屬油料等，則皆由高雄鳳山第一油料中隊補給，對北部者則直接運補松山與新竹、桃園等地，不必經過八堵也。下午續到松山基地之空軍大隊檢查油料，此大隊設油料分隊及會計管制分隊，會計方面設總收入支出帳，另用補助分戶帳，記載各存油所在如油池、油庫及加油車等之收支情形，因所採基礎並不相同，故尚須費甚多時間始可核對，附屬油料則卡片格式略異，因其種類雖多，而無法互相替代也，最後看其憑單室，抽查數號憑單，均於數秒鐘查出。

5 月 13 日　星期三　晴
職務

上午，由空軍總司令部劉參謀陪同，到桃園空軍基地第五聯隊檢查油料，主管者為地勤大隊補給中隊油料分隊，由上午九時到達後即行開始，中午留便飯，下午四時完畢。其間余所擔任為一九五七年度帳卡之審核，在制度上先求了解，已費去不少時間，蓋其所用帳卡，訂本式登記式與美式高中低三價卡片並用，詢以何油用何式，始謂主油用簿，附油用卡，洎發現附油亦有用簿者，則又云管制品用簿，非管制品用卡，故卡片所登只為一部分之附油云，至於是否實情如此，則因補給手冊上所訂甚簡，亦無從對證，只好下週在供應司令部再查矣。至於憑證方面，因另在憑單室保管，未及抽查，下午順便查其汽車集用場報表記錄等，與陸軍大同小異，有一特色，即公務用油係按月配總額分配於各使用單

位，主將油票發交各單位，在油票用完後即不復有用車
權利，故一般皆知節約，就此點而論，比之國防部之控
制派車單者又進一步矣。下午四時再到龜山油池檢查，
此地有四座每座 42 萬加侖之油池，油源全為油管自八
堵輸來者，每日以測量記錄為收發之記載，比之桶裝保
管為方便多多，但帳面與實存更不易無距離，此地存油
為 JP-4 一種，甚單純，山下另有泵浦油池一座，較小。

5月14日　星期四　晴

職務

上午，同本署葉君於八時半出發新竹，過桃園時與
空軍總部劉參謀會齊同行，十時到竹，機場在新竹之西
部，相距不遠，到達後與各官員晤面後即開始工作，因
其準備較遲，開始已近午，故下午繼續半個下午始大致
告竣。中午留在該基地聯隊部，其俱樂部甚宏敞，乃日
據時期固有之房舍，飲食休憩，俱甚舒適。下午查畢後
至竹東方向之埔頂油池檢查，此地屬於八堵之第二油料
中隊，所司者為二十四個油池，半為螺旋槳之 100 號與
115 號汽油，半為噴射機用之 JP-4 用油，前者用油罐火
車經高雄運來，後者則由八堵用油管運來。此地至八堵
間之油管乃幹線狀況，換言之，即八堵輸至中部之油必
須先輸至此地，然後由此地再打入新竹基地供用，並非
用支管先將此地存足，然後直接供給新竹基地也，此處
油池設備乃日據時期之舊，房屋建設甚堅固。

旅行

上午由台北至新竹，下午五時餘始公畢，乘自備車

赴台中，路過清水時因車上人皆欲抄近，而又不知沙鹿附近之新公路究係何情，至清水經公館舊路時，即行按指路牌左轉，已知有誤，而司機仍直前，余亦不復再問，於是乘車在沙土蔽天中又步前次檢查陸軍油料時所經路線之故轍，於七時餘到台中，其實沙鹿經大肚山之柏油路仍另有其路也，而人不之知耳。晚宿五洲旅社。

5 月 15 日　星期五　晴

職務

上午到台中市郊水湳附近空軍基地檢查油料，此地為一聯隊所在，由烏副聯隊長接待。上午在補給中隊部檢查一九五七年度帳卡，並至油料區查看，因此聯隊之任務為運輸，機種全為 C-46 及 C-47，所用油為 100 號空用汽油，機油為 1100 號滑油，故存油情形比較單純，而次序亦比較井然。由於今日工作開始甚早，故及午即竣事，午飯承留在育樂中心便餐，飯後回台中休息至二時一刻，接預定行程，再回機場由烏副聯隊長陪同到公館新機場視察，此即美軍所經營之陽明山計劃，現在逐部移交台中機場接管之中。到達後由王副大隊長先作簡報，然後至跑道及各主要建築物處一一說明，此機場面積為 64.6 方公里，跑道長一萬二千呎，地下油池正在接近完成階段，計四萬桶（每桶 42 加侖）者二座，一萬三千五百桶者三座，現在嘉義油管（JP-4）已接通，待池成即開始使用，在場逗留約一小時五十分，告辭時已四點，乃下山至清水，沿縱貫公路線北旋。

旅行

今日中午離台中，過公館神岡一帶，四時後循大路回台北，於七時半到達。中間於過新竹時略加休息並購買水果、雞蛋等事，回顧此兩日來工作時間極緊湊，僅路上奔馳亦達四百公里以上也。

5月16日　星期六　晴

家事

下午，率紹彭到聯合大樓醫務室看病，緣紹彭近來左側頭部常有偏頭痛現象，雖片刻即止，然時常發作，據稱在月前曾不慎將頭撞於樹上，未知是否此等原因，鮑醫師認為可能有關係，亦可能不重要，但為慎重計，可以到中心診所請照 X 光云。長女紹南台大畢業已近兩載，預定今秋自費赴美進修，然兩年來籌措之款項，尚只足其半數之用，前曾準備向台灣方面或美國方面借款繳驗保證金，但最近又掌握兩項競爭機會，如獲得任一，均可供自費之需要，大為減低或竟不復需要借款，其一為台大之李國欽氏基金獎學金，去年該校曾招考一次，紹南竟因該年度限文、理學院而無緣參預，今年又通知參加，筆試取二十名，業已掛名（去年之當選者第一名因故未行，今年再考已名落孫山，可見今年競爭之烈，而紹南如去年不被限制，固希望甚大也），今日前往參加複試即口試，歸後自稱不甚如意，但此等事不能憑直覺判斷，唯有靜待日內揭曉矣；其二為 Scottish Rite 所贈各學校文法學院之獎學金一名，經紹南向其學校爭取來的參加比賽機會，上星期四已參加面試，自云對答尚甚如意，參與者為台大二名、省立法商學院三名、東吳法學院二名，今日已通知定下星期三筆試，就其安排之程序言，此七人絕不致同時通知參加，故成功之希望實甚大也。

5月17日　星期日　晴

家事

紹南昨日參加李氏獎學金之口試，原以為須明日以後始可發榜，但余傍晚出外見市上所貼中央日報已載有揭曉之公告，計正取二名，備取三名，紹南為備取第三，補實之機會可謂絕少矣，事先外間傳言有謂已內定以電機系為優先者，雖屬無根之談，然口昨擔任口試之教授惟電機系有二人之多，其中評分有無偏私，固難以逆揣也，然紹南有此成績，亦大可自豪，從而自信下週之 Scottish Rite 筆試，決不致有失誤也。

瑣記

余近日由數件瑣事見出台灣社會商業之落伍性，其一為前日台中買香蕉，索價每台斤一元八角，秤後向余索三元，詢以幾斤，不肯明言，只謂應折合如許，試之以秤則九百公分，亦即斤半，應為二元七角，彼則認為應為二元八角，且自覺理不直而氣壯，余不願與理，掉頭而去；其二為今日到住宅前街側之冰塊店買冰，其時已有甚多由大塊割成四分之一小塊，余謂買三元，彼不肯予，余待至二十分鐘之久，彼始由另一大塊切下約相當於最大塊五分之一的冰塊，攜歸後德芳謂連日著兒女輩往買，皆索價三元而送四分之一的冰塊，今對余則認

為不識價而索高價且慢而無禮，能不令人發生反感，余
洞悉其情後，往與說明，望其以後勿欺人，應採公平行
動，彼無詞以對，支吾而已。

5月18日　星期一　晴

旅行

昨夜十時半乘夜臥車由台北出發，今晨七時五十五
分到高雄，分署駐高司機林炳煌來接，早點後赴台南，
午後至岡山，晚八時仍至高雄，住萬國旅社。今日本擬
住宿台南，明晨再赴鳳山，如此可使司機有報支一天
旅費之根據，但因預定於今日下午檢查之台南空軍基地
臨時改為二十一日，而將二十一日之岡山空軍官校改為
今日，而明日之工作方向在高雄以南，致不能在台南歇
宿。又今日所以先到高雄又折返台南，係因上星期所訂
計劃為本週最後一天在高雄，須於今日即行來此買回程
車票，而來程之署購車票係至高雄，其對林司機之通知
亦為在高相接，於是今晨必先到高，其實現定日程為最
後一天在嘉義也。

職務

上午，在台南空軍供應司令部檢查油料業務帳務，
此單位無庫藏，亦不自辦補給，故帳務記錄只有依據各
補給單位之月報表每月相加，經再將途中未達之轉撥數
加以調整，記入總帳內即可，至於分戶帳則依據各單位
者個別記入，故不表示未達，從而與總帳常有差額焉。
下午在岡山檢查空軍官校修護補給大隊補給中隊之油料
與車輛中隊之集用場情況，三小時而畢，並查看其油池

設備，有日據時期所遺二處，每處三池，每池二萬五千
加侖，地下掩蔽，地上水塔，極好，另一處為新建地面
上者，三千萬桶。

5 月 19 日　星期二　晴
職務

　　全日在鳳山步兵學校內空軍第一油料中隊檢查油
料，此處儲藏設備範圍遼闊，到達時先視察油池區，油
池坦克均坤藏於人造山洞內，每洞共五隻，每隻八萬加
侖，凡二十洞，以一小時餘之時間，只看過七、八洞，
此處作業完全為 100 號空用汽油與 JP-4 空用汽油，操
作用泵浦，存量不能容時，則石油公司煉油廠、左營油
池、高雄港油池（借自海軍與石油公司）皆可暫儲，此
外他用汽油則只分配與記帳，裝罐與發出皆由陸軍楠
梓油池代辦，此地二種汽油遇需要裝罐時，亦委託石
油公司辦理，至接濟南部 JP-4 全用油管，北部則用油
輪，100 號汽油則用油罐火車，滑油等均在台南分隊辦
理云；繼即檢查帳務，發覺一項問題，即因石油公司量
尺小於此處油池，故每次煉油廠輸來鳳山之數量必有虧
損入帳，為數累計可觀，自 57 年度至今，未有改變，
經將其數目加以統計記錄。同時工作之葉于鑫君謂此
次查油應擇其漏洞發掘，俾報告時得以有所應用，且
1957 年度已時過境遷，不必注意，余因此次工作原為
查 1957 年度，彼偏於現在情形，余不能不獨任 1957 年
度，彼由現在情形中發現一項量油溫度換算問題，得意
非凡，忘形而有此論，余正告以 57 年度焉可不查，且

不由全面何以發掘隱藏之缺點，彼始唯唯，此人處事只知有己，大抵類此。

5月20日　星期三　晴

職務

今日預定日期為檢查第二油料中隊之第二天，因雨天時間太多，乃將應在明日舉行之屏東機場提前於今日辦理。上午九時到達，與宋副聯隊長談話後即到補給中隊開始查核 1957 年之帳目，葉君則查現在，因彼先行完畢，自行前往勘查油庫，余亦於三分鐘內完畢，另車隨往，實甚匆促也。此次出行，余因葉君在署年限較久，故事事客氣，以彼為主，但彼並無一定安排，只臨時以意為之，有時遷就配合，即感為難也。中午在屏東應邀在三聯隊所辦鶯聲俱樂部吃飯，飯後到左營與高雄港勘查第一油料中隊所屬之油池，前者為借自海軍，有一現在軍中最大者六萬美桶量，後者為借自石油公司，每個三萬五千美桶，此處油池林立，聞有一最大者在建築中為十二萬美桶云。

意外

在左營勘查前，先到高雄港，此地油池外面有水泥牆（防火用），牆有小門只半人高，下有台階，進入時余在葉君之後，前面無視線，不知此牆之厚度非一步可以跨過，於是前額髮際撞於頂部，當時有擦傷，腦震不烈，但至左營時，即甚感疲倦，眼球轉動吃力，視線未變，休息約一小時，回旅館臥床三小時，略無異狀，當不致有內傷，出外用餐時仍覺疲倦，未肯多食，但味未變，夜睡甚安，相信無內傷也。

5月21日　星期四　晴

職務

上午，到台南第一油料中隊台南儲存分隊檢查油料，此地為空軍所有之附油存儲地點，全部記錄皆用卡片，其與主油之劃分，只為一種傳統上之原因，此處附油本歸油類外之軍品供應單位管理，及後併入油料中隊，其範圍依舊，故油料中隊所管者亦有附油，而皆用登記簿管理，此處管理者則亦為附油，則用卡片，推而至於各基地補給單位則登記簿與卡片同時並用也，又此地雖為分隊，而報表則自成系統，與油料中隊各各彙編所管之油而填報供應司令部焉。下午到台南基地空軍第一聯隊檢查油料，首先由副聯隊劉尊開車陪同巡察油池一週，並多見數種飛機，如 F-100 噴氣機，口扁，較 F-86 更速，可超音速，如 C-119 運輸機，運量大於 C-46，尾部兩方相連，主要用於空投，燃料油用 115 號汽油，現為美軍所有，至於油池方面，以 JP-4 油為主，而代貯 115 號汽油，因 C-119 用油較多，故存 115 號油量亦甚可觀。看畢後即檢查 1957 年記錄，此地有一特點，即支出方面多數為墊撥美軍（機場有美海空軍飛機駐在）使用，在三軍油料月報表上填入轉撥欄並註明為美軍，以憑空軍供應司令部向總部轉向美方結帳，有時美軍亦有繳還者，則作為新收（表上只有此一欄），亦加註明。

5月22日　星期五　晴

職務

全日在嘉義空軍基地檢查油料，上午因到達較遲，且該聯隊似乎事前未有充分準備，乃於略談後即行由修護補給副大隊長陪同視察油料設備，此基地有一特點，即所有油池全在機場以外，尤其大部分相距遙遠，小部分則接近機場邊緣，至於油車加油則須在場內有三座油塔抽運裝油，據云只有警衛方面感覺不便，在加油作業方面須以油管操作，與在機場內者則無何區別，優點在於可以分散防空目標，且分散火災危險云；看完後繼續檢查帳卡記錄，其所採用之方式與其他基地略同，缺點為在45年度時間存量管制記錄全無，似不注意於此，又帳內所記收入欄由於油車繳回之油料為數極多，筆數亦繁，其據以編製之三軍油料月報表上收入數一欄由於繳回而發生之浮列，自更為可觀也；中午在其餐廳便餐後，在大隊長室休息至二時繼續工作至四時，全部完畢，在核對憑單時發覺有一憑單號數使用兩次，但帳上雖有二筆，其中另一憑單何在，則至余等辭去時尚未查出，亦可見此種憑單另外保管制度與帳簿記載脫節之一斑矣。

意外

在嘉義空軍基地工作時，其臨時所用之高大屏風，忽為大風吹倒，適落余右肩，未中頭部，為此次繼星期三之又一次驚險，事後見只撻紅而未破皮，亦云幸矣。

旅行

下午乘柴油快車回台北，六時嘉義開，十時五分到達。

5 月 23 日　星期六　晴
瑣記

　　兩月來所查之三軍油料收支管理情形現已大致告一段落，只待會同葉君整理資料撰寫報告，兩月來因與軍方人員不斷接觸，對於十年來一無所知之軍事機關演變情形，多有全然不同之觀感，茲抒拾數項如下：（1）現在軍中裝備除服裝與餉糈而外，幾乎一草一木皆為美援，因軍援掌握於美國軍援顧問團，故派駐於各單位之顧問，實權遠在部隊長以上，而部隊長之重視有關美援人員，亦全由此觀念演變而來，此等情形充分顯示現在建軍之倚賴性，而戰略根據政略之基本軍事原理為不存在也；（2）現在軍人待遇低下，食住皆陋劣不堪，僅服裝尚無礙觀瞻，然裝備現代化，不但國內工業基礎全不足以為軍事根本，即最低限度之軍人生活亦無財政條件可以支援，故當前之軍事力量尚不足以語不拔之基也；（3）飛行人員以優越之技術，不但大勝大陸匪共且特技表演，揚威海外，然飲食惡劣，營養不足，雖高定伙食每月四百餘元，余等嘗試之下，不過爾爾，尤其恐攜回與妻子兒女共享，限制營內用膳，在心情上豈無悲涼之感，此等情緒上之鬱結，設非賴光復大陸一線信念為之抵消，試問其將何以排遣乎？凡此皆使旁觀者覺當前種種問題，殊非如皮相所見者之簡單也。

5月24日　星期日　晴

參觀

　　偕德芳及紹寧、紹因、紹彭到植物園觀初夏景色，在荷塘之邊，見一片新綠之荷葉與點綴其間之早開荷花，微風吹來，香氣沁人心脾，洵可樂也。又至塘側歷史博物館看溥心畬氏畫展，此為第二次，與上週所見展品略同，僅玻璃櫃內所置臨行隸二十六幅為新增，包括宣氏表，曹全碑，撰及寫之楷書新竹文廟碑，及蠟紙臨書譜長卷，皆為精品，尤其書譜形神絕似孫過庭原跡，余初不信為溥氏書，適溥氏在場，詢以筆紙等事，始知果溥氏所作，余由此更知溥氏之書法固無所不包也。至於今日重看多件，題跋並佳者擇記數則：（1）題水墨雙鉤竹：碧水泠泠月上時，秋風零落滿階墀，晶簾夜捲寒無影，碎玉清聲舞鳳枝；（2）江南雪：江上猶飛雪，林邊鷥已啼，寒梅開且落，籬外草萋萋；（3）大幅山水：遠林隱霧秋將雨，暗壑飛泉晚欲風；（4）秋山大幅山水：登高望雲樹，臨溪濯塵纓，迷陽紛歧路，幽蘭逐澗生，我生非焦芳，安能灼復榮，飛泉鑑松色，泠然琴上聲，嚶嚶擇林鳥，可以慰吾情；（5）題畫特勝書法者為：蓬壺山色玉樓台，珍水平池漲碧苔，一樹梅花滿天雪，深宵疑有鶴飛來。又有特作與全部不同者為所畫工筆變葉木，設色極佳，寒玉堂千字文，乃自撰者，出之以楷行，亦稱雙絕。余詢溥氏以所用筆，云皆兼毫，紫毫不常用，然正氣歌楷軸則紫豪為多，餘亦有用狼毫者云。

5 月 25 日　星期一　晴

職務

　　十餘日來出勤，今日起又回至辦公室辦公，上午
照料在此期間所發生之照例公事，並預備十餘日來之
旅費報銷表，所謂例行公事者只一件，即已經數度屬
稿之 1957 年度退除役官兵 Interim Hospitalization 計劃
之 Follow-up Audit Report，此稿反覆數次，A. W. Tunnell
終不同意，直至此次始同意，且認為甚佳，此人挑剔
多端，然肯云甚佳，殊不數觀也，此報告已經印好發
出，原稿應與印好之副本一併訂入 Working File，然未
見有原稿，詢以劉允中主任，云已交辦理事務之歐陽
女士，詢之歐陽，則謂 Second Draft 打成後，以為原
稿無用，照例撕毀矣，余謂原稿本身並無關係，只因
原稿附有 Comparative Statement of Budgetary and Actual
Disbursement，本附於報告後作一附件者，後改為不附
報告而在報告內聲明為 Available in Controller Office's
Working File，今報告內既不附，卷內又不見，實為欠缺
也，幸此報告為 Satisfactory，此卷歸後或不復有再查之
機會矣，故亦無何關係也。下午為劉允中主任核閱會稿
之 Project Agreement 一件，與 PPA 內所列計劃完全相
同，故無何 Comment，只云擬予以會簽云。查閱以前
在筆記簿上摘錄之有關資料，多已不復省憶，頗有溫故
知新之效。

5月26日　星期二　晴

職務

　　繼續整理兩月來所查 1957 年油料帳目之空軍部分，業已整理完畢，將其中所含之問題事項用紅筆畫出，並另用小紙寫出，以備參證，而收提綱挈領之效，由今日之整理工作，發覺有若干疏忽之事項，其一為在查某單位時發覺另一有關單位須互相核對之事項，但因另一單位已經事先查過，未注意其有同類問題，已不及再度往查，於是成為懸案，只好不復採取，予以放棄矣；其二為在赴各單位時未能時時注意各級機構之英文名稱，在整理資料時有時需要引用，意譯未必恰當，此為一開口之勞，在若干場合已經注意及之，但仍不免有若干疏漏，例如葉君今日譯海軍供應司令部為 Navy Logistic Command，乃仿自陸軍，余查出曾記下其正式譯名為 Naval Supply Command，但葉君又問海軍軍區司令部之譯名，余則亦遍查不到，只好待以後再向海軍總司令部查問矣；其三為空軍各單位所得資料比較的最為詳盡，葉君亦然，而不知其故，余則以為乃由於此次查核油料，完全為無絲毫過去經驗之舉，自然愈久則情形愈熟，自然可以獲得較多之資料，不若開始之時一切茫無頭緒，盲人瞎馬，其又何能免於亂摸亂找之弊；其四為有若干紀錄與索來之表件樣本未能放置一起，結果因不及裝訂而有拆散之弊焉。

5月27日 星期三 晴有陣雨
職務

從事於 1957 年度油料檢查報告之整理資料工作，因若干資料涉及評價問題，故再度對空軍與陸軍有關法規加以研究，又因報告重點之認定，對於前次靳綿曾君所作 Follow-up Audit 之文字內容再度閱讀，尤其對於該報告送顧問團會稿時所引致之長段 MAAG Comments 加以詳細之研究，此項 MAAG Comments 之內容對於軍方所尚有待於加強與努力者，列舉頗詳，余在參加此次檢查工作之前雖曾閱讀一過，然印象模糊，泊今檢查又作告一段落，再回顧此一段文字，乃倍增親切有味之觀感，惜乎在檢查過程之中，未能隨時懸為重點，以致有若干應加注意之點實際上未能十分加以注意，不無遺憾。又關於報告內容，此次雖尚未寫成，然因余與葉君皆為帳務方面之人員，預料將側重會計記錄之分析，帳卡缺點之列舉，數字記錄不合理處之指摘，此為以前報告及 MAAG Comments 中並皆缺乏者，反之，以前報告之對於實務方面之敘述，亦為余等所不能做到者。此外又在舊卷內翻檢有關油料之記載，包括自一九五一年以來之資料，惜皆為片段不全，然大體上看出處理方式年來之演變過程，而其中又有一張美孚公司所印發之機油擇用常識，言簡意賅，於機油、潤滑油、剎車油，皆有提及。

5月28日　星期四　晴

職務

回至辦公室後零星事務即有漸漸加多之勢，今日所從事者即為此等事務，其一為五九年度有一 General Training Project，其中包括數個 Sub-projects，曾於上週將草案PPA送來會稿，經余審核後簽註送出，但此件經過劉允中主任與 Branch Chief A. W. Tunnell 轉出後，即不知去向，今日又重新送來，係 Program 部分重擬之件，雖知其大同小異，但不經過審核，又不便即行簽註意見，於是根據有關資料及算法重核一過，即行送出；其二為新近送出之 1531 號查帳報告，所查Job Training 與Placement 兩計劃，美援會將退除役官兵輔導會聲復之函件轉來，其中答復事項雖甚詳細，然未按查帳報告之順序，美援會亦無英譯本附來，余乃不得不就其來函內容按查帳報告之順序加以分析對照，用英文寫成對照表，將該會所述各情與本人意見一一列出，提供 Tunnell 之研究，由此工作過程中發覺退除役官兵輔導會完全不將事實加以認清，只貿然請免於繳還，所持理由驢嘴不對馬唇，殊可哂也；其三為退除役官兵輔導會之查帳工作本由余與胡家爵兄擔任，現在胡兄赴美援會，而 Follow-up 則硬行指派現在之曹嶽維君擔任，曹君對於各情完全茫然，乃不能不詳細向余詢問焉。

交際

晚，張中寧兄在寓宴客，余與紹南應約往，另有客人十餘，以湖南人為多。

5 月 29 日　星期五　雨

職務

　　上午，因昨日分到會簽之 PPA 等案有一件註有加速字樣，乃於開始辦公時即提先先辦，及一展觀，知為一件 Project Agreement 之 2nd Revision，三日前余曾核過其 1st Revision，憶及其內容與當時之卷存 PPA 2nd Amendment 內容相符，如此短暫時間內不致另有 PPA 3rd Amendment，為證實其情，仍先查卷，果然無此 PPA 3rd Amendment，往詢業務部分，管 Local Currency 之蘇君不知，管起草 PPA 之田君謂似乎在另一 Office，余往詢此另一 Office 之 Norman Wood（中國人），竟往查無結果，歸詢 Miss Parker，竟又往各處搜詢始行詢到，乃交余將此件與 ProAg 併案辦理，余見其此次修正為增加一個 Sub-project，其中在 Financial Plan 之預算，只列一項總數，乃簽註意見，在未將詳細預算送經核准以前，此 PPA 及 ProAg 雖會簽亦不得支付援款云。下午將 Tunnell 退回重新整理之 Audit Report A-1550 RETSER Hospitalization 1958 年經費重加整理，重要者為重製其後所附之預算實支比較表，此表在 Tunnell 初來時將原有格式之分為 For Acceptance 與 For Non-acceptance 之二欄者加以變更，將 Non-acceptance 數目寫於註內，現在又覺今是昨非，囑表內仍加 Non-acceptance 一欄，真可謂出乎爾反乎爾者也。

5月30日　星期六　雨

師友

上週在余出差南部期間，隋玠夫兄曾來約到飛機場歡迎劉振東先生由美回台，因余未返，以致不果，今日乃到新莊劉寓探望，至則適劉氏正在赴車站搭車來台北之途中，乃一同搭車返北，途中見告在美數月甚為順利。劉氏談在美一般觀感，認為大體上與三十年前在美留學時情形大同小異，尤其建築方面，多有數百年壽命，今猶依稀如昨，在社會方面則社會安全制度之功效甚偉，此乃社會安寧秩序之最佳保障，又北部黑人地位大為提高，習慣上工商業皆按比例的予以僱雇云，劉氏回台後仍對於其律師業務興致極高，且自訂守則，一不辦無理案件，二不辦桃色案件，三不辦零碎案件，所辦者皆因特殊關係而來之公營事業為多云。上午，關文晉氏來訪，談其婿薛立回港事尚無眉目，現在內政部對於華僑投資人員之兵役規定已大為放寬，且認為可以放寬，但出境證發給機關則依據台灣省之單行規定，認由港澳來台者並非華僑，不能適用，現在須等候上級機關之解釋，又恐此項根據不夠充分，又在高雄以申請更正兵役年齡方式出之，亦尚未知有無結果，鑑於夜長夢多，有意仍在此先行謀事，以免曠日持久，並託余代為注意云。

5 月 31 日　星期日　雨

娛樂

　　上午，率紹因與紹彭到介壽堂看大鵬劇團兒童班平劇公演，所謂小大鵬是也，計平劇四齣，因皆為片段，故歷時只二時一刻，首為黃金台，劉莉莉飾田單，馬九鈴飾伊立，平平，次為彩樓配，嚴蘭靜飾王寶川，唱工極穩練入耳，身段亦佳，可造之才也，三為小放牛，鈕方雨飾村女，李金和（非童伶）飾牧童，二人舞姿均極出色，唱來小妮妮動聽，末為白水灘，張富椿飾十一郎，康炳銓飾青面虎，嚴莉華飾徐佩珠，夏元增飾抓地虎，搭配與武打皆頗收配合緊密之效，排練有素者也。

瑣記

　　余平時所閱報紙凡五，一為中央日報，二為台灣新生報，三為香港自由人報，四為國語日報，五為英文中國郵報，因日間全用於辦公，閱報時間甚少，僅涉獵而已，尤其對中國郵報多只看標題，遇有不識之字，多係放過，卜次再見此字，仍然不識，自此次出發檢查軍用油料，對若干軍事機關名稱不甚知曉，始知平時過於馬虎，例如陸海空三個供應司令部之英名，完全不相一致，稱 Army Logistic Command、Naval Supply Demand 及 Air Service Command，不能望文而譯也，又如十三航空隊為 13 Air Task Forces，該隊特遣隊為 13 ATF Provisional，又有美軍台灣巡防艦隊司令 Taiwan Patrol Force and Fleet Wing One，現皆由報上審知也。

6月1日　星期一　雨

職務

　　將陸軍部分之用油情形各底稿加以整理，並將該底稿內所記可以作為問題加以提出之點，用一草稿加以開列，寫明單位名稱及問題所在，以備再加排列，得以引證，此項工作距出發查核時已兩月，幸在繕寫此項底稿時，已充分注意條理及詳略等項，現在重閱，尚免於有不知所云之弊。自上月十七日起請假手續已經重新規定，凡公假（Annual leave）不逾五天或病假（Sick leave）不逾三天者，只須在 timekeeper 之登記簿上記明加以簽字即可，廢止前所訂定之空白請假單，但 Audit Branch Chief A. W. Tunnell 又發出一項通知，為便於接頭之行政理由，改為仍須填寫請假單，所不同者即不限定用印好之格式而已，此事與以前通知之旅費傳票情形相似，蓋以前 Audit Branch Chief 為 John Gould，其時 Accounting Branch 無美籍主管，Tunnell 來時，Gould 調 Accounting Branch，彼本為 Certifying officer，而 Tunnell 不能再同時為此項 Certifying officer，因而彼不能在簽字時連帶的知此項傳票內容，乃以行政理由規定此項傳票在領款人簽字後須先送彼簽字後，然後再送會計 Branch，此二事之意義殊相類也。

6月2日　星期二　雨

職務

　　整理油料計劃查帳底稿之空軍部分，用與陸海軍相同之方式將準備提出之問題加以臚列，以便再行分類提出之，完畢後即開始寫陸軍部分之有問題事項，用英文將各事項之同類者歸在一起，然後將有同樣情形之單位加以列舉，寫好後即交之同時工作之葉君，將與彼所摘出者匯入報告內，其中亦有細小而無納入報告之必要者，則亦加以寫出，蓋因全部原始工稿為中文，有此一英文之綱領置於 Working File 內亦屬必要也。

師友

到台灣銀行訪趙榮瑞君，道謝其弟由美回台贈送用物，並託為購買 Vitamin B Complex。

交際

晚到鐵路招待所應修誠、郝遇林二兄之約吃飯，到者皆為在革命實踐研究院時之經濟組同學，且有當時之副主任李壽雍氏，李氏今日為六十壽辰，乃有公祝之舉，席間笑話連篇，有譏諷民意代表者云，昔某某國大代表、監察委員及立法委員相晤，代表云識一巨人，足地而頂天，可謂大矣，監委云，彼所識之巨人臥於地球，背在地而腹摩天，其更大可知，立委云，此何足奇，彼所識之巨人，下唇在地而上唇在天，二人問此何可能，立委云，好吹者不需有其他部分，只有兩唇足矣，聞者哄堂，至十時始在大雨中散席。

6 月 3 日　星期三　陰雨

職務

續寫油料查帳工作之整理後英文要點，已將陸軍與海軍兩部分寫完，大體上甚為周備，但因寫作時所據之資料全為中文，難免有若干翻譯工作，因而特別

浪費時間云。校對上週所作之 Audit Report No. 1550 即
FY1958 Interim Hospitalization 之最後 Draft，及上週已
經定稿而將草稿打成文件之有關 Audit Report No. 1531
之 Job Training 之退除役官兵輔導委員會意見，分別送
A. W. Tunnell，蓋Jack Liu 本週參加外務工作，不來辦
公也。

師友

　　下午訪邵光裕兄於台灣銀行，詢問留學生繳納保證
金以何種券幣為宜，邵兄亦不全知，問外幣存款主管
人，據云如繳外幣匯票有時須加以託收，曠費時日，不
若直接以美鈔為宜，余詢邵兄買入外幣時，彼云可以代
辦云，按外幣依法禁止買賣，但政府規定留學生出國須
以原幣繳存，玩法者出之於執法者，殊可哂也。

交際

　　晚，到台灣銀行參加革命實踐研究院聯一期經濟組
聯誼會，聚餐而後即改推召集人為趙聚鈺、趙才標，並
由參加日本佛教會議之丘漢平與王泰國，指導黨務之毛
松年分別報告，均有極佳之內容。

6月4日　星期四　晴

職務

　　續寫查核油料準備納入報告之資料，今日為空軍部
分，尚只完成其過半，此段較為費時，因對於其存量管
制之制度全盤加以描述也。

瑣記

　　上月在台南四春園曾住宿一夜，在其大門左側近馬

路之樓上，今日署內同人談及以前該室曾有女客自縊而死，余向來不信此等事，且晚間獨入暗室亦向無恐怖之感，但此次在四春園該晚十時由外回該室時，於上樓時獲見該室沙發，模糊中似有白衣背影，稍一定視，即又不見，余亦認為係馬路上反應而來之電光，但當時確曾一怔，今日聞有此一說，乃深異當晚果有異象也，記此以備一格。

師友

上星期關文晉氏曾來託為其婿謀事，余憶李俊杰兄曾託物色會計人員，當日即備函基隆李兄相詢，今日接復書，謂早已用人，不復可能矣，又李兄曾允為余介紹數家漁行為會計顧問，當將空白顧問證書寄去，託其酌辦，今已亦閱月矣，渺無音信，原意此信去後彼對此事亦應有一解釋，而結果則全無，今日交友能受人之託，重人之事，固屬罕見，即自己允人之事，亦往往事過境遷即置諸腦後，余年來對此等事固已司空見慣，已不覺其奇也。

6月5日　星期五　晴

職務

繼續撰寫 FY1957 POL Project 之報告素材，今日所寫為空軍部分之後半，及不屬於三軍之機構，如國防部、聯勤總部、憲兵司令部等。其中有一較為富於技術性之問題，略費筆墨，即記帳之收支兩欄，應各有新收轉收、實耗轉付等分別，而在 FY1957 年度時，支出方面之劃分為二尚屬清楚，收入方面則只有海軍方面尚屬明白，陸空軍則均甚模糊，甚至國防部所定三軍月報表格式，亦只有收入一欄，不分新收與轉收，一律記入，同時設有來源欄，審核表件者完全有賴於看其註腳定其屬性，此點大值得改進也。

瑣記

　　年來所用奶粉係以金山牌（Golden State）與市上救濟物資之脫脂奶粉各半混用，此金山牌奶粉近來市上有三種貨色，分別產自美國、荷蘭及瑞典，美貨最貴，約高出四成，瑞典最廉，荷蘭居中，即所採用者，此貨有荷蘭字樣，其他兩種皆寫明美製，只聽式有別而已，在空軍福利社見有五磅裝，索價照荷蘭，而謂貨係美製，余懷疑其事，數日無結果，今日在他店果見同樣之貨，云係瑞典來貨，價比空軍福利社低出甚多，此疑團頓時告釋，甚矣，商業道德之欠缺也。

6月6日　星期六　雨

師友

　　上午，到教育部訪沈任遠兄，雖係預約，然適沈兄不在辦公室，候半小時亦不至，乃留字云，小女紹南係去年自費留學考試及格，並取得留學證書，另照例有教部致外交部公函請發護照，尚未領到，據云依規定係先繳保證金然後始能發給，惟紹南現正申請之獎學金已有九成把握（日昨 Scottish Rite Taipei Bodies 來函致紹南，為致賀其獲此次甄選之英文第一名，請於下星期一來該處商洽如何安排此項研究工作，是證明已等於取得此項獎學金，但尚未正式以此名義寫入函內，故不能謂有十

成把握，其實已不至有何變故，蓋第一次口試後通知四
名參加筆試，已經淘汰一次，第二次又以筆試方式再度
甄試，諒不致再有第三種考試也），為爭取時間計，希
望能立即進行申請護照等項，聞台大學生云，教育部對
此事不乏通融之先例，然則請轉洽國際文教處，後日上
午當以電話奉詢云。上午，到台灣大學訪黃德馨兄，探
詢其此次考取五名李氏獎學金前四名之動態，以為紹南
能否在第五名有候補希望之判斷，黃兄對現情並不深
悉，余乃託其隨時注意云。

娛樂

晚與德芳到介壽堂看平劇，由藝校與大宛劇團合
演，李居安之青石山，刀馬可浩之才，李命棠失空斬，
甚穩練，大軸為名伶現該校教師梁秀娟之梁紅玉，武功
身段均佳，唱較弱。

6月7日　星期日　雨

家事

上午，表妹婿隋錦堂來訪，談月前余曾託其函刻間
在美之隋洪林君，詢能否為紹南赴美保證金作千元左右
二、三個月之周轉一事，久久不接復音，上週另去函
催，諒不日有所答復云，余告以此事本只作萬一之準
備，蓋紹南所請之台灣大學李氏獎學金雖列於備取第
三，似尚未完全絕望，而 Scottish Rite 方面已經有九成
把握，如有此數，即可不必再行借款，大約下週內必見
分曉也。

娛樂

上午，率紹中、紹彭到介壽堂參觀空軍總部大鵬劇團童子班演出，凡戲三齣，首為雙獅圖，即舉鼎觀畫，費時最長，演薛蛟之小生與演徐策之老生為兩主角，然表現皆極平平，反之演書僮者之尹來有神氣活現，為一有希望之文丑也，次為鈕方雨之拾玉鐲，似非其所工，成績不如上星期所演之小放牛也，大軸為張富椿之界牌關，盤腸大戰，開打頗精彩，此劇費時亦頗長，配搭亦佳，綜觀其戲碼不若上次，上次尚有青衣正工戲，今日則鬚生殊不若，花衫亦平平，大鵬排戲常有省略唱工戲，只取武戲之習慣，大班小班皆如此也。

體質

自上月出差高雄，額頭被石庫門所撞，數日後即覺視力遠不如昔，現已兩週有餘，情形未見改善，諒此種碰撞確對視力有影響也。

6月8日　星期一　晴

職務

上午整理兩月來所查 1957 年 POL 計劃之全部工作底稿，按陸海空三軍與國防部及其直屬各單位之次序加以排列，每一類中按其機關之屬性分別先後，每單位中又將所寫 work paper 居前，由所在單位取來之資料附後，另按三軍次序列一目錄，以便知其先後次序，此項整理工作歷時三小時始畢，分量極多，裝成一本已覺過重云。自本日起至月底止余之 assignment 為核閱送來核稿之 PPA、Application 及 Project Agreement 等項，下午

即行開始工作，原定葉于鑫君亦為此項工作，但因臨時
參加其他工作，乃由余一人任之。

師友

晚，趙榮瑞君來訪，談託買之 Vitamin B 已經買
到，並經送來，又談及在外匯貿易審議委員會擔任審核
西藥進口之辛酸苦辣，可謂一言難盡云。

家事

紹南參加此間 Scottish Rite Taipei Bodies 之獎學金
競試，應約於今日前往作第三度之接洽，據云今口只通
知二名，其中另一名為備取，論成績無出紹南之右者，
目前此間之手續幾已完全做到，考試英文乃由美國大使
館之主管領事擔任，故事實上等於已經提先簽證，目前
須等待者為 Scottish Rite 須根據此次考試之結果向預定
研究之 George Washington University 申請入學許可，此
事諒事先原則必已有決定，此不過送核當選人之個人資
料而已。

6月9日　星期二　晴

職務

續辦關於 PPA 等之會簽先核工作，今日共交卷三
件，其中有二件為中信局所負責之精美印刷雕版計劃，
一為 PPA，二為 Application of fund，余對於該 PPA 發
覺有漏洞，在於 1958 年本已在PPA 上註明次年度不復
需款，但此項 1959 年計劃則於1958 年未用款重新計劃
使用外，又乘機增入新開支數筆，且有為違反 SOP 之
支出，余乃根據此點，主張新開支不許加入，送之代理

劉允中主任之徐松年君核文，彼又核閱一過，認為須加
入者又有三點，經說明後，始知並不重要，乃未完全加
入，只將 PPA 內之自備款計算總數前後相差五百元一
節加入，其實余非未看見，只因近於瑣碎，故不涉及，
孰知徐君以瑣碎著名，往往在小處挑剔，以賣弄小聰
明，余在二、三十歲時亦犯此弊，今則遇事不願在吹
毛求疵上下功夫，不料與徐君宗旨不合，甚感枘鑿之
苦，又徐君有一習慣，在他人正工作時喜來插入研究談
論，往往使人不能安靜考慮，但因其瑣碎作風適為 A.
W. Tunnell 所喜，私心或引為同道，故徐君適被不次提
升，其作風之變本加厲，恐更將可觀也。

師友

託沈任遠兄探詢之紹南留學生未完手續事，今日已
通電話，據云日內將通案發出，不必單獨交涉云。

6月10日　星期三　晴

職務

今日工作仍為對於 PPA 等之簽註，今日辦完兩
件，一為社會處所辦低價住宅計劃之花蓮特別核定
部分，此一計劃之 PPA 早已核定，現在所送來者為
Application，其中美援會信云，原核定為壹千壹百三十
萬元，另有一二十萬元之計劃決定取消，併入此計劃
內，成為 115 十萬元，但依照每棟貸款不過半數及最高
二萬五千元之規定，業務部分另行算出一項最高額之總
數，只為一千一百餘萬元，比原 PPA 所定最高數並不
為多，故雖 PPA 尚未修正，依此原則固無礙也；二為

僑生計劃，此計劃最亂，以 Sponsor 言，有教育部與僑委會，以用款單位言，有數十家之大中學，更依用款方法言，則預算所定項目亦有十餘項，而申請用款復以學校為單位，余今日核其 Procurement list 與 Construction plan，又只為其中之數家，過去已經核定者亦有數家，余又為第一次接觸此項計劃，欲明瞭前後經過，僅看卷即耗去半天時間，最後大體上認為可挑剔者只有女子師範之購買表上散數與細數不符，台灣大學則前次房屋修理費未奉核准又改為設備費，只好予以核准矣。

瑣記

今日為夏曆端午節，中國政府機關下午提早散值，安全分署則全無通融，余於晚間過節，全家飲啤酒汽水，諸兒女均漸漸長成，然於過節仍有興趣也。

6月11日　星期四　雨
職務

今日繼續辦理 PPA review 工作，此事並非十分複雜，但因劉允中主任公出，代其事者徐松年君，此人以瑣碎名，余以前數度聞云，此人做事過分精細，或云與此人長期合作殊不易易，因余兩年來均係派外工作，尚無事實可證明，現在則具體經驗之矣，此人之作風為核他人所為之事時，必須將原始資料重核一道，將原核人之所見較少問題而放棄列舉者，亦前來提出討論一次，其實亦無歧見，只在賣弄，又喜在字眼上推敲，表示既核閱他人之件，決不能無條件同意，而所改又事實上並無必要，渠今日與余論教育部僑教援款時，所提問題眾多，而又無一成立，余知其作風如此，故在其提出問題時皆表示無意見，可以改變，彼反而自行打消其問題，反之必將堅持其一偏之見，執偏以眩全矣；又余對此種會稿工作之基本見解認為只須從大處著眼，少數疏漏之處只須未造成款項上之損失，即可不必多所置喙，然彼之目的不同，務須想盡方法的挑剔表示高明，無大問題亦須找出小節予以留難，如此態度對主辦部分將為最易引起反感之事也；最近徐君之作風由於在外人 Tunnell 之支配下而益甚，Tunnell 之作風與彼相似，彼乃變本加厲，余深自慚愧，行年半百，猶不能遇事一笑置之，常思作色，或與爭辯，誤矣。

6月12日　星期五　晴有陣雨
職務

繼續從事於 PPA 之審核工作，Audit Branch 共有九人，內三人公出，二人公假，所餘四人幾乎全用於此項工作，現任之 Branch Chief A. W. Tunnell 本以錯綜支配工作為得意之作，而代理劉允中主任為之支配工作之徐松年君則善於揣摩，在分配此項來件時，亦將同一屬性者分之不同之經辦人，使各人對於該案之 Background 均需花費無謂時間加以了解，例如僑生計劃案內一個 PPA 包括十餘學校，均個別送遞其 Construction Plan 或 Procurement List，前日余接到一個，次日李君亦接到一份，余不知其另有用意，請李君交余併辦，李君斟酌後將原件退徐君，徐君果交余，迨余果然併成一件，渠又云須作兩件簽辦，此等無味之小心與反復之作風，殊令人不解其用意，迨昨今兩日余又知此同類之案件又分之於曹、葉二君各一，余始知其為有意出此，意在迎合 Tunnell 作風，深悔當日之多事也。

師友

對於先志中學同學公餞李祥麟兄事，已展開籌備工作，下午趙石枕兄來訪，作初步之商討，第一決定約請參加之人數為台北、基隆全體，主方約有八人，客方則為崔唯吾、張志安、歐婉如三先生及李兄夫婦，地點假定為美而廉，時間則待與李兄當面商量。今日又以電話與張積敬兄聯繫。

6 月 13 日　星期六　晴

師友

在台之煙台先志同學已商定為李祥麟兄餞行，但日期不能確定，余於今日上午往訪，請其酌定日期，因約其夫人一同參加，故日期約定稍後，定於二十二日星期一舉行，蓋其原定行期為二十三日，其夫人所任彰化女子中學校長一職已向教育廳請辭，教育廳允在二十三日以前有所批答也，李兄原定一人前往南洋大學，現在則決定全家移往，由於香港船期不易銜接，故將原定之二十三日成行又改為三十日動身云。

瑣記

國民大會代表全國聯誼會由於發動各省市代表分別集會，交換對修改憲法之意見，獲致結論為多數贊成修憲，為見諸事實之予以促成計，決定成立五個研究組，分章對憲法修正意見加以發揮，徵求各代表願參加之

組別，余因目前問題似在以臨時條款方式避免全面修改
憲法，此實問題之焦點，故決定參加第五組，即討論憲
法施行修正等程序與臨時條款問題云。去年買香港衫一
件，確記在置放夏服之箱內，但今日遍尋不著，甚至開
皮箱搜尋，依然無影無蹤，最後始猛憶曾於上月出差南
部時置行篋內，但事實上未能用著，歸後即原封未動，
開箱視之果然，記憶力之衰退，真可驚人也。

6月14日　星期日　晴

師友

上午，李祥麟兄來訪，據談至此地附近之福州街訪
教育廳長劉真，探詢其夫人辭職繼任人選以便交代事，
但劉已外出，今日又無法尋到，余認為最好尚為由彰化
就近赴台中教育廳面洽，劉如不在，仍可與其主管科秘
接洽，總不致得不到消息也，李兄亦以為然。

交際

晚，在台同學數人在鐵路局招待所公請劉鐸山先生
及夫人並其大三兩女公子，原因為劉氏今年六十二歲，
生日甫過，其二女公子在美患病，現已恢復正常，大女
公子則添外孫，劉氏本人則赴美方返，有此四因，乃公
請歡聚，主方有隋玠夫、郭福培、朱建民、陸東亞、
焦如橋、韓兆岐及與數人皆相識之王瑞平君等等，菜餚
甚豐。

閱讀

讀 *Discoveries of New Medicines* 一書，此書頁數不多，
不耐久看，但內容精彩，用吸引兒童之筆調，描寫本世

紀以來各種重要新藥發現之經過，曲折生動，親切有味，首先即為介紹配尼西林，寫如何由英國之試驗室移植美國，終於獲得大量生產之結果，於是繼以闡發各種抗生素，如 Streptomycin、Aureomycin、Terramycin 等等之發現經過，極有趣味，以下並敘述阿的平、血漿、磺胺類藥品之成長經過，均係在國際通力合作之條件下，得以實現者，此書並已有中譯本。

6月15日　星期一　晴有陣雨

職務

今日工作為繼續辦裡 PPA 等之 Comments 工作，今日共核閱二件，其一似難而易，其二似易而難，前者為台肥六廠之 1959 年度的 Project Agreement，余初用 PPA 加以核對，以覘其是否相符，發現不甚相符，乃假定為 PPA 另有修改尚未歸卷，乃至 PEP 部分查詢，果然，但 PPA 則彼等亦未見，於是又向主管草擬 PPA 之田濟民君詢問，始知修正 PPA 今日始行印成，尚未分送，余乃就其辦理印發之小姐處得一副本，立即加以核對，知其二者完全相符，瞬息間此件之核對工作即已完全告竣；後者為松山民用飛機場因須與軍用者劃開而加築房屋、跑道，購置設備，本已送過 PPA，亦進一步送過 Application，且發出 CEA 並修正數次，照此情形本應甚簡，而不料其所送修正 Application 總數勉強填為與原本相同，而實數相加又不等總數，如此馬虎將事，自不可等閒視之，乃加以澈底之計算與校正，並將其與第一次所送 Application 之內容加以比較後，分別註明

各科目之增減毛數與總數是否與細數一致，此工作包括
甚多之計算在內，故全日只核二件，尚未將意見寫出
云。署內工作因人手不夠支配，故多少人皆在署內以
看例行公文為事，有數月未出差查帳者，結果自 Audit
Branch 之編制縮小以後，查帳報告之 release 者已大為
減少云。

6月16日　星期二　晴

職務

今日共寫 PPA Comments 二件，另外為對於昨日
所寫二件之再度處理，蓋昨日所寫台肥六廠之 Project
Agreement 之簽註，認為無何可以異議之處，但送之
Tunnell 處則又瑣碎不已，雖為閒話，並未有任何修
改，但主其事之徐君則又向余詢問，其一為所謂 402
Fund 之後是否應加註（505）字樣，其二為支出內容何
以有性質不妥之處，其三為何以借款供其納稅之問題，
第一點甚有道理，余初亦不知其區別，後始知凡加以
（505）字樣者為貸款，不加者為贈與，但在不正式之
文件中亦多有省略者，第二、三點則皆為 PPA 問題，
蓋 Project Agreement 源於 PPA，只須不生兩歧之處，其
原來 PPA 何以如此，實非今日當問之問題也，又昨日
所寫之松山民用飛機場用款問題，徐君退來認為與 PPA
不同，余甚為驚訝，反復核對，不得要領，正納悶間，
見桌上 PPA File 另有所在，始發覺徐君所取去者為58
年度者，不禁為之失笑，所以良久不發覺者，由於今日
已另閱其他文卷，對於昨日之印象已淡，且兩年度間之

用款內容又極相似，乃有此失，加以徐君來談問題時完全為一種疲勞轟炸方式，手持文卷，揚手畫腳，翻前翻後，不容有細加審閱之機會，待稍事冷靜，始發覺其忙中之錯也；至今日所閱則一為生產力中心之安全訓練用款，與高雄、嘉義兩省立醫院加建款。

6月17日　星期三　晴
職務
　　今日續核 PPA，但仍為昨日所看之部分，其一為松山民用機場問題，由於其所送之新 Application 不能與舊有者對照，徐君另行查核一過，乃愈覺問題繁多，木已將余所寫之 Comments 改過，但又覺不甚妥當，又商之於看過軍事工程計劃較多之曹君，曹君將原製預算人請來，始對於情形內容了解較深，但解決方式仍然為難，於是將原件交余重新處理，恍如大夢一場，只有待至明日重新來過矣；其二為生產力中心之安全訓練計劃，余為對於若干預算數本覺甚微而可以不加吹求者，不得不由於徐君之要求而尋根究底，乃以電話向該中心接洽查詢，將所詢結果面轉徐君，彼初謂應加註明白，余謂太過瑣碎，似可不必，彼取去自辦，最後仍覺小題大作，乃照余原案送出矣。此月份為年度終了，年底前須請求撥款者均於此時趕辦，於是送核之件特多，而因爭取時間，許多手續不全者亦皆送來，業務部分（PEP）因數月來會計處對於會簽之件太過瑣碎，已有煩言，甚至謂吹毛求疵，太過無聊，乃對於來件不加詳核，即行向會計處移送，無形中許多 PEP 之工作亦移向會計處，而會計處放查帳工作於不顧，日惟在此種不急之務中打滾，殊可怪也。

師友

上午趙石枕兄來談廿二日公送李祥麟兄事。

6月18日　星期四　晴

職務

今日所辦之 PPA 會簽工作，一件為昨日所辦今日重新斟酌辦出者，即民用松山機場是，此件經過若干之曲折，照徐君意見，提出兩點，一為細數預算超出總預算，本來有請款人自附之條件謂如開標總價超出時，即將其中之某一工程刪去一部或全部，徐君堅主改為削去超過部分，二為其中有二項工程未附有工程預算及 J. G. White 之意見，須待以後再議，其實前項意見只是一而二、二而一，後項意見則美援會之來信內本已提過，此處不過重敘一道而已；另一件為最速件之 Project Agreement，經昨日調卷核對不符，今日再往查詢始知 PPA 已另有修正案，經核對相符，即行辦出；再有一件為兩日來亦相當費時之嘉義、高雄增加醫院建築案，其中包括 PPA 修正案、Fund Application、Construction Cost Estimate 及 CPT Agreement 草案等項，其中漏洞極多，經簽意見六點，為比較意見最多之件云。劉允中主任已於今日恢復辦公，據云此星期簽註意見之工作將設法移至會計部分辦理，蓋目前稽核只有九人，經常以二人處理此種工作，未免太占用人力也云。

家事

　　故人張敏之兄之子女張磊、張彬，一將回南部工作，一在台灣大學今年畢業，不久入伍受訓，特於今晚約二人來寓吃飯，張彬自稱為信徒，所談該教活動情形甚詳，皆夙所不知者。

6月19日　星期五　晴
職務

　　今日核訖會簽之件凡二，皆為 Project Agreement，所謂 ProAg 者是也，核閱此中之要點在對照其是否與 PPA 內所規定者相符，但今日兩件皆有特殊之點，其一為 General Industrial Training，其中只有 Participants 與 U. S. Technicians 二種支出，尤其前者，共有十七種，分配於兩次 PPA 中，在 ProAg 內之細數略有出入，因其經費預算表係將美金、相對基金，分成三欄，在 PPA 內之相對基金與自備資金二欄與 ProAg 有所出入，則因有需繳自備基金者改為不需，亦有由不需而變為需繳者，然截長補短，並未超過總數，此外則 PPA 內有十七種，現在之 ProAg 內則只列舉十五種，另加 U. S. Technicians，於是就此點略加說明，即主張予以會簽；其二為一項 Agricultural Education 計劃，米西根大學派專家與台大及省立兩農學院合作，原 PPA 預算此項 Contract Service 為三十萬美援，但此次修改 ProAg 又加入二萬六千元，經詢之會計部分龔君，據云 Manual Order 有一項規定，即 ProAg 上欄美金部分之總數如有百分之二十或不超過二十萬元之增加，得以不修改PPA

方式出之，故此項修改 ProAg 實在此限度以內，與規定無不合之處也，乃亦簽註應予同意，此二件結論甚簡，而費時則甚多也。

6月20日　星期六　陰雨

家事

紹南所考取之 Free Masonry Scottish Rite Taipei Bodies 通知其將 George Washington University 之申請核准書空白取來照填，但其所附之該校 Catalog 只有有關之 School of Government 內之各種情形，其一般費用與有關事項則具見於該 Catalog 之一般規定部分，該部分因在寄遞時減輕重量，概予撕去，余於下午到美國圖書館查閱有關資料，未見該校之 Catalog，但在一般性之 College Guide 1958-1959 版內查悉，該校之學雜費為 560 元，膳費為 480 元，宿費為 240 元，約計全年需要量為 1,380 元，然則為應付此項一般費用，該 Bodies 之獎學金 1,700 元已足供應付矣。晚，同德芳到衡陽路買製香港衫衣料，最初以為此項類似麻布之織物為苧麻與人造棉交織而成，詢之始知為完全人造棉，乃改買一種新出之棉織品，不甚美觀，但似乎可以較為經久。

師友

李祥麟兄來訪，談赴新加坡準備工作正在積極進行之中，今日到福州街衛生處洽領黃皮書，因帶錢不夠，來借去一百元。

意外

晨持開水壺將注入熱水瓶，因手持水瓶，而開水沸滾過久，水花由壺口濺出，立至左手背，幸急用萬金油塗搽，終日不斷，竟無痛苦，且未起泡，可謂神效。

6 月 21 日　星期日　晴
瑣記

　　下午有本市青年高繁達來訪，據稱由金門服兵役方歸，與吳伯實族孫同在一砲兵連，伯實託其帶來金門高粱酒二瓶，特行送來，談在金門已兩年，去年砲戰守防甚辛苦，高君家在中山北路民生路 45 巷 9 弄四號，伯實則通信處為金門 7536 附 12 號信箱云。衍訓由澎湖寄來包裹一件，內係甜瓜三枚，澎湖產此必另有名稱，惜以前不知，此瓜之皮甚粗澀，並有楞，如糖瓜之狀，剖視則瓤作杏黃色，甜香無比，近皮處漸青硬，且由甜轉鹹，並發奇香，家人一嘗，無不稱美，記此以識異味。

娛樂

　　上午，率紹彭到介壽堂看小大鵬星期兒童公演，此為特具風格之平劇，首為張復椿、張樹森等合演之湯懷自刎，演湯懷護送張狀元赴金探望被擄之宋帝，與金兵遭遇，寡不敵眾，於殺敵無數後，拒降自刎之故事，因有數段唱做，非張所能勝任，略有減色，次為鴻鸞喜，王鳳娟演金玉奴，楊丹麗演莫稽，王鳴兆演金松（非童伶），配搭尚佳，末為盜寶庫，林萍飾白蛇，姜竹華飾青蛇，大打出手，頗為精彩，白蛇略為老練，青蛇則練功最勤，表現亦多，且年齡又小，體軟如棉，踩蹻後曲其腰，可以將面部由兩足間復行伸出，刻下能此者亦鮮矣，蹻工並佳。

6月22日　星期一　晴晚雨

職務

余本週工作仍為核簽文件，今日只看完一件，另一件較為複雜，尚未看完。看完之一件為海事專科學校之建築申請，曾經 J. G. White 之核簽認為滿意，但有兩點，一為其建築總數超過 PPA 之總數，故註明在超過預算數時，其超過部分應由該校自備，又一為在其總 Application 內曾由美援會在其 Processing Sheet 內寫明該項建築計劃非由教育部廳轉來，應向部廳查詢其是否核定，此點經與劉允中主任商量，因不甚重要，未經寫入云。上午抽暇閱讀最近華盛頓發來有關 PIO 及 ProAg 之 Manual Order 修正條文，因只片段，不能完全明瞭其全部規定，但由此片段亦窺知若干平時不知之事項，例如用紙之色，向來有黃、白、藍三色，余未知其用意，今日見條文始知係按華盛頓或分署，以及由華盛頓或分署發佈之不同，而異其用色也，惜乎平時其時間不足以對此詳加研鑽，而感對於工作準備之不足也。

師友

晚在美而廉舉行先志中學同學聚餐，主方為趙喜玉、張積敬、張曾友及余，所請客人有師長崔唯吾、張志安、歐婉如三先生及即將赴新加坡之李祥麟兄夫婦，飯後李祥麟兄並贈余書三冊，並云定於三十日下午赴基隆上船云。

6月23日　星期二　晴有陣雨

職務

本日完成之核簽工作計有三件，其一為昨日已完成其半之師範大學科學教育計劃之建築與購置理化設備儀器用款，因其建築用款附有兩件清單，總數相同而細數有別，且由各項估價中挖出部分作為建築師公費，經詳加統計，知兩表中之無建築師公費者與有建築師公費者共有十餘項目不符，但兜起總數則又相符，此二表絕不應同時有效，乃作一對照表送劉允中主任，彼因此事曲折太多，與主管之 Branch Chief Tunnell 不易說明，乃主張與該大學人員面談修改簡化，故暫時擱置；其二為教育部所重擬之僑教 Application，將固有預算數加以調整，而總數不超過，經加以詳細檢討，認為可以無條件會簽云；其三尚未核完，明日續辦。本 Audit Branch 之徐君因洋人為其提升一級，遭人事部分之反對，認為非有獨當一面之名義不可提至一級，乃先將名義提高為 Principal Auditor，其 function 為External 與 Field audit，至於 Chief Auditor 之劉允中主任則將 function 侷限於 Internal Audit 矣，洋人因人設事，與中國官場初無殊也。

師友

關文晉氏之婿薛立託為擔任出境役男保證人，余用印後交渠取去。晚，孫福海君來談景美地有買主，詢索何價，余告以三百元，不能減少許多云。

6月24日　星期三　雨

職務

　　繼續辦理 PPA 核簽工作，今日共辦三件，多為例行，然有數日來所辦者二件，其發展極為奇突，其一為醫院計劃，上星期業務部分送來 PPA 之 Amendment No. 2，疵謬百出，經註意見六點，層轉至 Controller 處，彼先送業務部分徵求意見，業務部分乃將不符之處改正，另擬一新 PPA 另案送核，並將舊者抽下，餘件則仍退之 Controller，Controller 檢視簽註意見，獨不見 PPA 原件，乃囑書記 Ann Hsu 查問，業務部分始終不肯取出，經一再相強，始於下午取出，乃將新舊兩件並核，余另就新件加簽意見，並將舊件上之意見經此新 PPA 修正改變者加以撤回，此案糾纏終日，始如此解決，亦奇談也；另一案為師範大學所送理化增加設備用款，對同一款有兩份預算，余本將其異點列出送核，劉允中主任認為太過複雜，Tunnell 核時又須枉費唇舌，乃主張通知該校負責人加以改正，以免文字與時間兩項浪費，經於今日接見該校經辦人趙助教，囑其一一加以改正，回校用印，下午送來，乃作為全部相符，予以通過云。

師友

　　關文晉氏來訪，因為其婿薛立蓋章保證役男出境，其住區區公所須來對保，而在辦公時間內又不易與余相遇，乃約定明日下午在於辦公室見面為之核對蓋保之圖章。

6月25日　星期四　陰

職務

　　從事於 PPA 等之審核工作，今日辦出數件，均甚順利，其一為師範大學之僑生增加設備一案，共七百萬元，前曾送來詳細預算，內有十五萬元為改善學生宿舍，七十萬元為修理教職員宿舍，當時由徐松年君核簽，只云待 J. G. White 有核訖建築圖樣送來再行核辦，但在簽後文稿內業務部分另進一步認為此項七十萬之修理費應由該校自行負擔，於是師範大學為恐此款落空，乃趕送另一預算，將此項七十萬元改為加建新宿舍，並將圖樣送之 J. G. White 核准，此事比較合理，當註明其調整項目，並註明總數不變，主加以會簽；其二為一 Project Agreement，屬於 1959 年度達見水壩之建築費，此計劃需數年完成，今年度之 PPA 係就全部計劃立論，計有四十餘頁，為余所見之 PPA 之最長者，全部經費約計在七、八千萬元美金之譜，但 PPA 內對於本年度部分亦分別詳為預算，如何償還，亦十分詳細，因該件為 Expedite 件，乃不就全部 Project 求了解，只就此一年度之數字相核對，發覺完全相符，於是註明完全相符而予以通過，而實際計劃則未能甚解也。

集會

　　晚到六巷吳寓開區分部小組會議，改選小組長，余舉李官壽，但多數人舉姜君，諒係預定，惟余不知耳，又推張君為幹事。

6月26日　星期五　晴

職務

今日審核 PPA 等只有一件，因另有下週工作須作準備之故，緣國防部軍事工程委員會（前名 MCC 現名 MCB）有照例於工程完畢前往驗收之事，驗收之小組構成，除該會及三軍中之主管與美國軍援顧問團外，即安全分署，共組一個 FAIG（Final Acceptance and Inspection Group），此次 MCB 來文，請派員參加於下週赴澎湖驗收工程三處，經 Tunnell 批定由余參加，余向未做過此等工作，以前此等工程經手人皆為曹嶽維君，而 Tunnell 之作風則外科必須又看內科，於是需費加倍之時間以求熟習此中之 Background，以之詢問曹君，彼因有所觸望，亦語焉不詳，託其詢問該委員會係何人參加，彼詢得其人，而又不在，無從接洽，余乃今日先作成二項準備，一為依據 MCB 來文之 Project No. 查出分署業務部分所藏之文卷，此項文件係按 CEA 編藏，又須先由 Project 與 CEA 兩號碼相對照，幸而找出，然尚無工程合約，只好存待星期一再辦；二為向總務部分申請買飛機票，此項手續須先經 Tunnell 批准，故須早為之計，幸據云買票尚非甚難云。

集會

晚，出席研究小組會，因指定擔任工作者未到，幾乎皆為臨時拉夫，余被拉擔任讀訓詞，倉促無書可選，改為事後補送研讀心得一篇。

6月27日　星期六　晴

寫作

　　昨日實踐研究院小組開會時因原指定擔任研讀院長訓詞之同學未到，臨時推余擔任，倉促間無從查得篇目，乃改為當場不讀，而於散會作所謂心得一篇以便呈報，此雖近於虛應故事，然亦只好如此。余今晨查閱近半年來院發各項訓詞小冊，皆為去年年底以前者，含有節日或時間性，不宜再行研讀，乃查近期之實踐週刊，得見二百餘字之短篇，乃最近院內擴設為國防研究院以後對於結業同學之訓詞，言簡意賅，讀後乃寫一心得，亦二百餘字，闡發其中主旨在於提示同學在此第三階段教育開始之時，以前第一、二兩階段同學之責任仍然鉅大，而且前後一貫，初無軒輊，尤其在反攻大陸之事業上，有賴於各種力量之協同一致，第一階段教育之特性為綜合的，第二階段為專業與聯合的，現第三階段為闡發政略戰略支配和運用，凡此種種皆有賴於全體同學七千人之合作，實踐，又院長在此訓詞中提出對於當前局勢之認識，此點亦最關重要，蓋認識充分而後可發揮一致之力量也。

師友

　　下午，到交通銀行訪王慕堂兄，見該行器物外遷，其房門上鎖，詢之他人始知為修理房屋，其辦公室移至附近，宿舍則移至青田街二巷十八號，余乃按址前往，仍不遇，留字及交其由美國來信一件而返。

6月28日　星期日　晴

師友

上午，關文晉氏來訪，余外出，德芳云其婿申請出
境證所附之兵役證明書前數日余為之擔任保證人，並已
由建成區公所派員前來對保，本以為無何問題，現在又
云民意代表不能擔任兵役保證，其原因為必要時不能
拘捕，故須另覓公教人員或商號為保證人，公教人員彼
無相識，現覓定商號一家，其經理須往返港台，不能作
保，其副理有無困難尚不之知，設不能任，尚須託余再
覓公教人員，余對此亦感困難，蓋余所任之保已係對關
氏之間接關係為之，如再輾轉託人，間接而又間接，恐
不易為也。

家事

紹寧今年在小學畢業，而升學考試競爭劇烈，省立
三小學今日在第一女中舉行模擬升學考試，由女中肄業
之紹中前往招呼一切，以為其助威，考試結果一週可
以發表，當為正式考試之重要參考云。美國好萊塢有
Meyers 夫人者願贈閱刊物，中央日報載其消息，余代
紹中辦一信寄往，不問自然、社會、科學乃至婦女與時
裝，皆所歡迎。

娛樂

午前，到介壽堂看小大鵬星期公演，共演二齣，一
為張富椿、夏元增合演之三叉口，若干身段武功皆十分
乾淨優美，可謂無懈可擊，次為花田錯，鈕方雨飾春
蘭，楊丹麗飾卞稽，黃音飾小姐，配搭甚好，鈕身段台
步均好，惟臉上功夫不夠到家，表演稍瘟，演至周通將

扮女之卜稽搶去而散場。

6月29日　星期一　晴
職務

　　本日重要工作一為將上週所分配之 PPA 簽註工作二件加以照料清楚，其一為家事教育計劃中之嘉義建築與其他三中學購買器物，按照 PEP 之意見，剔除織機二部價款，並對於建築計劃請依 J. G. White 之意見加以修正，送出後教育組蔡君謂原簽條將二部織機之價款七千九百元誤為七萬九千元，當在電話中託其代為改正，並示謝意，雖屬忙中之錯，然甚感慚愧也；其二為煤礦推廣計劃，因附表計算錯誤，還款方式亦與PPA不符，當予以指出焉。本週第二重要工作為參加軍事工程處之澎湖營房驗收，今日從事各項準備事項，如看文卷，請曹嶽維君介紹該工程處參加人，催辦飛機票及預定明晨分署開送飛機場之車輛等。今日另有一項特殊工作為署長囑會計長與 Branch Chief 查明 1550 查帳報告剔除四十餘萬元已否繳還，意在將此款歸入 RETSER Revolving Fund 內，經向美援會及退除役官兵輔導會查詢，因此項剔除款之報告書直至前日始轉至輔導會，故該會尚無任何處理云，當寫一 Router 予以說明。

師友

　　午，尹載五兄來託為福利西點廠被封催稅事為其會計代理，余告以無術分身，明日公出，最好能託與稅務機關接近者為之云。沈任遠兄將請領外交部護照手續之教育部公函代為交涉領取，下午由紹南往領。訪李祥麟兄告別，僅晤其夫人。

6月30日　星期二　晴

旅行

　　晨七時三刻，分署來車乘至松山飛機場候民航空運隊班機南下，八時半起飛，三刻鐘到台中，停降上下，續飛行三刻鐘至台南，此處停留較久，至候機室晤見正在等候上機之國防部軍事工程局楊工程師，及由台南常駐亦在候機之美軍顧問團 Hart 上士，十時半起飛，越台灣海峽，於十一時到達澎湖，降落馬公機場，來迎者有在此處理監工事宜之軍事工程局王君，陸軍營房包商營造廠中光職員詹君，乘車行二十餘分鐘始到馬公鎮，住於新生旅社，此地為余初旅，並無過去印象，晚飯後始在市街略行，市容尚好，以理髮店與冰果店為最多，生產方面則據云以漁業為主，漁戶散處各島，故今日兩餐多為魚蝦且極新鮮，蓋靠水吃水者也。

職務

　　中午，由軍事工程局楊工程師處調來此次準備辦理驗收工作之各項文件，實只一部分之竣工報告，無估價單及契約等，余就此項竣工報告之要點加以摘錄，並就其中項目之可以明顯計數者如門窗等加以記錄，以備抽查之需。下午同軍事工程局劉、楊、李三君同包商劉君往驗收空軍雷達天線架二對，外線電線設備一台及自來水工程之一部分，因範圍甚小，故略一展視，即告完成。

7月1日　星期三　晴

職務

今日開始中光營造廠承建營房之驗收,參加者為劉、楊、李三君(軍事工程處),Hart(MAAG),余則代表安全分署,而本地準備入駐之駐軍亦即同時前往,前站人員於接收後立即開始使用。上午九時往文澳營區,此為第二契約內之建築,十一時往宅腳嶼工區,前者有房二十四棟,連水電附屬建築物,後者有房十七棟,前者為一個工兵營之營房,後者為一個砲兵營之營房,圖樣皆大同小異。在驗收之時最認真者為 Hart,對於一部分房屋,幾乎每一屋頂樑架之螺絲、門窗開關、電燈開關,幾乎皆用手摩過,故一批房屋看過後即滿身大汗,工程處人員較輕鬆,自稱在施工期間不斷前來,細節不斷校正,故最後驗收只看大項目已足,余則不然,因對於工程隔閡,乃對於彼等不加經意之數量方面多加注意,每屋門窗器具必加指數,最後果在宅腳嶼第一號房屋發覺驗收單內多列一門,列價三百五十元,工程處人員因涉及自請款至發包以及結帳之計算與報核問題,甚為困惑,中午談如何補救,余表示待回台北再行商洽,因目前分署驗收報告之款式尚未定也。下午往西澳驗收第一號契約下之營房二十四棟,此為步兵營所用,未發現任何問題,因 Hart 細看內容,至七時後始畢。

7月2日　星期四　晴

職務

　　驗收工作於上午九時開始，至下午一時完成，包括東石與大城北兩處，各有房屋二十四所，及電燈、水井等設備，余只著眼於房屋之大體構造及棟數與門窗等附屬設備之類，至於細節則有 Hart 上士與軍事工程處人員為之，因繼續工作兩天，室內室外參半，炎熱中日光曬炙，甚感疲勞，而面頸雙臂則紅黑發痛，最甚者為 Hart 始終爬上爬下，動手之時多於動眼之時，滿頭大汗，始終不衰，雖乏扼要之處，然其精神實屬不易也。晚飯時蔡經理述其承包此工程之經過，因在澎湖興建營房尚屬首次，以石砌牆為澎湖所特有，但非專業，舉凡運載材料，約集工人，其中曲折困難，不可勝計，主要原因為其老家在此，否則更不易為也。

游覽

　　下午，同軍事工程胡君乘車游覽澎湖名勝，先到白沙島看通梁大榕樹，白沙與馬公本為兩島，現以中正橋（無孔甚長）相連，車可直達，半小時到，樹垂二十八根，枝向橫面發展，經人工打架支柱，有如葡萄，濃蔭蔽日，在樹下清涼之至，洵為奇景。再到林投公園與國軍公墓，公園在人工所植之馬尾松林中，以井水匯為池沼，越沙灘出松林即為海灘，如淡水如青島匯泉，實為天成，惜未開放，且無設備，再到市區海邊觀音亭，乃舊亭重修，內且有龍王祠，乃台灣一般諸神什居之積習相沿者也。

7月3日　星期五　晴

旅行

原定今日上午十一時十五分由澎湖起飛北返，因今日軍事演習，飛機改為下午四時由澎湖起飛，三時半由馬公起身，同行者為軍事工程處李、胡、楊三君及營房包商蔡經理，四時半到台南，彼等改乘火車分赴台北與高雄，余則在台南候機室休息半小時，於下午五時續飛，五時三刻到台中，五時五十五分由台中續飛，下午六時半到達台北，以電話通知分署派車來接，於七時許回寓。

瑣記

此次在馬公來去四天，與軍事工程處人員及營房包商均住於新生旅社，每日飲食均聚餐，無法分算，皆由包商負擔，至於旅社費用余先交款於店主，彼云恐不能收，強之始暫收，後仍退回，旅社帳房為山東同鄉，云不必固執，此係過去成規，必欲打破，反多不便，余亦即聽之，然終以為不合理也。今日所乘 CAT 飛機與星期二來時相同，皆為 C46 型之 870 號機，內座位雖甚多，機身甚大，然通風簡單，在內甚苦，尤其升降一次即出汗一次，甚感不適也。

采風

上午在澎湖時就市場買洋種香瓜（原名 Cantaloupe），大者不多，小者恐不甚甜，蓋聞此瓜已將下市，瓜果之近尾聲者往往如此，市上瓜販眾多，形狀大小光澀，長扁，各有其妙，蔚為奇觀。

7月4日　星期六　晴

師友

上午，關文晉氏來訪，云其婿薛立之出境手續又有枝節，蓋其所具之兵役保證書本由余擔任保證者，主管方面謂民意代表不得擔任，關氏託友覓舖保，其舖保之店主則又一旦擔任之後即須放棄自身赴港經商之便利，因而發生遲疑，關氏意在倩余轉託其他公務人員擔任，余告以此等出入境保證事項，非有特殊交情者，無人願為，余本人即擔任十次亦無不可，但轉託他人必遭拒絕無疑，關氏乃將另行覓商保云，關氏在此時曾云，市政府人員告彼謂薛君依另一規定可在一年之內不受兵役約束，然則可以不必再具兵役保證書，但關氏認為以前警備司令部曾囑其必須附送，今如由市府向該部聲明不必再送，手續重作，又將曠費時日，為免夜長夢多，故不敢重起爐灶云。

家事

德芳久不發作之胃病忽又復發，幸今日余為假期，次女紹中因停課以待大考而亦在家，乃由余買菜，由紹中下廚，兩餐亦對付得過矣。七弟瑤祥下午來，談此次考取軍官外語學校英語班第十期，已上課一週，現在名義上已脫離保密局，將來一年畢業原則上可以分發擔任聯絡官，但亦有因無缺之原因而暫時派充編譯官者，則待遇略遜云。

7月5日　星期日　晴有陣雨

參觀

　　下午率紹彭到歷史美術博物館看十人書展，出品在二百幅以上，包括陳定山、丁念先、朱雲、李超哉、陳子和、王壯為、曾紹杰、傅狷夫、丁翼、張十之諸人。其中陳定山只有行書，雖書卷氣甚重，然工夫不到，敗筆最多，丁念先自幼習書，尤工漢隸，行楷亦楚楚可觀，朱雲似只寫爨寶子，造詣極高，甚有漂逸之緻，李超哉只有草書，才分甚佳，然特意追摹于右任氏，覺不類藝術創造，陳子和甚樸厚，然不動人，王壯為工行書，印精於書，不知何以揮毫不見等意，筆鋒太露，不耐揣摩，曾紹杰無所不工，所書漢簡不作第二人想，最難作書於悅目中存古人風，雅俗共賞，此人在十人中允稱百擘，傅狷大草書甚有氣象，篆隸亦不落世俗窠臼，然由皮相觀察，恐為最能博得淺學者好感也，張十之字余前在近處見有題南國粵菜館一額，驚其不凡，今日始知為同學張隆延，余固知張君喜書法，猶不知其造詣高至如此也，在十人中乃唯一之奇才，行仿山谷孟頫，隸師石如，而上追周秦，片斷臨寫中皆使人有廁身遠古之感，十人合作屏條中所臨漢碑，氣象萬千，尤令人愛不忍釋，張君並精英、法文，所作標籤說明，亦多神來之筆，真奇才也。（所臨陳摶「開張天岸馬奇逸人中龍」，尤精絕。）

7月6日　星期一　晴

職務

今日為出差後回署辦公第一日，照例為開送旅程表於旅行部分，又到美國大使館領取應於上週支領之薪津，此外即為向主管方面報告查帳經過情形。軍事工程處工程師劉文櫜來訪，乃與曹嶽維君一同研究在澎湖營房驗收工作中所發現之結價單多列門一堂價款三百五十元一事，劉君認為在標單內即已多列，在驗收單內又照樣多列，故如將此款扣除，必須由標單起即行更正，並編製所謂 Change order，在此 order 中應如何寫明理由，其困難一也，所有單證一律重製，浪費人力物力容不只 350 元，其困難二也，曹君主張如此小數可以棄置不顧，但既已發現，自不能無所交代，其方式由軍事工程處備一簽呈，呈核後即行存卷備查，並將此項簽呈抄送副本至本署，余因曹君經辦此等事務較多，彼既主張如此，故亦認為如此可以兼顧也。

瑣記

上週在澎湖買香瓜二籃，歸後即入冰箱，兩日來幸未腐壞，今日提出大小較為勻稱者十三個，帶至辦公室內分送各同人，計 A. W. Tunnell、劉允中、徐松年、曾明耀、李慶塏、曹嶽維、葉于鑫、黃鼎丞、靳綿曾，及事務小姐歐陽、郭、毛三人，另出納員李關雄各一枚。

7月7日　星期二　晴有陣雨

職務

本月份工作已經排定，共四個半星期，以一日至三日之半星期為到澎湖參加驗收，其餘四個星期為內部工作，審核 PPA、E-1、Project Agreement、Fund Applications 等項，因新年度於本月份開始，故來者不多，將以餘暇插辦臨時發生或他方洽請之稽核工作云。四個月來所查之三軍油料用款，由葉于鑫君主稿寫查帳報告，余先將余所獲之資料摘要寫成要點交其加入，今日核其交余複閱之稿件，以全日核畢，大體上余所指出各項，亦加以包括，此項報告共計 Findings 六、七十項，Recommendations 亦稱是，雖逐條不同，然由此亦可見其內容有失之瑣碎之處，閱後不能由此報告得一扼要簡明之印象，余認為此亦無可如何之事，蓋葉君與余皆為以帳務為重點者，與以前皆由 Investigator 擔任，不重數字，而重敘述者，顯然大異，故目前之制度不採以前 Auditor 與 Investigator 合作查帳方式，殊覺有極大之不便也。參閱 ICA/W 出版之 FY1960 年 MSP，亦即 Mutual Security Program，其中對於美援方式中之 Military Assistance、Defense Support、Public Law 480 與 402 法案、Development Loan Fund，均有極扼要之敘述，尤其對於去年保衛金門之勝利戰有極高評價，此種文字外界尚未之見也。

7月8日　星期三　晴有陣雨
職務

余本月份之分配工作為 Review PPA 及 Application 等，但三日來只收到二件，一件為 J. G. White 之新年度經費 Application，余查出去年之 PPA，其中載明一九六

○年度之台幣經費為八百萬元，但其現在所編預算為
九百萬元，至於其與美援會所定合約期限為一九六○年
七月底，則該公司在新年度開始之今日（一九六○會計
年度）申請新年度之台幣經費，自屬有所根據，惟全年
度數目有所出入，好在依照慣例在新年度開始時之行政
費，可照過去發給四分之一，則固亦不虞其超過也，乃
就此兩點加以簽註，送之劉允中主任後，彼又加以修
改，對於八百萬及合約滿期一節，不加敘述，只提及應
發給四分之一及仍以 PPA 最後核定數為準之二點，似
不夠充分也；次為一家工廠由於設備延期而申請展緩償
還分期表內之開始日期，此件只為其他部門擬好表示同
意之信稿，送來會計處會簽，會計長與稽核主任皆順序
下達，迨余將其經過說明後，劉允中主任又認為可以不
需如此，乃又抽回自辦矣。將一九五七年度 POL 查帳
報告核閱完畢，將草案送之劉允中主任核轉。

師友

故趙季勳氏之週年忌辰為今日，由山東友好在善導
寺設靈紀念，余於上午十時前往致祭。

7月9日　星期四　晴

閱讀

擇讀 *American by Choice*，係義大利人 Angelo Pellegrini 以
六人第一人稱所作之傳記，描寫由歸化美國後之生活情調
與事業成就，余讀其第二篇 "Dean of Winegrowers"，主
人公 Louis Martini 為一只知正視事業不計成效之富有熱
力毅力之人物，其母本以商業世家有最精到之名言曰：

"Be arrogant with the arrogant, humble with the humble, strong with the strong. Always be a watch for the adversary. And remember that in order to succeed you must know how to buy from whoever wants to sell, and to sell to whoever wants to buy." 其入世之時方十三歲耳。但彼由漁業貿易移轉入葡萄酒業,實更跨一大步也。尾聲內結語最佳: "My final impression was of a man of quality, devoted to doing, to creating, a man to whom life is exciting and a constant challenge. ... This is a beautiful day and a beautiful country and a beautiful vineyard. I should like to be 20 again, 20 years old, with the energy and vitality I have now. To what end? To improve further the quality of the day and the country and the vineyard."

7月10日 星期五 晴

職務

余本月之 Assignment 為 Review PPA 及 Fund Application 之類,但因年度開始,為數極少,乃插入一項額外工作,此即美援會所屬駐美技術代表團 CTM(Chinese Technical Mission)在 1952 至 1953 年度用費之審核。緣此一機構曾將 1954-1956 年度之費用送由分署核訖,分署又接送來 1952-1953 部分之單據,余今日開始加以審核,因只有單據粘存簿而無月報表及銀行對帳單等,故尚須查補焉。

師友(補昨)

尹載五君同福利西點麵包廠經理孫君來訪,係詢問

其一項欠稅案遭法院執行之應付方法是否得當。緣前年
孫君曾將其中正路第二門市部讓予初君經營，並另行向
市府登記，後稅捐處由初處抄去未用印之私帳本數冊，
認為係孫之舊帳，即據以加課營業稅與所得稅，稅單接
到後曾請律師抗告，奉裁定所核漏稅之數比其所發稅單
相去甚遠，今法院依據稅單數予以強制執行，孫君曾託
稽徵處一鄭某轉託一會計師代為辦理申請，該會計師亦
認為有錯，但解鈴繫鈴，非稽徵處有正式表示，法院之
執行不能撤銷，而稽徵處如不能暗地加以疏通，亦難望
其自打嘴巴，為求早日解決起見，乃有意託此會計師代
辦其事，公費五千元，先付二千元，余認為其目的只在
速了，此法比走正式道路為有效也。

7月11日　星期六　晴
體質
　　一週來右拇指內指甲縫有發炎現象，初未以為意，
僅在醫務室請護士擦以碘酒藥膏而加以包紮，歸後亦作
熱敷數次，但始終不見痊愈，今晨腫脹益甚，乃到醫務
室請包醫師診治，據云此處發炎最應當心，須服藥打
針，乃取來白色藥片（似為消炎片，但處方箋用名稱為
余所不識）十二片，每飯後服二片，並由護士先為試驗
盤尼西林反應，乃注射 Pen-Aqua-mycin 一針，針口事後
有硬塊略脹痛，又於注射後半小時皮膚上有刺癢感覺，
移時即止，晚間兩腿內略癢，不知與此有無關係焉。
師友
　　上午，到招商局訪徐自昌處長，不遇，留字云，小

女紹南考取 Free Mason 之獎學金,因考時有美國大使
館主管簽證之領事參加,故事實上等於已經簽證,現等
候大學入學許可,即可成行,請為在該局登記下月赴美
之輪船,改日當囑紹南前往當面洽辦云。

交際

　　同事徐松年君晚飯時在銅山街寓所約宴,大都為本
稽核室之同事,另有二、三徐君其他方面之友人,事先
並有葉于鑫等四人為方城之戲,余只旁觀片刻,徐君夫
婦招待甚殷勤,菜餚亦極豐厚,余手指發炎,飯後即行
回寓休息。

7 月 12 日　星期日　晴

體質

　　右拇指腫脹情形比昨日為尤甚,但痛疼情形並未增
長,終日疲倦,頭微暈,續服藥,日三次,注射針口發
硬,並略腫,兩腋有時仍有刺癢之感,余意今日情況由
於拇指者半,而由於注射反應者亦半也。

師友

　　上午,樓有鍾兄來訪,後因他客來,匆匆即去,不
知有何事相商,但自云為普通訪問云。有長老會黃君,
在陸軍服務,前因紹寧等常到其教會禮拜,故來訪問送
卡片,今日並對余亦有所宣傳,雖格格不入,然其意甚
誠,臨行並為余家作為辭甚長之禱告。

瑣記

　　與衍訓、紹中有往來之淡水劉皚莉小姐今日率其妹
來訪,並送今晨所買鮮紅魚二尾,留午飯,並於下午由

紹中陪同赴國際看電影，兩女皆嫻靜通禮，予人以甚
佳之印象。余有時頭腦運思甚慢，不審是否五十以後
所特有，紹中高一讀畢，今夏其教師指定讀重述本之
小婦人，已經開始，第一章有描寫四女助其母理家，
有句云："Jo put chairs ready, in her excitement, dropping or
upsetting everything she touched." 余初不解，誤以為「興
奮中將一應事務應增者增應減者減」，但 upset 為顛覆
之意，此解顯然有誤，良久不能澄清，其後紹南云應為
「興奮中毛手毛腳，所至有失」，余亦恍然大悟，此不
過其一例也。

7月13日　星期一　晴
體質
　　右手拇指生膿處已漸漸變熟，今日上午在醫務室就
診，由林大夫看病，認為已可以開刀，今日即可到任何
外科醫院處理，當時並配黃色消炎片（新藥，余由病歷
中不能看清其名稱），今日已服二次，每次一片，傍晚
到南昌外科醫院開刀，醫師云今日當可自破，但亦可開
刀，如不甚痛，即待其自破亦無不可，余乃未於今日
開刀，只擦黑藥包紮，欲為余打針，余恐有反應，乃
作罷。
職務
　　今日繼續處理 PPA 及 Fund Application 等之審核工
作，今日所核者為美援會經費，其新PPA 尚未核定，照
例申請新年度經費四分之一，應照去年實支數，抑應照
今年 Application 數，似無定論，余乃主張照去年實支

數，該會所來公函似亦如此措辭也，又此項實支數應包括特別費抑只經常費，亦不無研究餘地，余主張應限於經常費焉。

師友（續昨）

晚，王慕堂兄來訪，談臨時移住於青田街二巷十八號，設備簡單，房屋偪仄，甚感不便，又談如紹南出國經費不足，王兄可以借用三至四百美元，到美後即存入其帳戶內，雙方均為簡便，又談李公藩兄曾託其在即將復業之交行為其女兒謀事，王兄主託余函趙葆全兄，但李君未來，或不願如此辦理云。

7月14日　星期二　晴

體質

右拇指生膿處於今日下午到南昌外科醫院複診，經由醫師將顏色變白處用鑷子夾開，擠出膿液甚多，灑布消炎粉，重新包紮，然後取來淡紅色藥水一瓶，囑隨時使紗布潮濕，防破口處長合，余今日將昨日配方之消炎片二片於今日服完，詢以是否仍應服藥，據云指端所生效力甚微，可以不必云。

職務

今日工作為審核 PPA，所核 FY1959 之 Low Cost Housing Project 中之 Hualien City 分計劃，在六月底年度終了以前，余本核過其 Application，其中共有六種住宅，總數不滿一千一百三十萬元（亦即 PPA 之總數），現在送來者為一修正之 Application，由於原設計六種圖樣，經住戶登記十九為 B 式，於是經辦機關改變計

劃，全部 460 棟皆用 B 式，預算為二千三百萬元，美
元貸款半數為一千一百五十萬元，乃查卷始知在前次
Application 核過以後又有一次 PPA Amendment，將一
千一百三十萬元改為一千一百五十萬元，於是此一申請
又不超過限額矣。處內傳閱兩張統計表格，一為上半年
工作之統計，二為下半年之概要工作計劃，現在分署所
查之對象為軍方、退除役官兵就業輔導委員會、電力
公司等單位，但每一單位均甚有限，輔導會只有幾個
Follow-up，此外大部工作均為內部審核矣。

7月15日　星期三　風雨

颱風

　　本年第二次颱風警報昨日發出，尚只為海上，今日
並發出陸上警報，風名畢莉，為中度颱風，日間尚只有
陣雨，風不甚大，傍晚漸漸作勢，至夜臨睡時仍然甚
勁，廣播電台漸漸停止，不能知詳細消息矣。分署方面
上午即發出口頭通告，下午停止辦公，以免上下班交通
受阻云。

職務

　　年初所查之 RETSER Hospitalization - TB Hosp. 余
所任帳務部分早已將報告寫完，交之擔任調查之李慶塏
君加寫調查部分，李君因數月來他事過多，延至現在
始將彼之部分加入，並因格式另有規定，等於重寫，
而將余之部分融合其中，另外則所附之 Comparative
Statement 亦因格式有異而須另行擬定，今日上午將
此項工作予以完成，並將 Non-acceptable items 改用表

格，亦作一 Attachment，剔除理由則因表內不能詳填，
改用若干 Notes，註於表下。

颱風（續上）

余臨睡前見電燈停後復明，乃至紹南住室寫作日
記，外面風聲更大，猛吼時即感疊席下地板震動，因而
書桌亦感震動，此間屋本為構造較新者，尚且如此，其
他各處低窪地帶多建有克難房屋，在此風雨交加中，尚
不知幾許人家變成災民也。

7月16日　星期四　雨

職務

春間與李慶壁君合作審核之四個 RETSER
Hospitalization Projects，彼尚未完成之報告仍有關於
痲瘋計劃一件，由於余所任部分已寫成者為依照舊格式
所作，彼須重新加以安排，為分工合作，彼先將報告所
附之表格交余，余於今日上午照新格式，將兩年度預算
實支比較表加以編訂。

颱風

昨夜風勢最大為中夜之時，而雨比風大，傾盆者七
小時之久，余除房屋漏水之外，尚無其他損失，市上則
店面店招破損殊多，報載市內市郊低窪地區存水者甚
多，正在辦理救濟之中。七弟瑤祥在大直軍官外語學校
受訓，據謂在基隆河畔，平時風景宜人，大雨河漲，全
校俱在水中，乃宣布放假半週，其同學數人無家可歸，
晚間臨時來余寓所吃飯，亦變相之難民也。

體質

昨晚風雨交加，平明前所蓋夾被似感單薄，然懶於下床取被，至近午在辦公室即覺冷氣特涼，乘車回家時不思飲食，欲睡不能，嘔吐兩次，將早飯所食鹹蛋完全吐出，下午臥睡，傍晚腹瀉一次，夜間漸漸輕鬆。

師友

晚，徐嘉禾夫婦來訪，談在林產管理局創辦外銷工作之情形，頗感自得，又談及其長子腿傷一再不愈，迄今猶在發燒，俱為惋惜。

7月17日　星期五　晴曇

體質

腹疾自昨日吐瀉後已能在晚間安睡，今日仍只食麵條素菜，每餐一小盌，中午略多，覺略脹，然移時即好。由於食量突減，渾身乏力，上午未能前往辦公，下午欲去，猶覺不勝，乃囑紹南於到中信局後代為電話請假，下午即亦未往焉。

閱讀

日間利用精神較好時間涉獵 Thomas Pyles 著 *Words and Ways of American English*，全書共十一章，余只擇讀其緒言、Noah Webster、Man and Symbol、American and British Word Usages 等章，有甚多頗有趣味之資料，如書中考證 O. K. 二字之來源，於一般所云之 "Oll Korrect" 之簡寫一說之外，舉出若干語源，為他處所不經見，又如解釋英美語音之不同，舉出極多之例證，如美語中稱 bugs 者指多種昆蟲而言，如在英語則指美國所謂 bad bug 而言，在英國稱昆蟲須用 insect，如用 bug，在居室中易引起誤會也，又有不重要者亦指出甚多，如英之 baker's shop、lavatory、sitting room、staircase，在美國為 bakery、toilet、living room、stairway，而英之 return ticket、snack、cupboard、Christian name，亦即美之 round trip ticket、lunch、closet、given name，然互相了解而不用也。

7月18日　星期六　晴有陣雨

師友

上午，到台灣銀行訪邵光裕兄，託其一同到世界銀樓買美鈔二百元，因不日即行到該行為紹南繳存留學保證金，故即交邵兄託代為保存。上午，到立法院訪韓華珽兄，道謝其為紹南保證出境赴美。

交際

晨閱報悉齊魯公司前同事橡膠廠長陳國瑲病故，乃往弔祭，並送賻儀，據云其致命之病為肝病，而半身不遂亦已數月云。本月份內安全分署稽核部分同仁生日凡四人，循例各由公共會金內送蛋糕一個，其中徐松年君一人今年特別升級，於是全體設筵公請，時間為今晚，地點即在徐君家，余到時已有四人入牌局，另二、三人不參加，移時入席，由電力公司廚房辦菜，甚精緻可口。

家事

紹寧今年小學畢業，延師補習數月，今日參加北市省市中學聯合招生考試，上午由德芳率紹中陪同前往省立北商考場，計考國語與算術，下午由紹中陪同前往，只考常識，據云此次入學考試方法尚稱合理，出題均以小學教科書為範圍，尤其作文且寫明內容大意，極力避免有機會優劣之情形發生，然正以其方法如此，成績不好亦不惡之學生乃多在成敗之邊緣也。

體質

右拇指已漸漸痊愈，今日續到醫務室由護士換藥，今日所敷為消炎粉。

7月19日　星期日　晴有陣雨

師友

晚，馬忠良兄來訪，談其女將赴美留學事，已託徐自昌兄在招商局為登記輪船艙位云，馬兄後日回台南。

家事

上午，因紹因右眼患眼癤，率赴開明眼科治療，本以為可以割破放膿，但未如此，至下午遂自破。

參觀

下午到歷史博物館參觀故宮藏畫攝影展覽，出品凡七十餘幅，皆放大大幅照片，或且長寬數尺，原作雖唐宋元明清大家手筆，然不若印刷品之逼真，尤以有彩色者為然、若干件旁掛五彩小幅同作、看去大有上下也。今日展出精品有唐人明皇幸蜀圖、雪景圖、韋偃雙騎圖、韓幹牧馬圖、李昭道春山行旅圖、李思訓江帆樓閣圖、閻立本職貢圖、崔白雙喜圖、五代匡廬圖、雪漁圖、丹楓呦鹿圖、關仝山溪待渡圖、行旅圖、董源龍宿郊民圖、灂天山堂圖、巨然秋山問道、趙幹江行初雪、

徐熙玉堂富貴、北宋范寬谿山行旅、易元吉猴貓寫意、
郭熙早春圖、黃子久山居卷、宋人雪圖、枇杷猿戲、翠
竹翎毛、南宋李迪風雨歸牧、林椿十全報喜、蘇漢臣秋
庭戲嬰、馬遠華燈侍宴、陳居中文姬歸漢、梁楷潑墨仙
人、錢選盧仝烹茶、元趙孟頫鵲華秋色、管道昇竹石、
李容瑾漢苑圖、朱德潤林下鳴琴、倪瓚雨後空林、明陳
憲章萬玉圖、呂紀草花野禽、沈周盧山高、唐寅仿唐人
物、仇英秋江待渡、清惲壽平五清圖（松竹梅水月）。

7月20日　星期一　晴有陣雨
職務

今日處理二事，一為 RETSER Hospitalization 計劃
中之 Leper 計劃，乃春間有四計劃一同查過者之一，
余之報告已寫完數月，李慶墤君 End-use 部分則尚未著
筆，上週始予開始補作，余於今日將已寫好之報後附表
二張，1956 與 1957 者各一張，按新格式重寫，其中內
容因為時已久，雖依據 work paper 加以核對，然對於
其中有一註腳則費盡氣力亦未能明晰何以竟如此落筆，
回憶影像毫無，只好予以刪去矣，此為余以往所絕無之
事，憶力衰退至此，可謂浩歎！二為寫月初所參加之澎
湖驗收工作之 Memorandum，按此項驗收工作自 Audit
Branch Chief Tunnell 自往一次以後，即懷疑其價值，
今日劉允中主任云彼已簽報會計長今後不復參加此項工
作，然對於上次派余參加之一次，則主張對彼寫一內部
之報告，用 Memo 格式，劉君則云仍用以前之方式，
寫成正式之 Audit Report，余無法可想，則二者各寫一

件，一併送之劉氏，以供去取，二件皆於今日完成。此事所以有所遷延，係因軍事工程處之驗收報告並未送來本署，經今日以電話催詢主管工程師楊柏功君，彼乃將一副本送來，其中英文中文各有詳略，而中文本比較具體，余乃據以寫入此二草案內，其中對於多算門一樘一節，仍囑南部工程處予以改變設計，減算價款。

7月21日　星期二　晴

職務

昨日重製之 RETSER Hospitalization Leper 計劃之查帳報告兩項附表，今日與李慶墡君再加研究，為充實報告內容，決定再度改製，緣原表所用預算科目，只有大的項目，在五六年度為五個，在五七年度為四個，衛生處之總帳科目即係用此項預算科目，由於決算數與預算數之比較在大科目中不能表現若何特別情形，乃決定在大科目下各按三個醫院單位分成子目，三院即樂生療養院、錫口療養院，及流產之痲瘋農場，分成三子目後，即可以將逐一單位之預算決算差額加以表現，尤其痲瘋農場只設計建築圖樣而未興工，兩項比較，自然表現懸殊，此項增加子目雖頗簡單，然因原來之帳表均無明細記載，故各科目下之各院細數須依據 Working paper 之記載，加以分析彙計，然後填入，此項分析工作余在查帳時已經充分注意，尤其對於筆數最多之建築費，均按三院之包工價與設計點工費等加以統計，只有材料一項，因帳之摘要當時不能分別三院之各別細數，只好列在某一院之下而另加註腳，今日製表之決算細數即係根據當時所作之記載而加以再度之計算加列，預算數則因原來之 PPA 與 Application 有一部分未寫明單位，則又經過將 PPA 等文件之前後修改情形而加以核算，逐一單位列入，頗費時間推敲。

7月22日　星期三　晴

職務

關於 RETSER Hospitalization Leper Project 之查帳報告附表，昨日已大體做完，原擬今晨以一兩時之時間將最後一欄之預算實支比較增減數填入，並另按每單位預算時之總數列一 Summary，將全科目兩年度之總數填入，作為一極度扼要之比較表，不料因多所研討以後，發生若干須考慮解決之問題，乃又以一整天之時間始行處理完竣，今日處理情形如下：（1）1957 年度用款內本在 Operating Exp. 及 Equipment 內各剔除四千餘元，前者為發款冊有代蓋章者，後者為腳踏車五部本為痲瘋農場而預算，農場停止籌備而物仍照買，自屬不合，但在表製成後李慶塏君認為太過嚴格，免其將來辯來辯去，並符合現在署方不多事之新政策，主張不予剔除，余以為然，於是在表上「減除剔除數之實支數」一欄，及其與預算數比較之一欄，均須一一改正；（2）製成最簡要之單位預算與實支比較表後，發覺部分付給原預算單位以外而事實有其必要之款不能在預算欄內填明數目，缺乏預算根據而不剔除必遭美人 Tunnell 之詰問而難於說明，商量結果認為為避免此項困難，逐將此數加入性質最近之單位內，化繁為簡，不生枝節，於是再度

改正表之內容焉。上午同葉君到國防部與後勤參謀次長
室傅誠科長洽談所作 POL 查帳報告之要點。

7月23日　星期四　晴

職務

　　余本月份工作為 Review PPA 及 Application 等件，
但因甫在年度開始，為數甚少，今日核 Application 一
件，乃經濟部煤礦探勘處之繼續經費，因 PPA 尚在審
核之中，業務部分將予以百分之二十五之預付款，余細
核其內容，發生數項問題，當均寫於 Router 之內，包
括：（1）申請總數為 430 萬，但表列各項為 540 萬，
其中有一項分為甲乙各 110 萬，在另一附表中，只提及
甲而未提及乙，乃假定其為二個任選一個，惜原表未註
明耳；（2）表列人事費係按七個礦區分別列入，後又
有一人事費表，雖總數相同，然各礦區並無如許之多，
而另有一部分待遇甚高之人員則不屬於礦區，易滋紛
歧，且不可理解；（3）七區而外另有其他費用近一百
萬元，並無詳表說明其內容；（4）七個區內有二個在
一九五九年度 PPA 中謂在該年度內完成，現在又列於
1960 年度經費之內，究竟是否在前一年度未曾完成及
緣何未曾完成，應有 justification 云。會同葉君接待陸
軍供應司令部黃丁二參謀，對於此次檢查油料之查帳報
告交換意見，二君無何歧見，只願轉達一切。

聽講

　　晚，聽聯合國中國同志會演講會，由中央研究院院
士蔣碩傑講「台灣經濟所面臨的問題」，要點在說明自

一九五二年以來台灣生產之發展，甚合理想，但因儲蓄
與投資之不足，所增加之生產幾乎完全消費淨盡，所餘
不過百分之一、二，設在此六、七年中能掌握時機，以
一半供消費一半供投資，則只有戰後恢復最快之日本與
西德可與匹敵也，蔣氏認為應亡羊補牢，起而直追云，
蔣氏演講內容甚佳，而技術太差。

7 月 24 日　星期五　晴

職務

　　人事部分作二種調查，一為家庭子女預防接種等
情形調查，二為 Skill 與 hobby 之調查，前者照實情填
送，後者覺無可填，在所印項目 Designing 後填寫一項
Accounting Systems。繼續會同葉君與海軍總部王、趙
二君及空軍總部劉君等分頭對最近檢查油料查帳報告交
換意見，二方不若陸軍方面之甚少意見，均因恐將對於
其主管事務引起不良印象，而儘量解釋或要求修正，尤
其空軍方面，第一油料中隊由高雄碼頭與左營輸油至鳳
山所經常發生之量度不同而造成之損失，彼均主張再加
詳細檢討，並請其將回油數字加以沖抵，乃決定由總部
通知其中隊派員攜帶資料前來商討云。

娛樂

　　晚，同德芳率紹寧、紹因、紹彭到金山看電影，連
演二片，皆法、義出品，一為麗荷瑙拉羅芙主演「喜巴
豔后」，情節背景均引人入勝，二為「千嬌百媚俏佳
人」，珍娜露露布麗基坦主演，彩色絢爛，極為悅目，
情節亦佳。

7月25日　星期六　晴

閱讀

讀 *World Politics* 季刊本年四月份，其中有維近尼亞大學 Stanley J. Zygniewski 作 "The Soviet Bloc and the Underdeveloped Countries" 一篇，深足發人深省，文內所謂 Soviet Bloc 只蘇聯及東歐附庸國保加利亞、捷克斯拉夫、東德、匈牙利、波蘭與羅馬尼亞而言，其中以東德捷克與波蘭為工業化程度較高者，所謂 Underdeveloped Countries 以 Afro-Asia 中之緬甸、錫蘭、埃及、印度、印尼、伊朗、敘利亞、土耳其為代表國家，其主要論旨如下：（1）蘇維埃集團之對外貿易行動雖富於政治意味如和平共存之類，然經濟意義亦應充分重視；（2）自一九五三年以來，由於蘇集團內部之急遽工業化，發生原料昂貴且供不應求，及與西歐之以原料精製機器貿易不復存在，而必須考慮向外發展；（3）夙昔蘇集團之最高原則為自給自足（Autarchy），現在此原則雖未變更，然至少在和平年月時與此類落後國家進行貿易，以期解除內部不均衡發展之困難；（4）由比較價格而論，近年來農產品與工業品之交換比例，對於以工業品供輸出之國家，表現更為有利；（5）落後國家樂於與蘇集團進行貿易之原因為條件較優，在易貨方式下不必顧慮外匯缺乏，進口工業機器可以加速工業化等，此點甚關重要，惜語焉不詳耳。

7 月 26 日　星期日　晴

師友

上午，同德芳到樓有鍾兄家訪問，閒談中學升學問題，蓋雙方今夏皆有小學畢業生也。

娛樂

下午到金山戲院看電影，計片兩部，一為法國彩色片費南度主演「紅綠燈」，寫一中年人以熱情協助一少女，回家於圖窮匕現時說服其父之偏見，而有造於此女之前途，故事極有意義，演技與穿插並佳，另一為好萊塢新藝綜合體「上帝創造女人」，畢姬芭杜主演，終場余不能明白其故事與主題，此片宣傳極盛，皆噱頭也。

閱讀

近期分署出版 *Kaleidoscope* 摘有名句，甚堪玩味：

"There is an old French proverb that goes, 'To speak kindly does not hurt the tongue.' A man loses nothing by his kind words. Even people in high places. Too often what they get is only flattering. The extraordinary thing about kindness is that the more you spent the richer you become. Try it. Do a little quiet thinking about the people around you. Make the effort to understand them better. Then take the trouble to speak words that may lift their spirit, enhance their self-respect. You can never guess what a few kind words - sincerely meant - may do for them. And for you."

7月27日 星期一 晴

職務

上星期為三軍油料查帳報告事，與空軍主辦人劉參謀等二人為高雄、左營兩地向鳳山第一油料中隊經常輸油，由後者付一種經常之損失帳一問題真相，發生歧見，約定今日由該中隊人員攜帳前來複核，今日果來，核對結果如下：（1）余在該中隊所抄錄之 1957 年度輸油損耗總數因當時時間有限，帳上摘要欄字跡不甚工整，致遺漏數筆，於是實際漏耗數又須加入，而為數更大，（2）帳上逐月有回油盈餘，JP-4 部分余當時曾予記錄，100 號汽油則因帳上回沖收入有限，未加抄錄，今日亦予以抄錄，但只供參考，因回油每月一記，不過為向各方輸油油管之一種反作用，油管已計在存量之內，回油不應作為盈餘看待也，（3）報告草案內之輸油損耗佔全油量之百分比，JP-4 為百分之一以上，100 號汽油則在百分之十以上，原因費解，後突然發覺報告內所採數字內之全油量省略一零位，實際應加為十倍，則百分比亦應降低十倍，按此項總油量係余抄送葉君列入報告，係余之筆誤抑葉君筆誤已不可查知，然發生如此重大錯誤，在余到分署後尚為初次，後應切記注意，免鬧笑話。下午，審核 Fund Application 一件，為電力公司深澳第一火力發電廠計劃，PPA 尚未核定，須先付款，因係延續計劃，故予以同意，但 PPA 核定後如有出入，應負責改正云。

7 月 28 日　星期二　晴

職務

今日工作為審核教育部與教育廳所送之一九五九年度 Science Education 計劃內 Part A 內之中學師範增加設備與出版譯述等經費之 Application 及附屬文件，因內容曲折太多，竟費去整天之時間，至下午寫成歷來審核 PPA 等件簽註之最長的意見，其內容為：（1）中學設備部分原申請書為一百家，每家二萬五千元，共二百五十萬元，但細數各校之申請書，只有九十九家，其中一家缺高雄第一初中，此計劃為高中，諒因初中不予申請，然則總數應照改正；（2）設備之 Procurement list，乃教育廳所開列，但詳核理化生物等品類之總數，實已超過一萬六千元，寫明應由各校自備款項；（3）師範學校十家，教育廳每家 44,300 元，合共 443,000 元，但尾數有出入，不及細敘，且皆在百元以下，乃建議各校與教育廳自行改正；（4）出版與譯述上月底曾送來一項明細預算表，經預算審核時函囑另送 Detail breakdown，現在又送來者仍為前次認為不合之表，如此重複延誤，殊為可異，經註明請其再行補送。余在寫此意見時，同時考慮其新附之一件 General Application 內乃將 Part A 之全部六百餘萬元全部列入，而附表則只有此三部分，余為免其將來有所矇混，乃在 Router 上寫明審核簽註者限於中學師範及翻譯、出版三項云。

7月29日　星期三　晴

職務

　　審核臨時收到之件，美國大使館 Refugee Program 所送之大陸災胞救濟總會送來之 Reimbursement Request 及附送之單據，緣此項 Program 曾以汽車兩部送至救災總會，為代辦救濟知識分子而使用，但該會除為此 program 使用外，尚為自己之業務而使用，同時該會使用此項汽車，亦發生種種費用，前者有派車單可供分析其使用目的，後者有單據黏存簿記載為此二車所支出之修理、換胎、汽油、保養等費，余檢翻之時，又見大使館人員所作統計表，將用車里程分為雙方各若干，又將修理換胎等費用加以統計，雖未說明未列入之費用如汽油及其他雜費何以不列，以意度之為性質不合不予列入，又此表所得之數是否與里程表所計之應由大陸救災總會找出用車總數應負擔之費用，然由其按每哩美金一角折合，亦意度其為二者互相抵算，為求證明大使館所列之數是否正確，今日工作為先將各筆費用之準備計入者與原始憑證相核對，同時將每月累計哩程表與每日哩程表之累計數相核對，均證明尚屬相符，哩程表分二欄，雙方各占一欄，有按其使用者照實分列者，亦有按總數各半分攤者，後者想係因其屬性不能劃分，乃用各半均分之方式焉。

7月30日　星期四　晴

家事

　　中學入學考試定今日放榜，紹寧係考初中一年級，昨日傍晚幼獅廣播電台即開始廣播錄取名單，聽至十時半，各項校本部俱已報完，只餘夜間部與分部，因為時已晏，故未收聽完畢，雖全家皆在失望中，但仍望能錄取一女中之新店分部。今晨報紙送到，果然見新店分部內有其姓名，於是乃確知並未名落孫山也。

職務

　　昨日所核之美國大使館送來大陸救災總會使用 Far East Refugee Program 兩部汽車該會墊支經費請求返還，並按哩程補償大使館之開支，按每哩美金　角折合一案內之單據，昨日假定其送來之分類清單，只為準備返還之數，未列入清單者，或將不予補償，詢之葉君，不以為然，蓋彼記憶以前 ICA 曾去函大使館表示可以全部補償，似不應有所區別也，為求證實，乃約經手人張君於下午來辦公室面洽，始知該項分析表只為就一部分之費用略知其大概，並非區別是否補償之意，余知此情形後，乃決定就其全部單據加以審核，不由局部著眼，尤注意所開之清單相加是否總散二數相符，並加以注意一切單據，發覺累計數少算四千元，諒係筆誤或計誤。

7 月 31 日　星期五　晴

職務

　　今日審核 Fund Application 一件，情形最為特殊，緣各種 Project Type 之美援台幣部分皆按百分法分類，如農、工、醫等類，最後為 99 則為屬性特殊者，所謂美援援美者，往往亦塞於此類之中，今日所核之一

件 Application 即為由美援會出面填具而用於安全分署
建築倉庫與修理廠之用者，此項建築在 59 年度已經於
今年六月間將全部之預算費用五百萬元領去，七月中
旬開標，由經濟部機械工程處得標，標價 498 萬元，
因建築師費與內部設備尚無著落，於是又用 FY1960 年
之 Application 請增撥五十萬元，但 60 年之 PPA 尚未
成立，此年度之 Program 內亦無此款，余乃註明意見
云，此項經費在 FY1959 全部核定 CEA 且支用完畢，
事實上開標至今不過半月，絕無如此迫切必須立即支
用之理，主張此項 Application 留待 PPA 核定後再行核
議，此案與其他稽核研究，咸以為該項 Application 並
未能採用最適合之方式，該會設仍用 FY1959 年度之
Application 請求增撥，即無理由予以稽留，蓋依照規定
每一 Project 用款如在百分之二十以內伸縮，得以不修
正 PPA 而予以增撥也。（一說此百分之二十為全年度
全體援款之百分之二十，非指某一計劃之百分之二十，
因未見 Manual Order 原文，故不詳知。）

8月1日　星期六　晴

師友

上午，訪逢化文兄閒談，並及劉兆祥兄治喪事，據云上週喪事已辦，本月五日將在台中開追悼會，友朋間希望能一切餽贈改折現金，劉兄遺有八子女，長子方十七歲，已有不務正業之習性，故前途甚可慮也云。

閱讀

數字遊戲有極饒興趣而富神秘感者，如本期 *Kaleidoscope* 上所載之一段即是一例。其法云，任寫一數，不拘位數，將各位之絕對值相加，其和由此原數內減去，所餘之數請他人任意抹去一位，然後相加其絕對值，報明若干，即可知其抹去者為一何數。例如 58961 之各位相加為 29，由此數內減去之為 58932，再相加為 27，如相加為 18 時，能知其抹去者為 9 字，其法為將 18 相加，恰得一 9 字，但如所得之數非 9 時，即由 9 內減去而得，設為兩位以上之數時，即將各位再相加，以至得到 9 以下之個位數為止，然後由 9 內減去，如適為 9 時即作為 9。余對此加以數度試驗，均無錯誤，但有一限度，即如遇此數之各位內同時有 0 與 9 存在時，即無法知抹去者為 9 或 0，其原因為凡抹去 0 或 9 時，其所餘各位數相加之結果均必仍為 9，謂其抹去 0 或抹去 9 皆無不可也。

8月2日　星期日　晴有陣雨

師友

上午，佟志伸兄來訪，閒談前次颱風其所住農林公司東園街台茶新村房屋進水尺餘，夜間措手不及，頗受損失，又談政情，總統三度連任問題，政治大學校長辭職由劉季洪擔任其間種種曲折，至午辭去。上午，韓兆岐兄來訪，再度表示如紹南出國費用不足，擬以所收房屋押租相助，余答因該項獎學金尚在進行中，諒不致落空，萬一落空，即再行籌劃，並感謝其感情。晚，蘇景泉兄來訪。

交際

同學馬星野新任駐巴拿馬大使，晚間黨校同學在校友會設宴歡送，席間致詞者有李季芝、劉博崑等，因客廳只容三席，全部三十餘人，水洩不通，甚感熱浪襲人，故匆匆散場。國大代表王克矯為子授室，余因另有交際，由德芳率紹彭前往。

業務

四年前未辦竣之林業員工互助協會清理一案，又定於下星期二開會研究訴訟問題，並通知余列席會議。今日該會之職員林慶華君來訪，囑對以前所辦財產估價工作所製總表財產估值之現在有無變動情形加以準備，屆時容有詢問之可能，余當從統計資料與報載證券市價等從事蒐羅數字，以供參考，據林君云，此項財產歸員工福利委員接管後，如何清理尚須請示省政府，故辦理清結尚未卜須待何時云。

8月3日　星期一　晴

職務

對於上週所查美國大使館託辦之中國大陸救災總會

請返還汽車各項用費一案，今日再作最後之複核，寫成公函稿一件，寫明審核各項單據之結果與應加應減各數，此案本係葉君經辦，余將函稿先徵求彼之同意，彼意最好能將全盤加減後應淨返還該會之數確實寫明，便於彼方處理，余乃重新來過，先寫應加漏算之數，由該會請求數內加入，再減剔除繳納規費，及單據不全之支出，最後再以淨應返還數與大使館應收回該會自己使用車輛之代金每哩美金一角等值新台幣，得淨應由大使館付給該會之現金數，此項計算結果比較具體清楚云。

集會

晚，在正中書局舉行研究院小組會，據報告奉新規定自本月份起每年始改選一次，每兩月始開會一次，但每半年須完成所發之討論題目一種，經於今日推出起草人三人，余亦在其內，九時散會。

師友

到台大醫院探望牟尚齋兄之病，據云已入院十餘天，本患十二指腸潰瘍，醫治兩月來未能根除，入院照 X 光後，發覺有膽結石現象，定於日內再行照片，以作最後審查，又同時患有糖尿病，不易治療。

家事

紹寧考取初中後，為先補充英文基礎，今日起至建國補習班學國際音標，預定十天完成。

8 月 4 日　星期二　晴晚雨

業務

上午，到林產管理局出席前營林共濟組合台籍組合

員權益發還問題座談會，參加各機關之代表有財政廳、
農林廳、人事處、主計處等單位、汪峻律師等，先討論
應否發還，決定應予發還，再討論如何發還，大體上
均不主再採以前之清算財產方式，而主張由政府審度過
去發還各種日台混和之事業或財產之倍數申算方式，予
以行政命令之規定。又現在二審訴訟之中，亦不主張採
法院和解之方式。此法雖與過去余已經代理進行之清算
方式前後矛盾，但由於清算主體之員工互助協會已經撤
銷，過去之事非必完全賡續辦裡，另起爐灶，亦是一
法，余在會場發言主張財政廳應查核過去成例，比照擬
定辦法，如無成例亦須顧及使組合員不太失望之原則，
另定比例，況此項權利為一種年金之形式，不能照此數
作為存款，應照孳息申算本金，再參酌物價予以核定，
討論至十二時決定推財政廳等擬定此項標準，提出下次
會議討論。

職務

　　上午，請假半天，此為余任事分署以來第一次使用
Annual leave，假條於昨日送出。下午只處理普通例行
事務，其中之一為上週所簽經濟部探勘煤礦計劃之延續
經費，今日 P/LCM 部分送來公函稿會簽，發覺錯字連
篇，當送回原經辦人改正。

8月5日　星期三　陰雨

職務

　　本月份工作 schedule 尚未發布，乃接續查核 1952-
1953 兩年度美援會之駐美技術代表團費用帳，所據之

資料只有兩年度之單據，每月一冊共二十四冊，並無帳
簿與表報，表報系由美援會另外調查得來，乃照 1952-
1953 自然年度之月份排列者，故 1952 年度之前半年亦
即 1951 年的七月至十二月無月報，而 1954 年度之前半
年亦即 1953 年下半年則又多出半年之表報，故無由證
明其當時是否一同呈送者。今日開始查核 1951 年七至
十月份，因無表可以加以控制，乃將各月份之各科目總
數依據單據核加，另行逐月列出，以代月報，因其中數
目有錯誤，故該代表團當時帳上所記是否與現在依據單
據所計得的數目相符，尚不敢完全肯定也。今查核已畢
者為四個月，其方式為先將單據加起得出各項支出之總
數，然後審核其單據內容，並分別為統計式的紀錄與準
備剔除款項之備忘記錄，前者如人事費姓名及每月數
額，後者如支出各月份之交際費與特支費，尤其招待
膳食而又不附單據，內容與手續兩皆不符，經逐筆予以
記錄。
氣象

昨日颱風警報發出，半夜後且有陸上警報，幸上午
據報颱風方向由北北西轉為向北，對本省威脅至下午即
解除。

8月6日　星期四　晴
職務

本月份 Working Schedule 已經定出，以三星期審核
美援會技術代表團之1952-1953 Administrative Expenses，
以一星期 Review and comment on PPA、Application 等等，

換言之，亦即以一個月之時間查核此項經費，其間遇
有會核之件即插入順帶的處理是也。今日續看該項經
費三個月，內容與前大同小異。以中間的時間審核 P/
LCM 部分送來會稿之函稿一件，為余上月末所核過之
Science Education，當時建議各項均已納入函內通知美
援會轉行，另有兩點未納入者則有甚微妙之處，（1）
出版翻譯五十萬元，前由黃鼎丞君審核一次，建議須補
Breakdown，而當時改送者仍為以前已送者，故余建議
仍須補送，今日信稿內周君對此點已不復要求，據稱黃
君所核之件並非以後再送者，如此纏夾不清，卷內所附
之breakdown 亦未註明日期，愈弄離題愈遠，乃決定不
再深入要求，即此適可而止；（2）為師範大學建築與
設備一百萬元，在審核之時本無此款在內，但 PPA 內
有此款，當時徐君由卷內未查出曾經有所核定，乃將此
筆加入，今日周君指出實際已經另案核定，但卷內資料
不全，余歸查當時所留之 Router 存根，證明當時係余
所審核，證明已不必再問，此二項即不再含於信稿內，
於是簽註對此稿予以同意發出焉。

8月7日　星期五　晴有陣雨

職務

　　本日繼續審核中國駐美技術代表團之 1952 年度開
支，今日共核五個月，隨時將有關資料記於 Working
Paper 內，人事費以統計為主，辦公費以憑證備否及有
無浪費為主，單據性質或依據不明者則記入存疑待詢事
項之內。

家事

明日八月八日，曾有提議定為父親節者，諸兒女為
表示紀念，將集資為余買領帶一條，余因領帶不缺，主
張買夏季飲料如汽水、啤酒，全家可以享用，結果紹
中、紹寧、紹因、紹彭一同出發，買來啤酒二瓶及襪子
一雙，余將於明日買汽水回贈諸兒女。德芳半月來又不
健旺，尤其胃不能飲食，虛弱而疲憊，精神不寧靜，
今日情形始稍好轉，料係家事太累而生活情況太過單調
之故。

體質

上午，鑒於數日來左腿麻木感甚劇，坐時幾乎以右
腿為重心，且左腿最怕風吹，昨晚暈眩肚周圍，左腿比
右腿約短一英吋，恐有萎縮現象，兩年來注射維他命 B
似未生效，認為有請教醫師之必要，乃到本分署醫務室
就診，其時只鮑醫師一人在，渠用一貫之推諉法主張余
到中心診所看神經外科，余因不得要領，時林醫師已
返，往與商談，並看余之腿部情形，認為並不嚴重，為
使神經不至有萎縮現象，打針以外，不妨兼採按摩或電
療，注射維他命 B 仍有必要，亦不必過多云。

8 月 8 日　星期六　晴

遊覽

因德芳勞累過甚，為謀短時之遊息，乃於下午同作
圓通寺之遊，寺在中和鄉近郊，余七、八年前曾與黨校
同學多人集體往遊，現在交通更便，道路亦修整可行，
余等於下午三時許到福州街乘公路局班車往中和鄉枋

寮，三點二十分到達，三點二十五分換乘文山民營車赴
圓通寺，僅五分鐘至山腳，下車後先到近年新建之國軍
忠靈塔憑弔，有六角亭，嵌碑記六方，為參謀總長、國
防部次長及陸海空勤四個總司令所撰，書法無足觀，僅
聯勤總司令黃仁霖一碑之書法有極豐富之篆隸意味，不
知何人所書，極耐觀摩，末寫黃仁霖撰並書，諒非事
實。由此登山，為極平整之石徑，移時到達山門，此為
六、七年前台人所捐建，門外有大象、大獅各一，竝水
泥製，門內有彌勒佛像，亦然，旁有窄路可通樓上為一
精舍，供較高尚之遊客憩息，外望一片山色，下瞰則板
橋與淡水河蜿蜒在望，風景佳絕，入內看大雄寶殿，金
象莊嚴，旁為禪房，由知客尼達禪招待飲茶，據談其門
山祖師為覺慧，實非尼姑，但其女妙清發願出家，覺
慧實貲助而成其事，數年來兩代先後謝世，妙清有女
達願出家在寺，將繼其衣鉢焉，達禪又云，寺右有樓房
一座，將設班講課，因房屋為部隊所借，迄今尚未開
始云。五時半下山，五時四十分末班車回中和，即轉
台北。

8月9日　星期日　晴有陣雨

閱讀

　　讀 Arthur Larson 著 *What We Are For*，此書雖文字淺
簡，說理亦不深奧，有類趣時而又迎合一般趣味之作
品，然其所提之見解，確有擒賊擒王，提要鉤玄之
創獲，余今日所讀為第一、二兩章，一章曰 "Why we
must state what we are for"，乃在闢除一般非楊即墨之

俗見，以美國為資本主義，其反面為社會主義，第二
章為本文之要旨所在，章目曰 "Enterprise Democracy"，
開端即揭出基本精神為 Lincoln Formula: The function of
government is to do for people what needs to be done, but
what they cannot do at all for themselves, or do so well.
由此而引伸出以下之三原則：The first idea is that in a
modern industrial society there should be more than one
entity acting upon the needs of people. The second idea is
that the major entities in a modern industrial society are not
basically in conflict with each other, but rather support each
other. The third idea is that there is an inherent preference
in favor of the private as against the governmental way of
doing things. 全章即由此二項加以發揮。

8 月 10 日   星期一   晴

職務

　　繼續查核美援會技術代表團之 FY1952-1953 經費，
今日已開始查 1953 年度，計查完七月份至九月份，內容
仍與以前年度大同小異，交際費等以應酬安全分署官員
者占大多數，且無正式發票帳單，均經一一加以記載，
備作統計之用焉。以前所作之 RETSER Hospitalization
Leper Project 查帳由最近升稱 Principal Auditor
之徐松年君核閱數日，字斟句酌，今日已經完成，而
對於一個極小的問題與余說明良久，主張不必列入
Recommendations，余已允如所主張者，而最後渠又
放棄己見，緣在查帳中見有預算中之 Leper Farm 中止

進行，其地址根本未經選定，而建築師之吳文熹則支
領公費至第三期，亦即支領至已經發包之階段，而當
時訂約之情形則遍查不知，於是在報告內提出此項支
出，並建議連同其他各項建築費用均須提出結帳或進
度之資料備 Follow-up audit 時之審閱；徐君認為在余
之 work paper 內已經指明吳文熹提供說明謂已發包某
廠商，大類捏造，余則更以為既不能不再將全部加以
Follow-up，即不必單獨留此漏洞，只有 Findings 而無
Recommendations，余雖不甚同意其見解，然因問題不
大，亦不堅持，彼最後又自動放棄其見地，此等事雖
似十分審慎，然浪費時間於無謂之討論，固亦莫此為
甚也。

8月11日　星期二　晴

職務

　　數日前依據審核美國大使館所送大陸救災總會申請
撥還汽車用費之單據，所擬致大使館復函於昨日經劉
允中主任加以核改後，今日送之 Audit Branch Chief A.
W. Tunnell，彼對於文字又有修改，其他無何關係，只
有一點余頗為心折，緣大陸救災總會所送單據分為費用
憑證與行車里程憑證二部分，而傳票所記則為費用總
數，至於應退回之用車哩程代價則並未扣除，余於信
內將單據之合法數目列出後再減除里程代價，始為 Net
amount to be reimbursed，余在計算時首先列出費用總
數，名曰 Total amt. requested，劉君下加 to be reimbursed
三字，Tunnell 則詢明上項扣抵事實後，將此項用字改

為 Gross amount of expenditures，與下Net amount to be reimbursed 互相對照，可謂恰當。昨日徐松年君所核之余與李慶塏君合作之 RETSER Hospitalization Leper 一報告，本已定稿，今日彼又提出一問題，即預算數變動頻繁，由卷內無由知其原委，尤其建築情形未能往觀，亦不知究竟已造房屋若干，比原預算增減如何，恐 Tunnell 在核稿時尋根究底，囑余再向輔導會查詢，但因經辦人全不在家，未即有結果，彼即責難此項分立制度，談來近一小時，仍然不倦，李君認為吹毛求疵，不予置理。

8月12日　星期三　晴
職務

　　繼續審核 FY1952-1953 之美援會駐美技術代表團經費，已核訖至一九五三年之二月份，並對於 1952 年度即 1951 七月至 1952 年六月之一年間總數加以彙計，發現有無從證明之差額，蓋此年度之十二個月單據雖均齊全，然無帳簿表報，其佔半年之久，故此半年間（自七月至十二月）之實支數係照單據內各子目加以核算而成，此數與其帳列數或表列數是否相同，無法臆測，幸其有表之部分均有按年度累計數，余乃就其 1952 年一月份所列年度累計數檢去當月數，即得理論上之 1951 年十二月底之六個月的累計數，此數應等於六個月單據之總和，但核對結果，單據多九元八角八分，錯誤何在，不能確知，此一端也。次之，其支出科目有薪俸、辦公費、購買、旅費四項，上述發生數額差別者為辦公

費，核對結果，又發覺旅費一項全年度單據均未列支，
而表上則可見之月份亦即一九五二年之元月份或 1952
年度之第七個月份，列有自上月滾計而來之旅費，餘額
一千餘元，此數來龍去脈如何，根本不知，唯一可能為
專案呈報核銷而只在表內列數者，然是否如此，亦無由
確知也。本月七日台中、台南一帶暴雨成災，政府及人
民已展開救災運動，因災情慘重，財產損失逾十億，死
傷在二十五萬人左右（連歿及數在內），政府正做長期
計劃，今日起禁屠八天，分署會計處同人發起募捐賑
災，余照最高數捐二百元。

8月13日　星期四　陰雨

職務

余本月份所擔任工作除查帳外尚有對於各業務部
分送來會核之件，雖因年度伊始，而來件不多，但亦
有內容甚為複雜之件突然而來，如今日收到之一件 P/
LCM 所擬復美援會函一件，對於開發基金台幣配合貸
款 一 PPA 內 之 Byproducts Coke Oven Sub-project 貸款
一案，表示因前次六月底送來之 Fund Application 經分
署覆函認為該項計劃主辦之 Pioneer Corporation 尚未
取得適當之土地並未知已籌資本若干，目前雖可以簽
發 CEA，但實際付款須待二事澄清，該公司乃改變方
式，擬先以自備款從事援款內之計劃支出，俟二事澄清
再請分署准予用 Reimburse 之方式予以撥款。余查閱案
卷，悉上項已經核准之 Application 為靳綿曾君所核，
簽註意見為一切充足，無條件予以核准，但 Controller

H. F. Shambarger 則主在其下寫如上兩點意見，足見似
有所聞，余乃以此項經過就商於劉允中主任，彼認為
Shambarger 既有此二事，現在此二事尚未獲致最後答
案，如在簽註意見時不予提及，難免構成一大漏洞，余
乃以比較和緩之措辭，草成一項 Router，認為該公司
對於以前本會計處所要求之事項尚未完全做到，現在雖
不需立即撥款，但將來實行 Reimburse 之時，應先考核
其對此二點已否做到也。

8 月 14 日　星期五　晴曇
職務

繼續審核美援會駐美技術代表團（CTM）一九
五三年度之經費，今日止已將全部單據核訖，其中每月
情形大同小異，為統計方便，將人事費列成表格，其他
則對於不予核銷之費用逐筆開出。全部核訖後復依據該
代表團之月報表一九五二年六月份與一九五三年六月份
製成 Trial Balance 各一份，將表內所用科目年度終了之
餘額加以排列，借貸平衡，但此項表格仍有不能表示之
處，即預算與實支之比較是也，表內所用為現金收支結
果所反映於各總帳科目之數，為收支實現之過程，另附
有應收應付之暫記事項，其「美援會撥款」一科目原則
上為根據預算撥款之記載，但無預算數相對照，亦難遽
予斷言即為預算實支相一致之數，從而其表內所列之經
費剩餘繳還數亦無法證明即為實際之剩餘數，所以如此
者則因表上數字無帳簿可以核對，亦未知其帳簿所記除
收支外，是否尚有預算比較之記載也。

師友

　　中午，楊紹億兄來訪，據談其公子因須赴美，向台灣銀行繳驗保證金二千四百元，而事先約定之借款友人赴東京未返，須短期籌三百元（美金）應急，余初以為其確有著落，且為期短暫，故準備以王慕堂兄將託紹南帶美之三百元先為之濟急，允下午與王兄商量，泊詳談後，知此友人係其子所交，此款借後何時可以還，殊無把握，知其情有異，乃於下午以電話婉拒。

8月15日　星期六　晴有陣雨

師友

　　上午，到台灣銀行訪邵光裕兄，探詢美鈔行市，將為紹南繳納出國留學保證金而續購三百元，據轉詢一銀樓後云，行市每美元為台幣四十七元五角，但甚不易買進，余思此價比數日前實施名義上單一匯率時之價已高出一元，既難買而成此價，自不易更漲，乃決定觀望數日再說，萬一又漲至余前次買價之48元，亦只有聽憑運氣矣。下午，同德芳到青田街訪中信局產物保險處王厚增主任，僅遇其夫人，往訪目的在說明紹南之出國日期將為下月初，因 George Washington University 之 Admission 最近始行寄來，出國日期最近始獲安排，故雖準備如此之久，而未正式向王氏說明，即以此也云。下午，同德芳到安東街訪徐嘉禾夫婦，此為渠移居林產管理局宿舍後第一次往訪，並探望其久病之子，據云已漸次好轉，腿關節可以健復，以前本不敢抱此希望，亦云幸甚矣。

交際

晚，葛之覃兄為其二子在光復廳舉行結婚典禮，余往道賀並送喜儀，茶點款待後辭返。先是下午見中央日報登有啟事，余因葛君在此同名者有二人，為證實是否此葛君，乃以電話詢其服務機關中央信託局及其寓所，但答復具甚模糊，乃逕到中山堂始問明。

8月16日　星期日　晴

師友

下午，蘇景泉兄來訪，探詢紹南獎學金出國事，經告以刻已接到 Admission，又談其最近有擔任 Participants 赴美進修之機會，名義為在僑生教育計劃內考察訓育工作，蘇兄因不慣從事此等緊張生活，並未申請參加，結果由李東白兄參加云。晚，張中寧兄大婦來訪，探詢紹南出國準備之情形，告以因 Admission 最近始到，故始可預定於下月之初旬成行，張兄又談及其子女緒心與璧玉在美之情形，子緒心在米蘇里新聞學院已讀畢碩士學位，下學期將赴 Florida 大學續讀博士學位，其女璧玉已在該校得有獎學金，故亦有力量為其兄申請免費並助其零用云。

體質

近來左腿之麻木症狀未見轉劇，當歸功於每晚由德芳用樟腦油為余按摩，日間坐椅之姿勢雖須常常移動，但尚不致短時即有麻木感，又打針每週由二次改為三次，或亦不無小補。胃病亦見好，因自月前小病一次，吃菜以蔬菜豆腐為主，胃部感特別受用，惟近來有一情形甚費解者，即晚間如略飲水或茶，睡後略無多時，即須起身小解，而解出之量則甚少，晨起時如早已內急，但又可支持至數小時後不需排洩，日間亦無頻頻小便之需要，當非糖尿等病之象也。

8月17日　星期一　晴

職務

上週所審核之 Pioneer 公司開設 By-product Coke-oven 一案，其六月底所送 Application 及預算本經靳君審核簽註認為一切正常，但送之會計長 Shambarger 時，彼又加一段，認為該廠之資本及其使用之土地問題如尚未解決，即不能付款，緣是 CEA 於月底趕發而等於畫餅充飢；現該公司又申請先自行籌款開始建築美援預算內之工程，俟將來款到歸還，工業組與台幣業務組均允所請，而土地問題只據云已將經濟部核准使用台肥六廠所徵得之民地，資本則正在徵集中，二事尚未完全明朗，余乃簽註對此項函稿複准先行用自籌款開工一節擬予同意，但在歸還時則須先將上兩點做到，此項送 Tunnell 先核之簽條引起其一項甚別緻之看法，余所用之字眼為此二事必須於 Reimbursement 前做到，Tunnell 則認為所謂 Reimbursement 應不指 Release 而言，蓋全計劃用款一千一百萬元，該公司只先墊用一部分，今只謂 Reimbursement 前如何如何，易被指認為該公司自行以所收到之援款 Reimburse 其自行墊用之款，則對於美援會應否 Release 並無拘束力，反造成一大漏洞，此見解由咬文嚼字之見地言之，不無理由，然在任何人應一

望而知此款之開始 Release 應首先用於 Reimburse，此
理論上容為二事，事實上則絕非也。

8 月 18 日　星期二　晴

職務

以前所擬為核銷美國大使館所送大陸救災總會送
請撥款單據內之司機待遇三萬餘元之復函一案，本為
極簡單之事，因原核轉人劉允中主任在病假中，由代
理其事之徐松年君核稿，此君字字推敲，由大使館來
文批評起，至上次復函內容經 Tunnell 核改 Suspense 為
Disallow 止，認為以前處理無一是處，幾乎應復函允予
核銷，且於前後矛盾表示歉意，如此說來說去，幾乎認
為非有妙手無術回天，於是取出其所改余之稿文，其實
內容立意大同小異，得意之筆在加入一點謂根據本署
二十二日去函擬予核銷，而余查閱二十二日函，不過為
主張對該項單據予以撥還，與前次剔除之原因為單據不
夠充分者並無若何關係，余提出此意，彼一再強調此點
為無理由之理由，非此不足以解除前後之矛盾，認為余
未引證為一大失策，並詢余看過該信否，余告以此信為
解決本問題基本原則所在，焉有不看之理，至於單據之
是否充分，何在乎其在該日以前或以後，於此爭來爭
去，幾乎面紅耳赤，後思何以如此缺乏涵養，悔之莫
及，記此引為鑑戒。

娛樂

晚同德芳到介壽堂看救災戲，大鵬劇團演蓮花塘，
拾玉鐲、章遏雲、哈元章演汾河灣，章劇為余初次觀

賞，果然名不虛傳，唯一缺點為身段為肥胖所沒。

8月19日　星期三　晴

職務

美援會駐美技術代表團之 1952 與 1953 年度單據上週已看完，今日起整理 working papers 與彙製統計數字，本日所從事者為將人事費用加以綜合之分析，蓋人事費用占其全部費用之大半也。余在審核單據期間並發現有若干人事費用且隱藏於辦公費之內，欲知實際人事費用若干，須將薪俸與辦公費二科目之內容同時兼顧，故余之表內直標用在職人員姓名，橫標按待遇種類分列，復將各項名稱歸屬於薪俸項下與辦公費項下之二大類，除辦公費內之人事費只占其一部分無法由帳上餘額加以核對外，薪俸項下者則與該團表列薪俸科目相一致，將此二類逐人加以彙計，即得每人實得待遇總數。今日在將薪俸項下彙計總數後發覺有差額存在，總數不與該團表列之薪俸餘額相同，經一再複查，始發覺其原因為在查核單據時未將人事費列在何科目下立即註明，若干為事後補註，乃有張冠李戴之情形，經核對調整後始得相符，表始製成。

師友

下午到劉允中主任家探望其目疾，已在週期之復原期中，但本星期內尚不能辦公云。

體質

昨日食鳳梨太多，花生米則太陳，下午大吐，且腹瀉一次，今晨又瀉一次，腹內始漸舒，然飲食仍極小心，體力因而大為減損。

8月20日　星期四　晴
師友

　　晚，王慕堂兄來訪，因余今日曾去電話，未獲接談，洎王兄來電話時，余已下班，余今日通話之目的為詢問以前洽妥借美鈔三、四百元為紹南繳留學保證金，俟到美後即行存入王兄在紐約之存款戶，庶乎兩便，今日王兄來訪，乃將此事提出，並決定由余明晨到王兄處面取，今日王兄在此談其現況甚詳，據云曾因服務之交通銀行不肯供給較寬敞之宿舍請假一個月，最近始行銷假，渠對於該行一副總經理、一秘書室主任均感處事不公，憤而堅辭秘書室副主任云。晚，廖毅宏兄與吳錫璋兄父子來訪，吳子今夏入學外交系畢業，因聞紹南曾於今夏考取獎學金二項，為前途計，特來探詢詳情，以便注意爭取將來之機會，余因其時有外客在座，囑紹南與其直接詳談一切云。晚，關文晉氏來訪，謂其婿薛立出境事已經兵役機關證明其不受兵役約束，但公文雖已到警備總部，該部遲遲不批，從旁打聽認為此案須再調查，於是滯壓不辦，有人云如有立法委員說項，或可收效，乃約定後日同訪崔唯吾先生商談。

師友（續昨）

　　晚，趙榮瑞君來訪，因余日間曾以電話查詢留學生保證金繳存與旅費結匯手續，以及何人主管，乃來面告，並約定明日由紹南前往台灣銀行介紹主管人洽辦一切云；趙君又談其今夏三子女全升大學、高、初中，尚順利云。

8月21日　星期五　晴

師友

晨，到青田街訪王慕堂兄，取來洽借之美鈔四百元，即於上午會同紹南到台灣銀行訪趙榮瑞兄之戚涂君，轉洽刁君暫時存入，並待下星期一再來正式辦理匯出手續，今日共存六百元，除王兄之四百元外，為前託邵光裕兄代為保管二百元，繳付後即連同所獲獎學金湊成二千四百元，亦即簽證出國所須驗看之數。另有台幣結匯旅費六百元，亦於昨日由紹南填表申請，須待明日外貿會通過後下星期一可以辦理，惟此項會議至多每週一次，如不能於明日提出，即至少尚須延長一週，於是一面於昨日由趙榮瑞君介紹台灣銀行經辦人託務於明日提出，一面於今日並以電話託外匯貿易審議委員李鴻漢兄務於明日提會，以便下星期一簽證後即可匯出云。

職務

今日處理公文簽註意見，凡一件，為台灣電力公司申請其高雄火力發電廠所用 PIO/C 器材有若干零星短少約值美金五百餘元，不及總數百分之二，向供應商追索久無結果，主張予以註銷，美援會已經同意，徵求本署意見，余本以為可以同意，而徐松年君則再三推敲，又恐工業組不予同意，為顧住立場，主張該公司再行詳報短少及不能追回之詳細經過，以憑處理，乃據此見地擬成復美援會公函稿一件。

8月22日　星期六　晴

師友

上午，關文晉氏來訪，同到新店訪崔唯吾氏，託向警備司令部說項，早發其婿薛立之出境證，承允將信寫好後送崔氏蓋章。

閱讀

續讀完 Arthur Larson: *What We Are For*，第三章 A New Political Yardstick，第四章 Human Nature and Ideology，第五章 The Future of What We Are For。第五章內容最為精華，要旨先述 "The mature economies of the free world"，再述 "The newly developing countries"，更說明 "The people within the Communist Bloc"，由此三者之現勢，認為均有走向 Enterprise Democracy 之趨勢，以英國工業國有化之停止進行，印度採用公民分營，蘇聯逐漸採行效率制度為舉例而實其說，大體上極見重要性，但於蘇聯一節只寄託於新知識階級之形成，以國民間之攜手為將來共產政權與經濟制度轉向之根據，似論旨略嫌薄弱也，就其論 Newly developing countries 一節之內容言，余意為全書最著力之處，舉凡自由經濟之生產力最高，效率最高，進步最速，品質最佳，對消費者體貼最周，分配最合理，與共產經濟之與此一一相反，均舉例說明，並從反面說明蘇聯並非本來最落後與近年工業發達最迅速之國家，皆有助於澄清當前不明朗之問題也，全書只 170頁，簡明扼要。

8月23日　星期日　晴
師友

　　晚，王慕堂兄來訪，託紹南帶信二件至美國介紹見顧翊羣氏與趙棣華夫人，又開來其存款之信託證券公司地址，備紹南到美後將所借之美金四百元撥還存入，王兄又談其眷屬包括三女一子在大陸近況甚詳。晚，樓有鍾兄來訪，閒談，瀕行始提及其在美援會支領房租津貼事，一向因所住為其父所居之省府房屋，美援會只給半數，如此者已半年，甚感吃虧，將以移居租房為理由改領全數，詢余家是否可以代其辦理此項假定承租之手續，余原則上應允，技術問題請其再從詳考慮。

閱讀

　　讀 *Key to Economic Progress*，希臘留美學生 D. G. Kousoulas 著，在闡釋美國經濟制度之特點在於 Mass production、mass consumption 與 mass purchasing power 之三者循環交流，而生產分子之企業家勞動者與政府三者間之互相倚賴而不互相抵觸尤與馬克斯階級鬥爭之理論大為異趣，至於公私關係之分際則引述林肯名言云："The legitimate object of government is to do for a community of people whatever they need to have done, but cannot do at all, or cannot so well do for themselves in their separate and individual capacities." 此語殊可深長思也。

8月24日　星期一　晴有陣雨
職務

　　今日工作為對於文件之 comment，其中有一件甚費

周章，緣有美援會職員張君半年前在一個特殊 project
名為 1817 者內開支薪俸，今春公務人員保險開辦，美
援會編制內人員均已參加，張則在外，但因患病耗去一
萬二千元，要求公家補助，其簽呈送美援會秘書長等均
尚未批，另以英文信一件送分署會計長呼籲，會計長即
交 Audit Branch 之 Tunnell，Tunnell 又交徐松年君，徐
又交余，意在研究應否負擔此款及有無其他辦法。余與
徐君再三研究，因彼與張有舊，極力成全，商討之下，
乃由余簽註意見兩點，一為該員所要求者為由於奉調他
職，而將就醫於中信局指定醫院之權益喪失應予補償，
自然有無理由一望而之，故如美援會在要求總額百分之
六十五之限度以內由其機關經費內予以補助，似無不
可，蓋現行之公教保險為政府負擔百分之六十五自己負
擔百分之三十五也，二為為避免再有同樣情形發生，美
援會不妨與中信局磋商將其全部職員加入保險，庶再有
同樣情形之要求時可以由中信局負擔醫藥費，而公家只
須負擔保險費百分之六十五即可，輕重之間，去取何
從，不言而明也。

師友

晚，蘇景泉兄來訪，贈紹南書數冊。

集會

晚，舉行區分部小組會議，只將公文報告並繳納黨
費，移時即散。

8月25日　星期二　晴

職務

審核手工藝中心（Handicraft Promotion Center）1960
年度之 Fund Application，大體上與往年者相同，但有兩
項經余認為不夠詳盡，其一為研究發展費內列九十九萬
元，只籠統寫明為支付專家及技工之用，如無詳細之說
明，易資流弊，且使將來查帳發生困難，其二為一項補
助其他機關之費用，列出機關名稱者皆與往年相同，最
後列二十萬元作為付給未列名之機關用途，此種抽象之
費用亦為將來查帳感覺困難之項目，此二項以外者皆為
與往年大同小異之項目，未予置意，以示前後一貫，但
徐松年君又加入兩項需要說明者，其實為往年已經列支
且未事先具有 Breakdown 者，徒貽人以前後不一貫之
反感耳。

師友

晚，樓有鍾兄來訪，談所任美援會職務照規定可支
房租津貼六百元，但因其現在自建之屋乃位於其尊翁所
住之公家房屋空地上，而只發半數，於是準備將戶籍遷
移，另立租約，此事託余擔任其房東，為便利起見即由
德芳出面為之辦理云。李韻軒兄昨日來訪，談有友人擬
買余在保健路所存之磚六千個，詢索價若干，今日聞市
價為四角四分，乃回信照七折三角計算云。為吳伯實退
役就學事函詢員林中學楊鵬飛兄有無促成之法。

8月26日　星期三　晴

職務

為所查美援會技術代表團（CTM）1952至1953年度經費單據已經查完，有若干待查補、查閱、查對與查詢之事項須進一步了解，而往訪美援會主管經費會計之何大忠兄，何兄云當時美援會尚未成立會計處，故不甚接頭，但將為余調卷以求明瞭。至於經費之來源當時曾由聯合售品帳戶內以簽發EA之方式撥出，共為三件，主管美金撥款會計之盛禮約兄亦不知其詳，改往詢問財務處之宋君，始略知梗概，並將舊卷調出原件備核。

師友

同樓有鍾兄到歐美旅行社訪經理戴君，為紹南已登記而落空之CAT飛機事有所詢問，據云已登記者以付款（定金）先後標列號數，現已滿六十五座位，尚有付定金者二十餘人，登記未付定金者四十餘人，紹南未付定金，故不能列入，余詢以當時並無先交定金之規定，只云月底前付票款，此延誤之責並不在我，經交涉結果，決定在六十五人中有不能成行時立即通知以情讓方式先予遞補，時間不出月底云。到遠東旅行社訪馮允生君，告以紹南曾在該社與中國、台灣及歐亞三家合辦之下月五日包機中登記，因未付款未能排入，望有以補救，馮君允月底前設法在六十八名已付款而不能成行者之中注意補入云。樓有鍾兄與余談番石榴英文名為guava，連及avocado，不知中名，似在蓮目與楊桃之間云。

8月27日　星期四　晴

職務

今日處理會稿會簽文件二件，一為 Science Education 計劃內清華大學建築科學教授宿舍圖樣改變，以Motel 式公寓供給外來之人士，用款數目不變，余詳核其建築師所擬與 J. G. White 公司核定之預算表，發現有計算錯誤，但為數較微，故在簽註意見中寫明小誤應由該校自行改正；二為經濟部礦產勘測團本年度經費預算，此為一計劃較長者，余乃以其去年之申請文件相核對，發現去年用款比今年略多，而行政費用只二十八萬，今年則三十八萬，顯見又為增加用人著想，留此餘地，余乃將此點指出，認為無增加之必要，至於全部預算均缺少細數與說明，此在去年度申請時已經囑令補送，今年又只送一簡單申請書，必係以刺探方式欲知是否能否逃過，如不加注意，即行免於另送，余乃主張每一項目皆須補送 Detailed breakdown。

瑣記

余家自前年收容一三足之貓，最近又三度生小貓，共三隻，連前胎所留一隻，共有貓五隻之多，實有貓滿之患，前日以四隻贈隔壁送往其麵粉廠，只留老貓，悲叫三數日，現始平復，可見天性無分人與動物也，諸兒女亦多發揮惻隱之心，余與德芳亦為不懌者久之。

8月28日　星期五　晴有陣雨

業務

上午，到林產管理局參加前營林共濟組合台籍組合

員權益發還問題第二次座談會，今日開會宗旨係因上次
會議曾決定應予發還，至於以何項方式計算發還，請與
會之財政廳等單位加以研究，再行提會，不料今日開
會時社會處又提出另一枝節問題，即鐵道共濟組合曾由
鐵路局擬一發還辦法，以職工福利委員會名義請社會處
核准，社會處又轉請內政部核示，尚無下文，該處乃主
張等候此項解決後再行辦理，幸在座人員有提出上次決
議之經過主張不可再行延宕者，乃進行討論發還之方
式，財政廳方面認為有先例可援者只有台灣銀行之舊台
幣3.15元折新台幣一元之比例，則四萬元之年金只折成
一萬二千餘元，陶玉田局長又提出以年金數用資本還原
方式，將四萬元年金照年息五釐升算為八十萬元，再加
以十餘年來延付之利息，而會中多不予同意，最後乃決
定由林管局將各種可能之算法列出送請省府核定，其中
將加入以前該局請還舊債時之舊判例，而汪峻律師則又
主張如政府不能解決，即仍在法院以和解方式解決，以
對造所提之方案將財產分割一部分給予之，但又聞高院
已判決須付六百萬元，已超過估價財產之該員等應得三
倍，種種情形，可謂極度混亂。

家事（補昨）

表妹姜慧光來訪，持贈紹南美金十元，以作其出國
紀念，固辭不獲。

8月29日　星期六　陰雨

集會

上午，到重慶南路一段國民大會黨團幹事會出席黨

團小組會議，由組長趙雪峯主席，余為記錄，首由組長
報告中央各項揭示，一為中部水災急救已大體就緒，現
正積極規劃災區重建，中央認為災情雖重，但對外宣
傳不必過於誇張，以免以起人心不安與大陸政權之資為
反宣傳依據，次為明年大會內之修改憲法問題，現在定
局似為修正臨時條款，對於蔣總統連任之理由不採對國
家有何功績，而因係第一任總統，富有歷史意義，但開
會時是否有友黨代表不肯附和此項意見，尚須顧慮及之
云。旋開始討論，集中於中部水災所反映之通信設備的
缺點，主張於固有之有線電外，各縣市均應加設無線電
與無線電話，以免有事故時呼應不靈，形同癱瘓云。散
會後由小組長趙雪峯約到會賓樓午宴，用款為中央所發
小組一年來之經費，並請中央黨部副秘書長郭驥參加，
報告考察歐美各國之觀感。其要點集中於美國下屆總統
之改選問題，共和當候選人可能為尼克孫或洛基非洛，
民主黨則群龍無首，故以人望論，應屬共和黨，若以選
民情緒論，則又屬望民主黨，又談歐洲國家，西德復興
迅速，繁榮有加，西班牙、土耳其外間以為氣象應甚
好者，反因其官僚政治之累贅，貽人以極不進步之印
象云。

8月30日　星期日　陰雨
颱風
　　颱風瓊恩（Joan）昨午逐漸接近本省，晚在台東新
港登陸，北市昨日下午雨漸大，風不甚烈，至晚猶然，
預告之午夜過中央山脈，西北部影響即較重，果然在今

晨三、四時間，風勢凶猛異常，余之木床靠近窗旁，似
有極猛烈之力量向窗外之遮風板撲來，床略有震動，似
由房屋之動搖而來，惟余之房雖舊，係木造日式，抗風
力似甚頑強，余對此房之種種缺點如空地太少，無衛生
設備等等本甚不滿，然由數度抗拒颱風之優點言之，似
又令人甚生好感也，自三、四時後，風力雖未十分減
弱，然間歇較長，使人略可一紓緊張之神經，如是者直
至今午間歇愈後愈長，而至漸漸消失。報載此次颱風為
有紀錄以來之最強者，而直徑達九百公里，三倍餘台灣
南北之長，以致行動範圍極大，全島在暴風圈內幾達一
晝夜之久，市內較簡陋之房屋，聞倒塌二百餘棟，所幸
雨量不大，未成水災，亦不幸之大幸也。

交際

陳立夫氏六秩壽辰，此間友好有簽名祝壽之舉，余
下午到校友會，云冊頁已簽好在郝遇林兄家，至郝兄處
工友云未見，乃留字請代為簽名。

師友（補昨）

到台灣大學訪黃德馨兄，因紹南所考該校李氏獎金
雖為第五名，而第二、四兩名已斷定不能參加，第三名
則趕辦手續，設再不成，紹南即可獲補，黃兄問校長
室，謂希望甚小。

8 月 31 日　星期一　晴

職務

今日所遇 Review/Comments 為一甚微妙之問題，
雖內容甚簡單，而經過則曲折之極，緣 FY1959 年度有

一 project 曰 "Science Education"，內含清華大學建築外
籍教授宿舍款七十萬（零九千略），來函請准改變圖
樣，P/LCM 曾於前日覆函准允，而將稿送來會簽，余
因款額相同，新圖樣且經懷特公司核過，故寫 Router
予以同意，送之 Tunnell 時，彼見原函有 cost estimate
不包括 4 % 建築師費一句，遂註云，何人負擔建築師
費？不發回加註即行轉送副會計長 Dunn，Dunn 則進
一步加註查詢原來預算對此如何規定，現在有無改變？
余在審核之時曾發覺此一問題，乃由於估單內未將此項
建築師費列入，來函之註即聲明須照估單外加 4 % 始
為預算總額也，因此點與前無異，現在主題只為變更圖
樣，故對此題外文章，即不涉及，且事先曾查閱文卷，
未見有以前之原預算，以電話詢 P/LCM，謂曾送過無
誤，亦因非今日主題，未再追查，於見 Dunn 所詢之問
題時，即往詢 P/LCM 蘇君，始知 4 % 之來歷與包括在
內，乃將七十萬之構成列成一表，準備答復焉。

師友

關文晉氏來訪，談其婿薛立請出境證事，崔唯吾氏
已去函請負責保證，甚為切實，或可奉准云。

9月1日　星期二　晴
職務

　　昨日所辦之說明清華大學宿舍建築師費問題，寫成後請徐松年君核轉，因余之內容係由 P/LCM 核定此七十萬總數之 42 號函說起，由其 cost estimate 之內容細數證明建築師費為 4%，且由 P/LCM 經辦人證明無誤，現在總數未改，建築師費自仍在內，徐君不以為然，謂 Dunn 之所註曾詢 Original Budget，必須由最原始（按為申請八十萬）說起，然卷內資料不全，其中建築師費如何列出，並無從知悉，故說亦等於不說，以下即謂 P/LCM 曾去函核定為七十萬，並而云建築師費為 4%，但此數亦不見於估價表內，至於現在所請變更圖樣，金額未變，建築師費自亦未變云，此事最大缺點為 P/LCM 所辦 42 號函核定七十萬時，既未送會計處會簽，亦未有附件明白寫出估價單內容，乃不得不以口頭解釋其七十萬之來歷，余初意只須將七十萬之內容說明內有建築師費4% 即可，其他不必再涉及，徐君則堅持必須從頭說起，陷於重心不明之狀態，蓋因其認定 Dunn 之所謂 Original 指 80 萬時之估單，余則認為 Dunn 並不知有 80 萬之最初數額，其所謂 Original 實不過為改變圖樣前之預算，則仍應由 70 萬說起也，余爭持無效，最後仍照彼之見解重寫，打成後重閱，實未見其有扼要之處也。

9月2日　星期三　晴

職務

本月份分配工作有二件為軍事工程用款，為準備
資料，先到 P/LCM 查閱文卷，由於此二案為 1958 年
度者，謂文卷已集中於 X/C&R 保管，乃託管卷之胡女
士前往調來，此種事最為麻煩，因 C&R 平時列為禁區
也，調到後即大體先行核閱，並與軍事工程委員會之報
表相為核對，因為 1958 年度用款業已結束，故無何差
額存在焉。

家事

晚，與紹南到姑母家吃飯，係為紹南餞行，餐間談
及表妹夫婦希望全家移住頭份人造纖維場配給宿舍事，
余極力表示贊成，不必再從事此等費心勞力之製衣業，
但姑丈表示仍願再行經營數年，然後結束不遲也。紹南
赴美之飛機票本定下月五日及十一日兩天各旅行社之包
機，其中並託樓有鍾兄對十一日之一架向主辦旅行社多
方設法，今日已完全絕望，幸前日已將下月七日之泛洋
公司班機票買到，始未落空。

師友（補昨）

樓有鍾兄晚間來訪，送還上月取去之德芳圖章等
件，並將其所移戶口名簿交余家保存，蓋渠為領支美援
會之房租津貼，與德芳訂定租約一份，將圖章等件取去
自備一切，現已完竣也，又樓兄送紹南繡花拖鞋一雙，
備到美送人之用，又取去託余在安全分署領用之黃色稿
紙二刀。

9 月 3 日　星期四　風雨

職務

今日處理簽註事項二件，一件較簡單，為肺結核防治中心之防治山地與犯人肺病計劃，與往年情形大致相同，惟數目略有增損，主張予以通過，並等候 PPA 之最後核定始作為定局。另一件費時較多，係中央電影製片廠用貸款七十萬建築影棚，本應於去年底支用完畢，後延至三月底，現在又申請延至六月底，而完工則似為最近之事，P/LCM 認為應予同意，乃辦一函稿送來會簽，Tunnell 交核，並註謂如六月底以後尚有支出，則展期至六月底之意義何在？余為明晰其六月底支用實況，初查美援會月報表，再向美援會查詢會計記錄，均只有月底之餘額，無法可想，乃以電話詢問該公司，得知六月底尚有未用之餘款，又據該公司云，美援會曾來查帳，於是又詢之黃君，彼云已查帳但未接觸此項 Deadline 問題，余告以甚有關係，彼始允注意及之，並云現在已結帳，比六月底時多用數萬元云，余根據以上各項資料乃寫一 Router，謂六月底為公司所請，該公司在六月底以後如有支出而經美援會安全分署駁回時，應負責交出，並已通知查帳人員予以注意及之，此項會稿之函應會簽照發云。

家事

晚與德芳率紹南、紹中、紹寧、紹因、紹彭到東南照相館拍一全家照，並託楊秀卿小姐代為看家。

9月4日　星期五　風雨

颱風

中度颱風魯伊思於作晚登陸花蓮向西北進行，於午夜到台北，今晨一至三時風勢最大，睡床為之不安，幸雨水不大，屋頂滲漏尚不甚烈，至四時後即不聞有陣陣向屋外猛撥之風，只聞風力均勻不停之聲及不大不小之雨聲，蓋風已越新竹而入台灣海峽矣；此次颱風初謂在台東登陸，及知在花蓮登陸且有甚至在宜蘭登陸者，此間始感覺緊張，然就午夜之實際情形而觀，實亦不如預料之恐怖也。

職務

昨日所核之中央電影公司申請將其所受 FY1959 年度之援款之 Disbursement Deadline 延至六月底一案，今日劉允中主任認為因 Tunnell 曾有其他疑問，乃持與討論，討論結果自行另寫 Router 一件，謂此案可有二者擇一之辦法，一為將 Deadline 即照申請定為六月底，如六月底以後實際仍有支出，即應由該公司自行負擔，二為將 Deadline 延至八月底，此二者應如何採取則未提供意見，事後劉氏及徐松年君等認為 Tunnell 之以較申請原為放寬之日期，核定此新 Deadline 實為公文中之創格，然而 Tunnell 則擇此道而行，殊不可解也。

師友

上午到台灣銀行訪邵光裕兄，詢問美國銀行所發 travelers check 是否需持票人另行當場簽字，據云不需。

9月5日　星期六　晴

家事

　　紹南出國事已大體就緒，只餘若干師友處必須辭行者尚未走遍，故另外若干瑣事須協同其加以照料，上午到區公所查詢戶籍異動登記手續，據云須報遷出，只用申請書即可，不必附送出境證，又到天文鐘錶行為購手錶一隻，為普通應用者，但據云三年可以保用云。

師友

　　今日來訪者有宋志先、周叔明夫婦，謂其子宋申亦將於明年春夏之交出國，今日來為紹南送行，又有廖毅宏兄夫婦，及蘇景泉兄等，亦均為紹南送行者；又張中寧兄派其子來送紹南出國禮物，據云臥病不能親來，此外則陸續送行之客人亦多，係紹南同學居多數。

瑣記

　　上午，到中和鄉完納安樂村枋寮之土地地價稅，並順道往看存磚堆積情形，緣自買到後即有甚多兒童嬉戲攀緣，一時甚為凌亂，後宋志先兄取用數千個，本擬即行前往重新整理並加以點數，因數度颱風及降雨而不果，今日往大體察看，見原為三萬個之磚，所存已不滿三分之二，但次序未亂，故事實上不必再往整理也。紹南出國前曾應此地 Mason 團體之邀請在中國之友社舉行記者招待會，昨日之 *China Post* 與 *China News* 二報紙皆刊載其事，另有在場之 *Pacific Stars and Stripes* 記者有記載，但至今止尚未有何刊登之資料。

9月6日　星期日　晴有陣雨

師友

上午，安全分署同人曾明耀君來訪，託為其代為斟酌一件呈經濟部之公文，緣曾君之父曾參加股份於大興企業公司，該公司為租用鐵路局地皮在火車站對面準備有所興建，最初資本為十二萬五千元，曾君約三萬元，其後因遲遲未建，物價日漲，而無意繼續經營，乃與其他人士洽商轉讓，當時作價五百五十萬元，抵除負債三百萬元左右，尚淨值二百五十萬元，亦即原股份之二十倍，其間因經理所託非人，彼竟未照此等條款履行，即以增資方式，以一百八十七萬五千元現款請建設廳驗資後變更登記，董監事人選亦全部變更，舊股東以舊數額仍在股東名簿內，此項辦法對於真正之協議完全異趣，有意興訟，而顧慮費用太多，聞此項新股東又將另以較高價格出售，為防止其計得售，故一面登報，一面呈請經濟部予以揭穿，此項呈文特請余代為潤色云。今日先後來訪者有韓華斑兄，並贈紹南蘋果四隻，又有張中寧兄、王慕堂兄，王兄贈紹南肉乾一包。

家事

紹南之同學楊秀卿、林美美與童綷三人今晚來訪，並留晚飯。所植曇花一盆，連日含苞欲吐，今晚盛開一朵，此為三度著花，而適在紹南放洋之前夕，亦巧合也。

9月7日　星期一　晴

家事

今日為紹南赴美成行之期,晨間紹南同學楊秀卿率其弟來,託其弟為余家看家,以便全體均能出發送行,至九時半,余與德芳偕紹南及楊小姐乘出租汽車赴機場,其餘諸兒女則先乘紹南同學林美美借來之車同行,先赴機場,十時半開始檢查行李,由楊小姐陪同入內,據云略行檢視,並未過份翻檢,十一時登機,紹南先來送行欄杆邊與親友告別,此女第一次離家遠行,登時泣不成聲,余亦為之酸鼻,諸弟妹則皆大哭,獨德芳能適度自制,殊為難能,十一時十分機動,乃揮手而別。

師友

今日至機場送行之友人有王慕堂、蘇景泉、韓華珽諸兄,及紹南同學同事楊秀卿、林美美、童絳、李德修、原都民夫婦、管守成、郭宏仁君等,及姑丈與表妹姜慧光等,又有逄化文、隋玠夫二兄來寓所相送,均熱情可感焉。

瑣記

日昨曾明耀君來託為其潤色上經濟部呈文一件,於今晚為其字斟句酌,以期至當,重要之點為其所述股東會記錄不足法定人數股數不夠變更章程之條件,嫌事實不夠充分,主張應將其出席股數亦加註明,庶依公司法較為有力也。

9月8日 星期二 晴

家事

　　紹南出國事已告一段落，且大體順利，僅其在中信局之脫離手續，發生困難，至今餘波蕩漾。緣其主任王厚增自知悉紹南將行，即一再催其素催公文請求留職停薪，初不知其用意，呈文辦好後，主管科人員告以從前此等出國人員大致皆先請假，紹南亦即請得一張醫務室證明，請給病假，王接到後即將原件退回，謂不可如此，某人如此係因結婚，某人如此係因其父兄向相故經理說妥，現在不易核准，余初以為其為職員著想，後知其目的在速行任用一臨時人員，以免夜長夢多，而又不肯明言，一味高壓與官腔，迨昨晨紹南行前仍將請病假條寄王，渠於當晚託管君來向余疏通，謂全局皆知紹南為出國，全洋文報紙幾皆刊登，不能隱瞞，為免其轉呈後受到處分，希望仍代其寄一請求留職停薪之簽呈，余聞後立即拒絕，認為王主任歷來只知官話連篇，余當任其公事公辦，余行年五十，尚無為兒女寫此等無聊簽呈之興趣，王主任不講私情，實亦不必與余等商量，紹南已成年，自己做事自己擔當，亦不應長此仰賴父母也，又余不解者為請假尚且如此之難，何以留職停薪反如此之易，本末倒置，令人不解，不如假滿立即辭職，余知此言正觸王之心病，蓋正式出缺即不能再用臨時人員也，原都民夫婦為此事昨今兩度來訪，今日謂請假條王已轉呈主管副理，已表示難批，將稍緩斟酌處理云。

9月9日　星期三　晴
家事
　　上午，中央信託局產險處管受成君來告，今晨該處之主管人事的楊煥斗副理相告，紹南請假事只好照准，但望不再續假，余即告以當不續假，管君云只是私人透露消息，談竟辭去。移時該處營業科主任王厚增君來訪，在其來訪前管君曾來電話，謂王言並未准假，渠將訪余面商一切，治其來時，手執紹南請假條，其上有副簽二頁，一頁為工之副主任王璟簽謂紹南已赴美，望即選人補充，王厚增則加註謂有前臨時人員某可以擔任，此即彼急於紹南請求留職停薪之真正動機，然未有奉批，此頁為七日之事，下頁為八日由王厚增再簽，意思略同，送之楊副理只簽字作轉呈之表示，不作任何意見。王厚增君謂此事人人皆知紹南赴美，請假方式至為不妥，請余原諒其困難，代為備簽請求留職停薪，余謂不欲代簽，但願立即去信囑其再備辭呈，至在此辭呈到達以前之過渡期間作為曠職歟？抑作為請假歟？王語塞，謂再考慮，但對於今日之決定希望能由余通知楊副理云，余允於星期六往訪，渠認為滿意而辭去。
師友
　　晚，關文晉氏來訪，談其婿之出境證尚無消息，悶損之極。晚與德芳往訪張中寧兄夫婦，閒談其在美子女等之情形。

9月10日　星期四　晴

職務

　　為本月份預定查核之軍事工程計劃計兩個 Project
早日準備資料起見，今日上午到軍事工程局訪會計室紀
主任，請其將往查之資料備妥，下週開始核閱云。

職務（補昨）

　　處理會核之件兩件，一為瘧疾研究所之防治血絲
蟲計劃，大體上與去年所定預算相似，但新添一項買
BHC 藥品用款九萬元，余註明意見對此主張請衛生組
審查其有無必要，但劉允中主任則認為多一事不如少一
事，予以取消；二為花蓮縣政府來一中文信，謂颱風救
災復建國校款內買材料稽延，包商將罰縣府二十餘萬，
請在援款開支，此事殊為奇突，蓋援款案件少有不經美
援會者，而營建合同亦鮮有倒罰業主者，詢之其他人
員，始知為署內曾有人干涉其標建且經手接洽購料，該
縣府來函殆在諷刺，余乃加註主張移美援會處理，並
經草擬移文稿，但劉允中主任又加改削，全文余未之
見也。

師友

　　散值後因事至中和鄉，適與同事靳綿曾君同車，渠
方移居，乃乘便往訪，閒談家常，靳君有三子無女，
長子在成功大學，次子在六和高工，三子今夏考入建國
中學。

瑣記

　　由軍工處回分署穿過新公園，擦鞋童為余擦皮鞋，
余鞋淺黃，彼只有深油，底邊已擦始發覺此事，余乃作

罷,由另一年稍長之青年接擦,余見此童失望神色,深
悔於心也。

9月11日　星期五　晴晚雨

職務

　　全日用於草擬美援會技術代表團(CTM)之一九
五二至一九五三年度行政費查帳報告,上午將開端各項
須加臚列之事項及附錄 Findings 之第一段 Background
與第二段 Fund Status 寫完,下午將第三段 Examination
of Actual Disbursements 寫完,現只餘 Recommendations 尚
未寫入,待將 Findings 再加審定後即可作最後之寫作。
今日寫作費時最久者為下午有關各項之推敲工作,緣余
在第三段分為二項,一為 Items Recommended for Non-
acceptance,二為 Expenditures pending further consideration,
大體上如支出尚無不合理之情形只欠缺單據者,即列入
後者,反之支出並不合理,即不問其有無單據,均予以
剔除,原則雖劃分清楚,而具體事項則非完全易於劃
分,例如有美援會秘書長王蓬與另一處長均曾至華盛頓
在該團支用旅費,余本擬列在待查之中,後再詳核其性
質,認為二人均非代表團中人,且未註明奉美援會何
項正式指示,即行支出,顯有不合,乃又改為予以剔
除,又有電報費內雜有私人電報,本擬剔除,因為數
甚少,且有其他甚多零報不能斷定為公為私,故又予以
刪去焉。

9月12日　星期六　晴

家事

上午，到中央信託局產物保險處訪楊煥斗副理，在尚未到達前遇原都民小姐，堅持陪余前往，乃一同到該處上二樓，在副理室晤楊、笏二副理，余首述為長女紹南去職事前日與王厚增主任洽商，王君並挽余與楊副理一談，故應約而來，余亦因兩年來紹南在局服務多承指導提攜，應前來道謝，故認為有前來之必要，關於紹南請假問題，余初不知王主任在人事上感受甚大之困難，王君亦未曾表示有何處理之困難，故余一直除詢紹南一應手續是否與局規及習慣相符而外，並未問其內容，前日與王君面談，余始知其人手困難，當時乃就現狀設想，決定通知紹南速備簽呈，請辭職或留職停薪，現在余函已去，俟其到達當可獲見，必可早作解決云，楊副理談，此事乃出於事實上之困難，王主任因紹南擔任工作甚繁重，如不能向局請求加人，必受影響，而請假則不能加人，至於請假並非不當，只希望請假不太多而已云云，其所持見解甚為冠冕，與王厚增之只知官話者，大不相同，故在融洽空氣中告辭，下樓訪王，不遇，與王璟副主任及管守成君略相招呼而別。

師友

上午到教育部託沈任遠兄為吳伯實打聽提早退伍入學事。到台大醫院看牟尚齋兄，膽結石已割除。

9 月 13 日　星期日　晴
師友
　　上午，楊秀卿小姐來訪，探詢紹南有無信來，當將途中由琉球、威克島及檀香山三明信片取交一閱，又楊小姐在紹南首途之日曾臨時墊用台幣二百元，於今日面還。
師友（補昨）
　　原都民、陳崇禮二小姐來訪，探詢今日上午余到中信局與楊副理談紹南請假問題之經過情形，並送來代領中秋節獎金三百元等，又取去應還圖書館之書二本。
閱讀
　　讀 *World Politics* 季刊一月號所載之有關大陸匪情一文，"Economic Prospects for Communist China"，Richard Moorsteen 作，立論大致客觀，作者或無政治上之立場，其中所述情形以共匪之第一次五年計劃為主，認為其實施情形有超出蘇聯第一次五年計劃之成就，而能預見蘇聯當年之失著之處，不蹈其覆轍，以下對於資本之累積與重工業之擴充二者間之關係有所分析，進一步對於消費相應於生產之擴充而增加之現象如何能有合理之配合與運行，有頗深刻之描寫，但資料略嫌貧乏，而結論難免稍涉武斷焉，結論則持極謹慎之態度，不若本文之對於共匪一味多作肯定立論，對其意見之客觀性略有加強云。
師友（二）
　　晚，張中寧兄來訪，為到師大擔任訓導長須有教授資歷與余研究如何充實證件問題。

9月14日 星期一 晴

職務

　　寫美援會技術代表團 FY1952-1953 年經費查帳報告之 Recommendations，係根據各項 Findings 之內容而來者，寫好後重新複閱全稿一過，發覺若干筆誤之處，改正後再度複閱，又發現數處筆誤，可見精神不能集中，非賴一再之重複工作，直不能自信得過也，看好後即行交卷，隨即整理 Work File，照報告之先後次序，加以排比，在整理之時亦發現若干記載不夠詳細或醒目之處，亦儘可能的加以補充改正焉。

交際

　　與德芳率紹彭到婦女之家參加劉振東氏三女本沅結婚典禮，因水災後提倡節約，故只有茶會招待，金錢時間，兩俱經濟，實大可取法也。

師友

　　逢化文兄來訪，託為其次女證明出國留學在保證書上蓋章。牟尚齋兄在台大醫院割治膽結石，業已告痊，今日上火車赴台中，特往送行，到站友人數十人，頗極一時之盛。

家事

　　前日為紹南在中央信託局請假及將來留職停薪事，與該局產險處楊副理接洽後，本下樓與王厚增主任晤面，渠又不在，今日又託李公藩太太來與德芳代達其意見，其重點仍在希望紹南勿即辭職，而用留職停薪方式，以便其所擬雇用之臨時人員可以不致告吹云。

9月15日　星期二　有陣雨

職務

自美援會技術代表團之 FY1952-1953 經費查完寫送查帳報告後，本月份之工作尚餘兩個軍事方面之計劃，上週已將內容略為翻閱一過，並先通知軍事工程處準備會計資料，以備本星期之查核，今日以電話與該處會計室紀正光及預財官鄭君接洽，據云因資料存在木柵，未能及時檢出，須本星期六始可查核，余告以星期六不辦公，乃又約定星期四下午再通電話，觀察其情形似有誤事之必然性在焉。今日以空餘時間細閱此兩計劃有關之文卷，其一為 Truck Bodies，乃以契約招商定製車體，計吉普車一百輛、二噸半卡車一百七十三輛，並按比例分配於陸海空軍，至於作何用途，則由撥款書及 Application 上均不能得知，此亦奇矣，此項文卷只有當時撥款所簽之 CEA 及軍方所送之 Application 與完工後之驗收單，至於中間招標訂約等程序則付缺如，勢須向軍事工程局查閱矣。

颱風

繼畢莉、瓊恩及路易斯三颱風之後，今日又來薩拉颱風，風力及半徑均比前三者為大，警報發出，為之談虎色變，預料雨比風大，淡水河氾濫堪虞，故低窪處紛紛搬家，市上旅館搶定一空，幸傍晚消息已經轉向北行，由台、琉之間北逸，無不額手稱慶。

9月16日　星期三　晴

職務

今日因等候軍事工程局之資料，幾乎無事可為，乃利用空餘時間，溫習一向因工作忙碌不及詳細研閱之資料，今日所閱者為 Manual Order 704，為 ICA 有關規章之直接有關稽核者，但此項所謂稽核，實偏重於 End-use 一方面，全文分為五章，一為 Introduction，二為 Non-project Assistance，三為 Project-type Assistance，四為 Operating Guide for Arrival Accounting，五為 Operating Guide for End-use Observations，其中並聲明有第六段乃 Cooperating Country Counterpart Funds，不見原文，亦不知是否已經頒發，回憶余初到分署之時，即以一週時間閱讀此項 704 與 SOP，704 所未定之 Counterpart Fund 部分即以 SOP 補其缺也，當時雖費時數日，然印象淡漠，不知所云，今日雖只用半天，然大體上均能有綜合之了解，乃因一半工作一半研究容易接受之故。本年度起華盛頓總署方面廢止 PPA，而改以固有之 E-1 兼充此項文件，今日接到業務部分通告，關於 E1 準備之程序，即在何時須由各業務部分送至 Program Office 彙總，有所規定，詳讀數過，始有印象，尤其對於所謂本年度（Active year）、次年度（Operating year），以及再次年度（Budget year）之分別觀念，乃此制之特點所在也。

9 月 17 日　星期四　晴
職務

　　今日如期與軍事工程局會計方面人員聯絡，將欲確定是否可以立即開始查核上星期所安排之兩個 Project，電話接通後知因中秋節關係無形休假而不果，只得仍舊研究其他事項。今日將以前摘錄之 ICA Regulations I 加以閱讀，並與實際情形對照，因其中多為有關 PIO/C 與 PA 之事項，一向接觸不多，故猶多新奇之感。準備下星期之出差，在本月份之 Schedule 內，此次出差係由劉允中主任與余共同擔任，渠因現在內部工作繁多，頗疑 Tunnell 不允其外出，故余將 Request 循例寫好（用二人名義），彼又加註一段無可奈何之意見，詢問能否仍允其照計劃辦理，直至下午始由 Tunnell 批回，謂 Go ahead with plan，劉氏原意其定不肯准，至此乃有喜出望外之感焉。劉允中主任轉述美人之意見，謂將來 Accounting Branch 內設一新 Section 處理預算問題，與 Program Office 相配合，將由 Audit Branch 抽一人參加，而另用新人補所遺缺，徵詢各 Auditors 有無願望調職，皆不表示意見，因能否升級並不一定，多一事不如少一事也。（聞共三人，其他部分調來兩人。）

9 月 18 日　星期五　晴
職務

　　準備後日赴高雄出差之事項，最重要者為交通工具，日昨申請者本為星期一上午八時二十分之柴油快

車，但總務部分則代購先一日之夜車臥舖票，據云係因
柴快車明日始能售票，故改為如此，其實以余度之，因
本署買票向來委託中國旅行社代辦，柴快車票求過於
供，夜車臥舖則供過於求，旅行社為推廣生意乃樂得
如此也。本月所查之兩個軍方 Projects 本希望在下星期
出發以前能先將 MCB 所存有關資料先行核過，俾利進
行，故在上週即通知軍事工程局主計室向其帳務審核處
將帳表調來，不料該局改組不久，人事、檔案並皆混亂
不堪，前日允於昨日調到，今日謂因昨日中秋節未果，
今晨調來不齊，又加班再往新店，下午必可調來，於是
下午四時半來電話云總算調到，乃立即到該局先行核閱
大致內容，見有關左營港部分並不甚多，乃取回參考，
另一車體計劃則因只涉台北，決於下週出差回北後再
核，即交該主計室先行保管云。

師友

上午，樓有鍾兄來訪，談合存款項之綸祥公司監理
會來函云擬定方案兩項，請各債權人抉擇，一為折減半
數還款，二為折成六成入股，當一致認為不如能減半還
款之為愈也。

9月19日　星期六　晴有陣雨

家事

上午，到女師附小參加三年級信組學生母姊會，由
紹彭之級任教師孫韶荏擔任主席，事先有訓導部教務部
所印發之報告事項油印各一份，余細加審閱，若干事項
均為現在已經辦到者，故不再加以記錄。開會方式為

家長與教師漫談，而各家長又多以其自己之學生情形與
教師討論，故談者少而聽者多，只有一項共同問題多數
人發表意見者，即下午家中自習作業之分量問題，多數
人為分量太輕，且不如二年級時代，孫教師則認為功課
應用心來做，例如寫大字如信筆亂畫，數分鐘可竟，如
點畫不苟，則可費時數倍，此見地自亦有理，紹彭之情
形即係如此，故歸後囑其作功課應注意深度也；本學期
因開學不久，教師尚未能個別詳悉每一學生，故余未詢
以紹彭之個別問題。五年級母姊會為紹因之五禮班，由
德芳前往參加。下午率紹彭到基隆海軍第三醫院看衍訓
之傷勢，據云係在艦上被錨鍊拽去腿上皮肉，當時無醫
官，致縫合不適，神經未連，至今局部麻木，刻正等待
下星期開刀云。

師友

　　晚，訪徐自昌兄，道謝紹南過紐約時所受徐兄同事
卜君之照拂，並悉徐兄月初丁憂，余未見其報登訃告，
極為歉疚。晚，蘇景泉兄來訪，探詢紹南到美情形。

9月20日　星期日　晴
師友

　　晨七時半到公路局台北西站與張中寧兄聚齊，同赴
新莊將謁劉鐸山先生，商談其在師大因任訓導長須先有
教授銜而發生之資歷證件問題，至則女工云尚未起床，
乃寫一卡片請候至九時再來，方欲行間，劉師母出，謂
劉師不能起床，因掣部忽然不能抬起，須治療數日後始
能見愈，乃即辭出，將改日再來。上午，到東園街訪佟

志伸兄，據云一週前已參加財政部商業金融小組之研究工作，此小組為美援會預算內之一部分，原意本為爭取若干美援，每年對關係人員發放若干津貼，作成報告即為交差，不料安全分署新來一有關金融之洋人，在美有多年教授經驗，每星期小組集會必來參加，而且對於中國金融制度之紊亂深致詫異，而對於小組之工作乃以全力加以推動，於是召集人張茲闓乃當難有招架之苦云。佟兄又談同學中，年來對金融肯勤加研究者有馬懷璋、余建寅諸君，所談多有余前所未聞，可知孤陋寡聞，而十年河東，十年河西，過去之些微經驗實不足恃也；佟兄長女現在肄業一女中三年級，次女市女今年畢業，高中升學落第，幼女則入文山初中云。關文晉氏昨來訪，託為蓋章保證出境，今午到東園街往訪，擬為其後日赴港之婿薛立餞行，薛君不在，乃僅約關氏一人到人和園吃米粉，據云渠本人須出境證領到成行，約尚須半月云。

9月21日　星期一　晴

旅行

昨晚十時半由台北乘夜車南下，於今晨九時到達高雄，凡誤點一小時，原因為水災後甫經修竣之路基尚不穩固，若干地方必須慢行之故。住於大勇路萬國旅社。

職務

此次來高雄之任務為查核左營港 1958 年度之 Maintenance Dredging，此工程為由軍事工程委員會用議價方式託高雄港務局所承辦，直接主辦者為該會海軍建築工程處左營施工處，現在已經合併改組為軍事工程局南部工程組，上午於到達後即以電話與該組朱邦儀組長連繫，約定下午三時前往，請先準備資料，至時前往，始知尚未為此案特別準備資料，組長不在，與孟副組長晤談，孟君為陸軍方面之副組長，對海軍方面，所知不多，乃囑其楊人煌工程師與余等晤談，楊君為當時在台北對此案略為接頭者，至於當時在左營監工者則須候另一丁君接洽，於是本日只與楊君將其所知者加以檢討，約定明日再行繼續調查，並請其通知碼頭方面約定時間前往實地勘查，至於在工程進行中之種種情形，則亦待丁君明日檢具資料云。

9 月 22 日　星期二　晴
職務

　　上午，續到軍事工程處南區工程組查核 1958 年度 Tsoying Harbor Dredging 一計劃之工程經過，該處經辦員丁君已將施工期間之文卷調出，經即檢閱並將要點予以抄錄，劉允中主任則核其支付情形，發覺一部分付款在 Disbursement Deadline 以後，檢閱後由海軍方面人員陪同乘汽艇察看工程地區之海港入口，由引導人解說其地區狀況，實際工程在深水下，均有驗收逐點紀錄可稽，實無懈可擊也。此次連帶的查核 1958 年度 Truck Bodies 一計劃之汽車裝配後分配三軍情形，首請軍工處南區工程組朱組長以電話詢問海軍供應司令部與海軍第一軍區汽車大隊，有無接到撥發此案車輛，均云無之，該計劃分配海軍百分之三，其實或許在陸戰隊亦未可

知，乃到陸戰隊司令部，由第四處陶副處長接談後派人
查詢，知確在陸戰隊，問明該司令部分配情形後即辭
出。下午訪高雄港務局張處長，詢承辦左營港挖泥工程
情形，彼轉介紹至濬港處訪劉主任，據談此工程無何問
題，只有將挖泥坡度與航道寬度變更之一點，然如此作
法亦無不可，劉君甚坦白，所談當可信也。

遊覽

　　下午與劉允中主任游高雄名勝西子灣，在壽山之
陰，有海水浴場，風景尚佳，但地面不大。

9月23日　星期三　晴

職務

　　今日本擬到台南繼續工作，因劉允中主任以為此三
天太繁而後兩天太簡，乃臨時改為明日再往，上午乃
到林園陸戰隊第一師師部查核 Truck Bodies 內之分配該
師車輛情形，因昨日陸戰隊司令部所供給之資料為 Jeep
有一輛在該師，Truck 有七輛在該師砲兵團，到達後詢
知主管之張上校該一輛 Jeep 在戰車營，而七輛 trucks 則
一部分在砲兵營（刻在田中演習），另一部分改撥艦隊
司令部使用，於是陪同到戰車營看該 Jeep，乃係汽車五
級廠所改造，並非新車，亦無法看出為裕隆廠所承包，
認為大約不屬於此一 Project，蓋此 Project 內之 Jeep 為
一百輛，海軍為百分之三，應為三輛，昨日在司令部所
見之資料為四輛，三輛先到，此一輛後到，則顯然另外
三輛應為此中之物也。下午再到陸戰隊司令部與日昨相
晤之梁文遠上尉再行詳問，據云三輛 Jeep 中有兩輛在

台北聯絡處，另一輛出發演習，但確知為同樣之翻造車，又到艦隊司令部看卡車，適遇一部在家，則為美軍在日本打造之車體，更無裕隆字樣，於是證明全日之光陰幾乎白費，完全未能明瞭事實真相。上午同到大貝湖參觀自來水快濾大樓，並與張廠長詳談開工後情形，目前問題為工業用水加氯與交換石油公司地下水尚未辦到。

9 月 24 日　星期四　晴
旅行

晨，先到市場買水果，然後同劉允中主任至鳳山陸軍第二軍團調查 FY1958 Truck Bodies 案內分配於該軍團之車輛，由兵工組副組長周上校及另一張中校洽談，經將自兵工署接收此二批車輛以後期間該軍團所接到分配車輛之文卷加以檢閱，無法確知何批車輛為此中之車輛，擇其情形相近者加以推敲，並就分發單位在軍團司令部範圍以內者作實地察看，所見亦皆為兵工保養場翻造之舊車，亦無法斷定何批車身為何處打造，據稱此處車輛皆由台北五級保養場轉至高雄九曲堂保養場分配而來，問題中之車輛既為裕隆所造車身，而裕隆廠以前未曾作造，則高雄廠於整批接到時當能有紀錄或知悉其事，於是該組乃以電話與該廠包、尹二正副廠長通話查詢，惜其時已近上午下班時間，欲趕至九曲堂已為時不及，而下午又有其他工作，約定下午再由台南通話，至時仍不得要領，等於完全無所收穫。下午到台南空軍供應司令部作同樣之調查，由補給處張副處長接談，並查

閱文卷，所發生之問題幾與陸軍相同，經將可能為本
案之車輛號數抄錄，備回至台北與有關方面之資料相
核對。

旅行

　　晨離高雄，中午到台南，晚住四春園，下午與劉允
中主任到公園瀏覽吃菊花茶，歷一小時，傍晚始返。

9月25日　星期五　晴

旅行

　　上午十一時二分由台南乘銘傳號對號快車回台北，
同行者劉允中主任，昨日所買車票為台南至台中，原擬
於到台中時急速下車再度買票，後因見車上空位甚多，
雖預料其為代台中留下之空位，且在台中停車時間極
短，乃又決定聽憑運氣，於到台中再行覓空位就坐，屆
時果然有新旅客上車，余等只好讓位，另坐他處，一路
經過豐原、竹南、新竹皆有新乘客登車，幸未發生讓座
之事，安然到達台北，惟時間比規定時刻誤一小時半，
於六時三刻始行到達，此因彰化南北間於八七大水災後
新修之橋樑路基尚未穩固，過此等所在車行極慢，乃有
此結果。

閱讀

　　車上期刊甚多，一路余閱過者有燈塔、自由談、暢
流、今日世界、*Reader's Digest*、*Life* 等七、八種，有近期
良友畫報載唐伯虎小傳，插有唐氏手跡桃花庵歌一首，
一百四十字，甚精妙，余只憶其結尾八句，「……若將
富貴比貧賤，一在平地一在天，若將貧賤比車馬，你得

驅馳我得閒。世人笑我忒瘋癲，我笑世人看不穿，不見
五陵豪傑墓，無酒無花鋤作田」。為之始而軒渠，繼而
太息。

師友

　　晚于永之兄來訪，轉達韓質生兄意將集25 友人借
款還帳，余允參加，免息，但以湊足人數為條件。

9 月 26 日　星期六　晴

體質

　　近來體甚健，精神亦佳，僅鼻腔有略微發炎，分泌
黃水凝結成痂之現象，本為左腔，用噴霧藥劑噴治一次
即愈，又轉至右腔，則噴數次尚未愈也。又左眼數年來
久坐即有發麻之感，注射 Vitamin B 數年未見顯著之功
效，月來每晚用樟腦油摩擦，初尚收效，繼亦鮮有進
步，本星期出差五天，未注射亦未擦樟腦油，只是不久
坐，竟全無麻木感，甚至裸露時亦不畏風吹，故余不以
此為慮也，至於月來每日下班後難免疲乏感之來襲，原
以為又是一種衰象，星期四下午在台南與劉允中主任安
步當車，歷五十分鐘，劉氏行過半後即已感疲勞，余則
未有絲毫之同感，飯後又續行二十分，依然如常，由此
亦可見體力實甚充沛，而一切不正常之原因，恐尚來自
每日不間斷的八小時伏案工作也。本星期為最輕鬆之一
星期，余與劉允中主任皆有同感，原因為時間充分而工
作分量不重，氣候雖南部略熱，然不至難耐之程度，微
細之工作往往繼之以適度之遊賞、散步、談天、休息，
生活不呆板，飲食亦合理而有節，不似過去出差之有時

緊張、遷就，而比辦公室工作更費精神也。近來感覺退步者為雙目，余日間辦公不用眼鏡，只餘寫日記時始用數年前所配之五十度老花鏡，在四十瓦燈光下可以如青年時寫蠅頭小字，現在則漸覺吃力，且所寫有逐漸加大之趨勢焉。

9月27日　星期日　晴
師友

高注東兄來訪，率其次女蓉生同來，係本學期考入淡江文理學院者，上課在淡水，假期則來此，住於楊寶琳委員家，高兄則每月來此，刻兼司法行政部顧問，並任法學叢刊發行人。來此後不久即辭去，移時又由其少君明一來約一同參加乘坐計程汽車公司赴動物園及兒童樂園游覽，並臨時約紹中亦往，於下午五時返，本約於明午來寓便飯，高兄又改定今晚留此便飯，因買菜不及，乃在寧波西街定送蒸餃，直至七時始畢。今日高兄在此盤桓頗久，談其子明一補修法商學院學分尚未完畢，長女素珍今夏來師大，交涉回校補修三、四年級功課，因學校規定改變，亦無結果，甚感失望，將來擬伺機投考公營事業，目前先回屏東女中任教，尚有三女則一在高二，一在初三，一在國校五年級云。又談及現在屏東友人方面情形，其所住最近者為秦亦文兄，然彼此似不融洽，據高兄云，八年前張敏之兄被害案發生，張太太王培五曾在屏東求助旅費北來，除高兄外無一應者，故極不直彼等之為人云。復縱談大局，高兄似對當前政治甚熱中，余則由國力之比較認為前途深值得擔心，而在朝者方爭奪結納之不暇，如捲入漩渦，將無死所，故此刻從內部從外來種種情形看，均難有令人鼓舞之因素也。

9 月 28 日　星期一　晴
家事

今日為孔子聖誕，放假一天，諸兒女亦均在家，下午率紹彭到美蘭軒為其理髮，移時回寓，紹彭云前日在南昌路與一同學路過一書店，出售電風扇玩具一種，索價五元，余與德芳因價甚貴，且紹彭已三年級，不必再玩玩具，不允為購，但再三要求，余乃允其在四元以內可購，乃交四元持往，失望而返，亦即不再提起，認為價貴不復作此想矣，此種使兒童斷念之方法乃搜索枯腸用來一試者，初未料其能夠收效也。晚，第二次為紹南寫信，答復其第二次、第三次之郵簡，此第三次郵簡敘及在美遇美人時之應對情形，均能因應得宜，可見處世接物，非身歷其境不能洞悉其中情形，且體驗適當之方法也。

閱讀

讀八月份 *Reader's Digest*，摘有日內瓦出版雜誌 Cosmopress 一段甚趣：Thornton Wilders' observation following a trip to Europe: In Germany everything is forbidden that is not explicitly permitted. In England anything is permitted that is not forbidden. In France everything is permitted, even what is officially prohibited, and in Russia everything is forbidden, even what is properly permitted." 若論我國，

則兼法、俄二國之眾長，禁許與否，因人而施也。

9月29日　星期二　晴

職務

　　天氣已涼，今日起恢復早晨步行到公。今日工作為料理一週來未見之公文與處理未完之公務，首先將上週之旅費報銷辦就，新習慣司旅行之總務部門不代製傳票，須由各出差人自行備就送之會計部分簽送出納部分，余乃將余與劉允中主任者二人各草底稿一件，請打字小姐代為打成一式五份之傳票。與劉允中主任到美國大使館補領上星期三應發之待遇，據劉氏云，提高待遇案因美援會尹仲容向華盛頓建議暫緩，大有擱淺之勢，故近來署內一般工作情緒甚為低落云。下午，到國防部軍事工程局訪鄭家齊預財官與柯小姐，取來該會調閱之FY1958 Truck Bodies 之帳簿文件，並訪施工組劉副組長，詢問此案招標之經過，及汽車驗收後分配使用與車況，劉君云該局之責任只為招標，交貨起以至使用，皆由國防部交陸軍供應司令部由兵工署主辦，詢以係何人主管，則又不盡知悉，但謂 FY1959 年度係由一參謀擔任，如詢此參謀，縱非其本人一手經辦，亦可查悉其係何人所辦，此為余所能詢到之線索，其實軍事工程局已經允為余轉詢，由此始知其根本未辦，此等機關之泄沓情形真可駭人也，劉允中主任云曾將此情向 Tunnell 說明，彼甚表不滿，主張限期嚴予催送云。

9月30日　星期三　晴

職務

　　繼續查核軍援計劃中之 FY1958 年度 Truck Bodies 計劃，今日將由軍事工程處取來之文卷帳簿傳票加以審核，尤其傳票及所附單據，均逐一按其完成工程之百分比核算估驗價款，並扣除百分之五備將來驗收後支付，此款後亦付訖，所不能明者為契約所定百分之一的保固存款是否照繳，則有一份在傳票上加蓋戳記，另一份未有加蓋，致不能確知，須待查考，又卷內只有契約，而無開標記錄，得標者之為最低標價與否，無從知悉，亦須進一步查詢矣。以電話與兵工署主管 Truck Bodies 之鮑參謀連繫，詢 58 年度案內車輛造好後之分配情形，據云係舊車翻新，底盤係各使用單位送來者，修好如何分配須視情形而定，並非按整批一次發出，詢以分發後使用情形如何，據云須詢問經辦之台北基地勤務廠，乃詢明其正副廠長姓氏後，準備改日往訪。為準備訪問基地勤務，將上週余與 Jack Liu 在南部所看各項車輛號碼及車況列成一簡便表格，備談話時易於查考。

師友

　　下午訪高注東兄於國父實業計劃研究分會，據云為參加光復大陸研究委員會，將於二、三日內回南部，此來為就司法部顧問並推銷近作書籍，當即贈余一冊云。

10月1日　星期四　晴曇

職務

繼續查核 FY1958 之 Truck Bodies 用款，因軍事工程局資料不全，兵工署又謂一切情況最明白者為台北汽車基地勤務廠，乃於今日上午到基隆路該廠訪問，先後晤其蔣廠長及檢驗課長，始悉此計劃中之用款只為定製底盤所用之車體，而底盤之加裝車體向由基地勤務廠就其已翻修完成之底盤為之，至於有報廢者則以軍援新底盤補充，新舊之數並不特別加以劃分，只按車之規格用卡片登記其進出，現在所查之車身係安裝於何號車盤，無記錄可以查考，只能就驗收後發出車輛中之假定含有此種車體者加以查列，向使用單位予以抽驗，現在廠內已不存此種車體矣，至於向使用單位抽驗，亦不能確知何車為包商裕隆所造，因該商並未加釘自己的小廠牌，且聞係轉託唐榮所造，唐榮曾釘小牌，裕隆因恐轉包有所未便，又囑唐榮將小牌除去矣；在廠又查詢其該批車交貨與驗收經過記錄，當即摘記要點，發覺 Jeep 車之交貨與驗收日期均相距甚久，且驗收日期在該廠記錄上與驗收單上所記不符，為洞悉其真相，乃以電話與兵工署及該廠所派監工員索閱監工文卷，並預定於下星期一請其來署核對云。

10月2日　星期五　晴曇

職務

本日料理上週未竟之事，即美援會技術代表團之 FY1952-53 經費查帳報告經 A. W. Tunnell 之核閱，提出若干問題，乃依據而加以修正，其要點如下：（1）初稿剔除交際費萬元左右，渠根據前次 FY1954-56 之查帳報告成例，主張不必剔除，乃將此段刪去；（2）旅費內車票無單據或收據者本已剔除，彼無歧見，但 FY1952 有旅費科目列一千八百餘美元無一單據，亦加剔除，於是核稿者疑上項無單據之車費是否在此一千八百餘元之內，所以有此疑問，因未在報告內敘明無收據之車票係在辦公費科目內，而無單據之旅費，乃以「旅費」科目列支者，此為初稿之一缺點，此次再稿乃加以補敘；（3）原稿對有問題之支出分為 Non-acceptable Items 及 Items pending consideration，後者指其支出憑證另有所在須進一步查明者而發，Tunnell 在本週一指示劉允中主任，認為後者應併入前者，用款單位果能補送所缺之件，即補予核銷，亦未為不可，今日乃根據此項原則將初稿之 Pending consideration 者亦併入 Non-acceptable 之內；（4）剔除款凡六項，另寫一 Summary，以便綜合了解。

師友

晚，原都民小姐夫婦來訪，談紹南請留職停薪事尚未批回，今日來並為代為存款事洽取印鑑。

交際

吳春熙兄母喪，上午到極樂殯儀館弔奠。

10 月 3 日　星期六　晴

瑣記

上午，到台北郵局寄發紹南包裹，此為余第一次辦

理國際包裹，緣紹南瀕行時由其同學童縡交來其伯母託
帶致其堂兄童紀宮燈二件，當時行李已多，留待再寄，
因裝封用木箱遲遲未做而近月未寄，最近悉郵局有包
裝服務，乃於今日上午前往辦理，原擬將書籍用印刷品
方式寄送，由於該局木箱大小不易恰好適用，乃將書籍
亦裝入箱內，並回寓取其未打好之毛衣毛線加入，連同
早已備好之衣服將箱裝滿，雖木箱取價略貴，然確感便
利，上午即行寄出，郵資包括保險金，按報值一千另
五十元計付保費九元。

參觀

　　下午到歷史博物館參觀赴日展覽書畫之預展，作品
百幅左右，多平凡無足觀，較好者以余之見，為莊嚴行
書濼水詩，丁治磐行書聖教序，張隆延臨碑簡四則，丁
念先行書，曾紹杰小篆，趙恆惕八分，謝冠生臨曹全碑
（以上書法），溥心畬青綠山水，陳子和梅花，黃君璧
山水，季康仕女，劉獅魚樂圖，陳洪甄木刻鬱乎蒼蒼等
等，以外書畫尤其油畫，皆不易領略。

師友

　　訪王慕堂兄，閒談，承示以趙太太信，紹南帶紐約
之四百元已經面交。復王培五女士信，渠託為次子張彪
保證入台大，詢悉民意代表不合，望另覓，只任宣誓書
保人之一。

10月4日　星期日　晴有陣雨

職務

　　前日因署內 Program Office 大批 E-1 湧到，會計處

從事 review 工作須趕辦免誤，詢何人願在昨今兩日加班，無人應命，余以實情星期六無暇，星期日可加入告劉允中主任，彼乃決定於今日與余二人加班一天。上午八時彼路過余寓同往，彼係有交通車待遇者，余無交通車，故只隨搭其車，抵署後，依假期手續在樓下 Marine Guard 處簽名，隨即在加班核准書上由彼填明時間，上樓後即開始工作。先後全日核閱 E-1 四件，劉允中主任亦為四件，辦公室內靜寂逾常，工作效率甚高，十二時下樓午餐，由衛兵在加班核准書上加註時間，並加簽字，於是到公園外小館吃飯，因加班時無開水，晨間自帶者用完，飯後乃到公園之茶苑休息飲茶，並持水瓶補充開水，余一時再按上午之手續登樓辦公，辦公前余小睡半小時，極為安怡，下午工作效率更高，余等在所填之核准書上寫明今日加班為十小時，故於下午七時終結，仍搭劉允中主任所喚之交通車回寓所。今日所核四件有三件較為簡單，一件較複雜，須調集過去年度文卷加以貫通，所謂 E-1 為一種格式編號，其中表明一種援款計劃之成立用款，與過去及將來前後三年度間之預算與 Obligation 及支用概況，在封面上寫明各項數目，第二頁以次為敘述要點，表達方法極為精要。

10 月 5 日　星期一　晴

職務

昨日所閱四個 E-1 之意見，今日已由劉允中主任交打字小姐打成 Router，但有若干事項雖經余照情理加註意見，並經劉主任加以改削，然實際究竟是否適當，二人皆不能確知，例如最簡單之 1959 年經費在本年度尚未用完者，照規定須作 E-1，完全為所謂 Pipeline consideration，亦即為本年度之 Obligation 設定根據，初與1961 年度道理上無甚關係，然其封面上則加註 1961 CPB、1959 termination，劉君云 CPB 為 Country Program Book 之代字，余在他處則見為 Congressional Presentation Book 之代字，究係何者，又究係何意義，彼亦不能確知，只好存疑矣。昨日加班有一證明單，今日將昨日衛兵所簽註之日期加以填入，簽名送 Timekeeper 登記轉送主管 Payroll 人員，作為加發加班津貼之依據。上週約定與汽車車體有關之兩種車體之兩位監工工程師李燕風、李存鐵二人於今日來訪，余檢閱其監工報告表，開工報告表，竣工報告表等文件，以覘包商裕隆工廠事實上有無違約逾期完工情事，見其資料中所載尚無此等情事，所記交貨遲滯原因為汽車基地勤務廠並不急需，雖事過境遷，詳情難考，然監工記錄中如能自圓其說，縱有袒護廠商之處，亦只好聽之而已。

10月6日　星期二　晴

職務

　　寫作 Tsoying Harbor Dredging 之查帳報告，此報告文字不長，但在剪裁之間，求其不繁不漏，亦甚費斟酌，第一段為報告主體，為 Project Implementation 敘述此次疏濬左營入口航道與挖西碼頭鄰近淤泥，後因西碼頭擴建作罷，於是相因之挖泥亦停止，改為一百八十萬元，只挖航道，此航道本擬挖深之面積為

180x700 米達,後因原定之坡度由1：3.5 改為 1：6,在土方不變總數之前提下,將寬度改為 100 公尺,此載在 Amended Application 中,且經 MAAG 顧問同意,挖泥工程如期完成,土方超出合約所定,垂量深度百餘處,大體亦皆符合九公尺之標準云,至於用款方面,帳表憑證均屬齊全,只有收款數目不記帳內,詢係因歸相對基金收支組統一處理,故只能作為按支出數處理,收支相抵,有須糾正處,為尾款支付在 1959 年之二月間,已超出 Disbursement Deadline,經在結論中提請軍事工程局與相對基金收支組加以注意云。

集會

晚,參加經濟座談會,錢昌祚報告赴日辦理中日貿易交涉之經過,大體上所獲結果與去年相似,出口項目在雜項中增加花生,又日本要求取消 Open Account 或計利息,均不作為討論之問題云。

10月7日　星期三　晴

職務

寫作 Truck Bodies 之查帳報告,此報告之體裁與昨日所寫之 Tsoying Harbor Dredging 大致相同,只有 Project Implementation 一段因內容不同而不同,所述要點為計劃時為打造 1/4 噸車身一百輛與 2½ 噸一百七十三輛,底盤由陸軍基地勤務廠就翻新與進口二種酌量配合,由包商將車身造好運至該廠備用,該廠裝配成車後即由兵工署按三軍需要通知發出,不問其為何項來源之車輛,本計劃之包做由裕隆得標,分訂二個契約,

照駐廠監工人員之驗收報告所載，工作均於規定期限內
完成，驗收時均順利處理，勤務廠方面並表示在使用此
項車身裝配車盤時，並未發生困難，至於車體之實際
情形，則由於未釘有裕隆之商標，分配時亦未整批處
理，故不易捕捉何車屬於此計劃之車體，至於所抽查之
單位有對於軍用車裝配一般情形表示不滿者，經分析
其內容應不屬於此次車體之工作範圍云；至於撥款方
面，手續完善，只有末期款支付在 MLCA 之 Deadline
以後，以後應嚴守界限云。上月所查之美援會駐美代
表團 FY1952-53 經費重寫查帳報告，於今日核定，但
Tunnell 又提出一新問題，即所缺之銀行對帳單最為重
要，仍應建議美援會補送云。

10月8日　星期四　雨

職務

開始準備成功大學與普度大學合作計劃之查帳工
作，因該校之合作計劃曾由徐松年君查過一個時期，此
次又在日程中排定彼將與余一同前往，故第一件事即為
先與彼交換工作意見，余初以為所擬日程自十九日至
三十日之二週乃本月份之部分，下月尚須續到台南為
之，今日始知本月內之時間即為全部之時間，且包括準
備工作如看卷及在台北核對數目之時間等在內，所能在
台南工作之時間亦只一星期，深慮其或將不足也。將連
月來所作之查帳報告底稿加以整理，並編列目錄歸卷，
至於報告文字方面又有若干斟酌，其一為關於美援會駐
美技術代表團者，經 Tunnell 在 Recommendation 內加

入須該團補送 Accounting books 及 Bank statements 等，以覘其在支用期間是否完全存入銀行，其他改正之處不多，即此作為定稿，並送美援會會稿，先問會計室何大忠兄，並將原稿送往焉，其二為關於 Tsoying Harbor Dredging 中經余認為須加糾正者有在年終 Deadline of Disbursement 後付款情形之一端，後詢之 MCC，知已經過美國軍援顧問團之同意，將日期延至二月底，則此問題又自然解決矣云。

師友

故友張敏之之次子張彪來，談明日即赴台大註冊，此子已成人，今年考大學成績甚好，似高出其兄。

10 月 9 日　星期五　雨

職務

今日繼續對於本週完成之二報告加以澄清，主要為關於 Disbursement Deadline Date 問題，原報告內對於用款超過 Military Local Currency Authorization 所定之十二月底限期仍有支付，曾在報告內提起其注意，至於用款超過十二月底之原因何在，據云係因年底前工程完成驗收不及，或工程根本未能完成，但余再核 Tsoying Harbor Dredging 之驗收日期為十二月十日，何得謂驗收不及，以電話問 MCC 經辦人員，云係驗收單位有時難在二十天內完成手續，故此類情形之計劃均請顧問團函安全分署予以展限，余為證明該團確有此函，在分署卷內甚難查出，乃由張建國君偕同到顧問團訪一海軍中校名 Boswell 者，亦費甚多時間始行查出，初按余所告之文號將 Reading File 查出，又無附件，於是又到處查詢始將附件取到，證明 MCC 所告者無誤，於是將二件報告內之此點均加刪除焉。準備成功大學與普度大學合作計劃查帳工作之有關資料，先閱國際合作總署之 Manual Order 內有關 Technical Service 之查帳規定事項，因須摘錄要點，故頗費時間，其中有少數事項為前所未知，其規定以細密見長。

10月10日　星期六　晴

國慶

今日為國慶節，雖在假期，各方反更忙碌，余本接國民大會代表聯誼會通知，於下午參加二十萬人大遊行，因係自由性質，且有他事，故不往，然於下午經過博愛路時，見此遊行之行列，由陸軍儀隊前導，整齊靈敏，動作確實，以次各學校學生皆亦行列有序，或且有樂隊前導，所持旗幟角度亦皆有所規定，兩側觀者如堵，為況甚盛，晚間且有汽車燈火游行，直至夜分。上午，空軍雷虎小組十三人在中興大橋上空表演特技，如變換隊形、翻跟斗等等十五分鐘，余寓所前之羅斯福路比較寬闊，故亦看到一部分表演情形。

師友

下午，王景民馬麗珊夫婦來訪，二人現均在石門水庫服務，馬君在該水庫服務已有數年，尚係臨時人員，云該庫職員之升遷多須有所奧援，託余向有關之民意代表與其主管之秘書處處長吳俊說項，吳最敷衍立法委員，係因該庫若干浪費待遇最畏立法委員之揚發云。

家事

　　前接衍訓由基隆來信，請德芳為其燒牛肉帶往，今
晨燒好，下午余往基隆海軍第三醫院為其送往，不值，
其他病床云不久即回，待等至一小時餘，始由其鄰床知
出外看電影，余因回程須乘火車（汽車只到台北郊外以
避游行行列），等候不及，將衣物留下而返。

10 月 11 日　星期日　晴
交際

　　逢化文兄之長女塞民與其中央銀行同事之陳景樟在
三軍俱樂部結婚，事先參加楊天毅兄所籌辦之喜幛，在
禮堂道喜時又送現金一百元，余與德芳於十時半前往，
已行禮完竣，開始茶點，賓客紛紛告辭，余等與參加之
其他友人相寒喧後，亦辭出。

師友

　　上午，朱興良兄來訪，昨由台中來此，探詢紹南出
國情形，值余等須出外參加逢塞民之婚禮，約其晚飯來
此又堅辭，云明日即回台中云。

參觀

　　下午，率紹彭到新公園參觀國產商品展覽會，今日
假期游人太多，其所用博物館大樓之純展覽部分竟無法
入內參觀，只在公園內之各售品攤位略作瀏覽，共分十
條街巷，各類出品皆有，若干推行商品者皆花樣百出，
有以低於市價之價格以廣招徠者，有以抽獎等方法刺激
游人之消費者，更有以商展小姐競選之號召以圖吸引顧
客者，但觀眾雖多，以余默察其情形，以好奇起鬨之心

情來觀看商展小姐者占多數，其餘則假期游觀，以博一格，消費有增加之事實，然大部分為冷飲店及小食攤等，至於衣著乃至其他略為高價之商品，則幾乎問津者甚鮮，故此項商展所能提高之消費與購買亦至有限度也。

10 月 12 日　星期一　晴有陣雨

師友

上午，到台大醫院 521 號探望楊綿仲氏之病，據云入院已二、三星期，仍在繼續檢查之期間，因此項檢查尚未完畢，故至今未開始治療，現在感覺不適者為雙腿行動不易，別無其他痛苦，而檢查已知之結果為有糖尿病，雙目有白內障，平時已不能看報，胃口尚佳云。故張敏之兄之子張彪來談台大註冊時之宿舍抽籤落空，但聞宿舍空位尚多，託余向關係方面設法，余寫一卡片介紹往訪訓導處僑生輔導委員會蘇景泉兄探詢有無補救之途徑。晚，紹南同學楊秀卿、郭宏仁與林美美等來訪，林小姐交來紹南動身赴美之日在飛機場所攝之照片及底片，皆係其弟之作品，數幅頗能運用良好之角度與取景等。

參觀

上午，到聯勤總部參觀其業務展覽，分生產、測量、財務、物資接收處理、外事服務、軍人保險、撫卹、軍眷業務、福利等部門，該司令部自陸軍供應司令部成立之後，業務範圍大減，已只餘上述等雜湊事項，今日展出者有兵工類各種槍砲、車件、服裝、罐頭等，測量類所進口各種儀器與繪圖過程等，此外如財務軍眷撫卹之類，不過數張圖表，最後為售品處，包括肥皂及塑膠製品等，視市價略低云。

職務

余在 ICA 之初次 Annual leave 今日起一週。

10 月 13 日　星期二　晴有陣雨

師友

日前王慕堂兄來訪，不遇，留交其所擬之交通銀行復業計劃書，請余批評。計分十大段，一為緒言，二為海外行處與附屬二公司如何互相為用，三為與交通部及郵匯局之關係，四為如何配合工鑛交通公用事業，五為存款吸收如貸款對象之選擇，六為政府專款之代理與美援轉放款項之攬收，七為開發公司之聯繫與國際性機構之轉貸爭取，八為工業股票公司債之代理，九為在台各行庫之連繫，十為結語。余通觀一過，深覺撰寫思考，皆極細密非有經驗與留心實務及潮流者不能為之，然大醇小疵，亦未能免，其中摭持材料頗有道聽途說，無裨實際者，例如所指退除役官兵輔導會之總美援四千二百萬美金因匯率申算又可加用二千萬台幣一節，此款只為相對基金之一種計算的負擔，並不能作現款撥存，現款仍在特別帳戶中不另作處理也；此外則文字晦塞不明之處，用字不當之處，亦所在多有，皆略加潤飾，然其大的間架則未加改動，則因事實所限，且全部文字皆加調整或亦非王兄之所願也。晚到青田街訪王兄，將所閱過之原告面交，對其實事求是不說廢話之作風甚致讚揚，

王兄並談交行在籌備復業期間所發生之應付人事等問
題，曲折複雜與交換條件當場兌現，較在大陸時更為現
實也。

10月14日　星期三　晴曇有陣雨

閱讀

　　讀「宇宙探密」，今日世界譯印，原作者為美國
Margaret O. Hyde 與 Clifford N. Geary，原書名為 *Exploring
Earth and Space*，重要章節為地震與火山、浪波起伏的海
洋、人對於天氣之認識、原子發出之新動力、太陽的秘
密、火箭升空、太空的邊緣、地球衛星、太空傳來的
消息，其中所述皆為當前之新常識，但多為余所未之
前聞者，余深感興趣者為：（1）無線電天文學（Radio
Astronomy）之形成，使不但地球、月球乃至太陽之變
化可由電波獲得了解，即其他星球在一億年前所發出
之電波亦有正在此刻透過大地之包圍氣體而到達地球
者，由於距離遙遠，時間觀念亦使人有新奇之感，是
真所謂千萬年不過一瞬而已；（2）太陽為一液體高熱
之火球，但黑點漸漸增加，而地球上之溫度反逐年增
高，此亦為不可思議之事；（3）地球大氣之外為一離
子層（Ionosphere），此層對於無線電波之影響最大；
（4）原子分列與原子鎔和（Atomic Fission and Atomic
Fusion），後者即氫原子，更有氘（Deuterium）與氚
（Triterium）；（5）宇宙線（Cosmic Ray）；（6）極
光（Aurora）等等之新奇觀念。

師友

晚，逢化文兄約余與德芳吃飯，因係臨時通知，到達後始知為其六十生日。

10 月 15 日　星期四　雨

閱讀

讀七月號之 *Foreign Affairs*，G. F. Hudson 作 "Mao, Marx, and Moscow"，此文在說明毛澤東之大陸政權與蘇聯政權之差別，主要論點為認為蘇聯建國已四十餘年，其革命時期之開創人物多已亡故，現在上中層人物幾皆為由蘇維埃政權所培育而成之人物，故小資產階級意識甚為濃厚，且依赫魯雪夫之解說，彼尚在社會主義階段，且不宜躐等而驟然躋於共產主義，大陸共匪政權則否，其當政者皆開創時期之人物，為顧慮其政權變質，故間歇性的鞭策號召與控制十年來如一日，而人民工社之推行且較蘇聯邁進一步，有立即步入共產主義之野心，而以各取所需以代社會主義之各取所值焉，文內分析毛政權之種種運用方式，如以發動對外戰爭以鎮壓內部人心，以節衣縮食充分限制消費，以遂其不得外援亦可建立工業國家之企圖，皆對於大陸情形有極透澈之了解，作者為 Fellow of St. Antony's College, Oxford, in charge of the Center of Far Eastern Studies，以前 *Economist* 雜誌之編輯人之一。

師友

紹南之同學童縡來訪，謂台大新任助教幾無不兼外界職務，童君亦有意謀兼職，託余為其留意云。

10月16日　星期五　雨

業務

不久以前林產管理局為前林業共濟組合台籍組合員請退還年金財產一案，召開座談會決定二項原則，一為照台灣銀行發還匯款與收回放款之標準，按 3.15 舊台幣折付一元新台幣，二為仿照林管局以前對林業方面發還舊欠之方式，兩中擇一，昨接該局來函云第一方式之台銀條文已查出，第二方式仍為照躉售物價指數辦理，附有省府主計處三十八年及近年之物價統計月報，請余予以核算現在之幣額，俾該局憑以轉報省府核定，余於今日將其所送資料詳加審核，準據組合員年金過去情形加以配合，認為計算之基期有二者可採，一為多數組合員年金定案之年份即民國卅一年或日本昭和十七年，二為組合員年金停付之年份即三十四年亦即日本昭和二十年，此兩年之指數相差幾近二十倍，故在復函中二者並舉，前者算得七十餘萬元，後者算得只五萬餘元，按訴訟及組合員之希望，即前者亦不能解決問題，故在復函中指出一點，即年金性質不與固定之債相同，其總額不能由一次年金代表之，而應另有計算補充規定云。

集會

晚，舉行小組會議，討論開始準備輔導明春之市長選舉問題，本小組擔任古亭區龍匣里 4-6 鄰，又籌捐吳稚暉氏銅像款。

10 月 17 日　星期六　晴

業務

　　上午，到林產管理局訪總務組馮組長及林慶華君等，面送昨日於所擬復之有關營林共濟組合組合員年金計算辦法之公函，並詢以此案所仿據之林業舊案究是何等案件，經林君將卷查出，始知乃以前商包林班所設備之伐木索道等器材，由於改為標售而必須將設備讓售林管局所採之計價方法，其公式之大意為將讓售時之市價減去折舊再申算至定案付款之時間，申算標準即為物價躉售總指數，此意推廣至年金計算，自無折舊關係，故余之算法亦即該局所要求者，但由於台灣物價自日據時期之末期即已不甚穩定，愈後愈甚，故應採何年為基期，關係極大，此點余不作何等主張，只將各種基期之不同結果列出，希望該局考慮，據馮組長云，該局陶玉田局長希望有七、八十萬元之譜作為交涉張本，則余之以民國三十一年為基期之計算即可適用矣，馮君又云此案訴訟已經高院二審判決，應由林管局付還七百餘萬元，組合員本以為超出所望者倍蓰，不料又按四萬比一折合新台幣，結果只餘一百餘元，直類兒戲云。

參觀

　　中午，到商品展覽會作第二次之參觀，將大樓內前次未能擠入參觀之物品補看，最出色者為手工藝品，機製品亦有若干為數年來所創製者，如色隆之類。

10月18日　星期日　晴

家事

　　上午，趁休假日間無事，將戶外魚鱗板加以修理，此項魚鱗板位於暴露於二衕之一端，板為杉木，只一部分後換者為雜木，風雨侵蝕較甚，近似腐朽，杉木板雖更舊，然尚大體完整，僅垂直之約束用板條有因鬆動而被過路人掀去者，以致魚鱗板之本身亦發生動搖，久之必連帶的均生損壞之現象，故須趁早加以補綴。工作之先至舊木堆內尋出舊廢短木條數根，檢查洋釘大者無存，乃出外買釘，賣釘者對面為鋸木廠，便中往詢其有無木條，經買到三根杉條，雖比固有者薄而略狹，且無約束橫板之刻痕，然余擇用杉木板，相信其必能較其他木料持久也；余由今日所見此間房屋魚鱗板之營造方法，知建築房屋之工料大有出入，此間與其餘二間為不同之建築，曩只見室內用檜木柱框天花板等等有所區別，今日知魚鱗板亦以此間為特好，其一為橫板為寬整之杉板，其二則直條特厚，約為三寸之見方，內面按橫板之距離且刻有楔形凹痕用以約束魚鱗板，不使下垂，此則非其他二間所具備者也。族孫吳伯實奉准自金門二十七軍退役，回員林實驗中學復學，昨晚到此，余為其備函致楊展雲校長介紹晤面報到。

交際

　　紹南之同學楊秀卿與郭宏仁下午在華南銀行結婚，余與德芳率紹因、紹彭參加。

10 月 19 日　星期一　晴有陣雨

職務

今日從事本月下半月查帳工作 Purdue 與台南成功大學合作契約之審閱，以全日之力始將約文看過一半，蓋兩校合作始於一九五三年，預定照第六次修正合約之規定，今年六月終了，但第八次於今年修正，契約又展至一九六一年年底，距今尚有二年有餘。此次查帳工作將於下星期開始，其範圍依 Working Schedule 之所列為自 1956 年至 1959 年 9 月底，但余查閱前次查帳報告，已查至 1958 年三月底，此兩個期間顯有一段重複，詢之前次查帳者徐松年君，云 Schedule 上所填年月只是隨便一填，事實上應由去年末查之界限外者著手也云。兩週前送至美援會會稿之美援技術顧問團查帳報告，今日該會會計室何大忠兄來電話云，因所涉年底 FY1952-53 當時該會會計室尚未成立，故將稿移至財務處，而當時之處長又調參事，經送該參事表示意見，謂報告內所指 EA 已撥款而未用於技術顧問團計一萬元有餘，實為美援會挪用，現無款可還，會稿如簽字，即須照數繳還，因而躊躇難決，將先以此項意見送來考慮，余詢其是否英文，云為中文，余謂請用英文，以便由洋員決定一切。

集會

晚，參加研究院小組，討論改進地方選舉問題，半小時即竟，乃依一同學所草大綱完全採用，故甚順利。

10月20日　星期二　晴有陣雨

職務

　　繼續核閱成功大學與美國普度大學合作之合同，今日為後半部有關台幣之規定及其他零星之事項，以及第七次與第八次之修正內容，前六次已由葉君在前年彙成一個文件，至七、八兩次則尚未有此功夫，故余只在所摘之合同要點 Work Paper 內用藍色鉛筆將此二次之修改要點記於前六次彙成之條文內以供省覽。上午訪美援會胡家爵、樓有鍾二兄談下週共同往台南成功大學查帳分工合作之方式，蓋去年春季對該校之查帳係由分署擔任，其中包括普通經援與技術援助，自去夏將普通經援劃歸美援會後，分署分面只餘技術援助合同須自行查核，故此次前往，彼二人查普通經援之用款及財產情形，余則查有關技術援助之合同用款與事工情形，至於對去年所查過之部分，則照上項劃分原則，分頭辦理，然後共同草擬 Follow-up Audit Report，又彼二人本星期須查他案，乃約定下星期一在台南見面，再進一步研究日程與配合等問題。

家事

　　晚，到姑母家，因明日為姑母生日，特往省視，前數日並買被單一床送往。

師友

　　楊天毅兄以電話約在悅賓樓公請于兆龍氏之太夫人，于氏在台中，其太夫人今為七十九生日，來台北避壽者，偕行有媳婦、孫及孫女等。

10 月 21 日　星期三　晴

職務

　　本日繼續核閱成功大學與普度大學合作契約有關之文卷，包括 FY1956 與 FY1957 之 PPA 與 Unobligated 及 Unliquidated 等數字記載之會計部門文卷，並由其所記數字以核對前次徐君等所作之查帳報告，此兩年度之重要數字為美金部分，即 PIO/T，本合約雖至 1961 年底始全部結束，然美金支出則只在 1956 與 1957 兩年度之預算內列支全部，前次查帳報告雖已查至上年三月底，然 1957 年度之 PIO/T 之 Fund Contribution Date 已延至一九六一年底，故此次查帳對於 1957 年度之文卷仍應注意，至於台幣部分則因係逐年編列預算，去年已查至三月底，則此次所應查者即為自去年四月至今年九月，計包括二個年度，故對於此二個年度之 PPA 內之台幣支出預算亦加以審核，並記錄其要點焉。為準備下星期至台南成功大學查核其與普度大學之契約有關帳目，今日已寫出差 Request 與請買車票 Request，及請用高雄汽車之 Request 送 Tunnell 核簽，送旅行部分辦理。

家事

　　晚，到姑母家吃麵，今日為舊曆九月二十日，係姑母六十歲生日，本約余全家前往，余只率紹彭前往，其餘皆因明日須早起上學而未能往，姑母健康似年有減退，不肯服藥，殊令人擔心。

10 月 22 日　星期四　晴

職務

繼續看成功大學與普度大學合作契約之有關文卷，今日所看為 1959 年度之 Local Currency Financing，有預算亦有月支款報告表，但科目次序大有出入，不知其係何原因，自 1958 年即不一致，而徐松年君所查至 1958 年三月底之查帳報告亦未加聲述，不知是否帳簿所載另有一套，殊為納悶之至，又自七月一日起為 1960 年度，經詢問 Program Office，知七月起尚未領款，而所送 Application 因與規定不合，又被美援會退回，故三個月來支用經費情形，尚無所悉，據云已準備先 Advance 十萬元備用，至於需要數目據查視 Education Division 所列，為七十萬元，比往年已減一倍，但外國顧問已只餘一人，即照此數計算亦比平常預算之單位多出一倍以上也，至於七至九月份事實上必係以六月底未繳還結餘沿用，徐松年君云雖未撥款，然內容不妨先行查核也。

瑣記

日昨與黃鼎丞、靳綿曾二君談及呢絨名稱，啥咪二字之譯文來源，有一種書內為 Survey，查字典無此解釋，兩日來不能解決，查閱數種字典與百科全書皆無此義，余於困惑之餘，今晚到美國新聞處查核各種參考書，二小時餘始在 *Thomas' Register of American Manufacturers* 內查出，實為 Cheviot，由此可以牢記不忘矣。

10 月 23 日　星期五　晴
職務

　　省立成功大學與美國 Purdue Team 之合約查帳準備工作，今日為最後一天，集中精力始大體完成之。今日從事者為：調閱去年三月間之 No. EA-1499 查帳報告有關的 Working File，此種文卷本均由 Controller's Office 自行保管，文書歐陽女士云，因與 Project 有關，故移至 Administrative 部分之 C&R 方面保管，因其語焉不詳，余仍不知其何以如此保管，經向主管之楊君向其存卷室取來，因卷太大，今日只能略事翻閱，且須帶至台南，故今日不復詳閱；又向 Program Office 與 Education Office 查閱每半年一次之 Purdue Progress Report 與成功大學之 Evaluation Report，皆不得要領，有謂無此報告者，有謂經管人不在辦公室者，乃改向美援會之主管鍾君洽詢，似亦不知，余託其調卷，云在卷內，取回檢閱一過，並未附於送報告之文後，仍然不得要領；續閱本會計處之 Contract File，其中若干文件為對於一、二位普度大學外籍教授回國旅費及在台短期旅費問題疑問之解釋，對於此次查帳甚有關係；又因約文修正新內容有對於在台支付 Education allowance 之補充，乃向會計部分張孝棠君查詢自去年三月以後之規定，謂只有自今年九月以後之規定，過去者均已撕毀，無由查閱云。

10 月 24 日　星期六　晴有陣雨
參觀

　　下午到歷史博物館參觀漢唐文物展覽，屬於漢代者有銅鼓、銅鏡、玉硯、玉璧、玉墜、麟符、璜、佩、環、官印、私印、封泥、貨幣、莽布、瓦當、琫（天子佩刀上飾）、熹平石經拓片，及大幅數十件之武梁祠畫象拓片，但不全，且題記云有隸書一百另六字，但並未見，總之畫多於字，但如此巨大之拓片則甚不易見也；隋唐時代之物有明器多件，皆陶器、石刻、泥模印菩薩象、唐鏡，以外即為拓片，計有唐太宗草書屏風書七幅、懷素草書、唐人寫經墨跡、北魏李洪演造象、北齊乞伏保達墓誌銘、隋鄧州舍利塔銘、北魏侯夫人墓誌銘、韓顯宗墓誌銘、北魏盧令媛墓誌銘，最引人興趣者為唐泉男生墓誌銘，字如杏大，結體之佳，七分似小歐陽，三分似大歐陽，蓋兼醴泉與道因之長者，此碑昔未之見，今為之流連不忍即去。今日出品件數較多者為印璽，玉器雜飾之類，唐代較為出色之書法嫌太少也。

師友

　　下午訪楊孝先氏於牯嶺街，前數日曾來訪，余未之遇，故今日往訪，楊氏體健如少年，耳聰目明，不似七十歲人，但云近來有胃病，不能食米，且不能飲茶，醫云為胃神經痛，睡前不妨飲白蘭地一小杯，詢余何處可買，余告以菸酒公賣局憑公文可以購買，楊氏所住公寓不需租金，只押租八千元已足云。

10月25日　星期日　雨

職務

　　今日參加加班工作，由上午八時開始，中午出外用飯二十分鐘，至六時半終了，凡審核 E-1 三件，內容完全滿意，一件亦無問題，但在封面上所填之 Prior years 數字與後面 Narrative 之細數互有出入，余提其封面所填為 Program Amount，而後面所用者則為 Actual Amount，於是在正式簽註單上不寫出，而另以便條詢問經辦人，"The amount for prior years is not in conformity with that in the narrative. Is this computed on different basis?" 另一件則其中有列 PA Participants 二人預算一萬五千元，但依 Training Office 之標準，一人以上之赴美 Participants 為每人五千五百元（此為最長一年期者），超出四千元，乃用正式 Router 寫出其中之疑問，要求計劃草擬部分加以澄清。今日處理 E-1 三件，時間較為充分，亦由於加班人數較多，故皆感從容，且有時間從事於其他事務之處理，余則將本星期未能完全看完之成功大學與普渡大學合作計劃有關文卷加以補看，並將要點加以摘錄。

師友

韓質生夫婦來訪，余未在寓，由德芳接見，日前彼曾來函要求參加由劉之駿律師主持代彼邀集之單刀會，但今日竟未當面提及。

10 月 26 日　星期一　晴

旅行

昨晚十時半搭夜車由台北動身，於今晨七時半到達台南，住四春園旅社。

職務

如上週所約定，今晨胡家爵、樓有鍾二兄分別由台

中及高雄來此相晤，上午即一同到省立成功大學接洽開
始查帳事宜。首先會晤該校總務長劉顯琳，按排查帳地
點，並希望余等住該校招待所，胡、樓二兄允移入，余
因感到並不方便，且在報銷旅費時須減去三成五，比在
旅社居住之代價為高，又不願不按事實報支，故婉謝其
請，旋到校長室與代理校長之莊教務長君地相晤，又訪
Purdue University 之 Chief Advisor，亦即自本年度起唯
一之顧問 Freed，此人年事已高，惟道貌岸然，談吐清
晰，和藹可親，略談即又訪與美援關係較切之工學院院
長萬冊先，萬氏髮鬢已白，聞尚獨身，又晤及會計主任
童子畏，並將應準備之資料開出，交童君先事準備。中
午應該校約在招待所聚餐，並就該處休息，其地精緻而
又清幽，聞在南部機構之招待所中為不可多得者。下午
在會議室開始工作，余與萬院長及會計室劉君分作一般
性之談話，並先由 1958 年度之決算報告與帳簿開始核
對餘款與現金結存等。

娛樂

晚，與胡家爵兄父子看電影「春風秋雨」
（Invitation of Life），拉納透娜主演，角色全好，意義
亦深。

10月27日　星期二　晴

職務

開始審核 Purdue Team Local Currency Support Fund
之傳票單據，由於在開始時之生疏，故全日只看一個月
份，即一九五八年度四月份，所發現之事實大致如下：

（1）去年查帳係截至三月底為止，然查當時徐松年君之 Working File，對於此前之單據並無查過之記載，1958 年度之查帳記錄只預算實支數之兩頁抄件而已；（2）1958 年度之預算案係由 Purdue Team 內之華籍人員照SOP 科目編送安全分署核定，支用時則另用一套科目由主計室記錄，美援會安全分署及查帳人員皆未對此有所澄清，在台北時已知此事實，詢之徐君，亦不了然，只以不贊成拘泥 SOP 乃至不主張過分看帳為搪塞；（3）在實際支出程序方面，支出之申請皆由顧問室為之，以 Chief Advisor W. J. Freed 之橡皮戳為憑，主計室另加簽付單（費用時）或在申購單（購置時）上加章製票付帳；（4）主計室對顧問支用款項並無預算控制或用途控制之程序；（5）人事費用方面，據助理諸君談話，全部依據安全分署之制度，自 1957 年一月所核定之待遇（照 ICA 薪級，但不自初階起支）開始，現在已在第二次 intergrade promotion 以後矣，（6）昨日交主計室主管準備之資料有須分至其他部門搜集者，經今日催其轉洽，始於下午照辦。

10 月 28 日　星期三　晴
職務

繼續查核成功大學與普度大學合約台幣部分經費帳，今日將一九五九年度用款查訖，雖帳款不多，然仍只能以抽查之方法出之，其法為先查核其月報表內之明細表，由此明細表再就其中之值得注意或易生流弊之項目，核對帳簿傳票，而後倘有更不明白者即就原經手人

加以面詢。今日余所注意者一為洋員之回國旅費，二為
其子女教育費，前者在下半年支出最多，因原定之約終
日期為六月底，故紛紛回國也，其回國旅費大率皆有
CAT 代為按排旅程之說明，實際上多經由歐洲回國，
報支則只能照規定直接至美之航空頭等，其差額則自備
之，票價有在此全付台幣者，亦有在此只付部分台幣，
其餘美金部分則將來由普度大學墊支，而向華盛頓由
美金帳戶契約款內支付。又其旅費內可以隨身攜帶免
票超重行李五十磅，不隨身二百磅，亦皆抽查其相關
之 Airway bill，重量相符，至於滿一年以上之另加海運
二千磅者，則打包與重量之換算等等亦皆有紀錄可查，
至關於子女教育費一項，為修正合約第六次內所加，余
初以為係多數顧問人員所需要，洎核實際支出，始知只
有一人之一子女在台南進美海軍補習學校，單據亦相符
合，只因署內有關去年度子女教育費資料已無存，無法
知其是否超出限額，若比照現行者則不超過也。

10 月 29 日　星期四　晴
職務

上午查核成功大學與普度大學顧問團台幣經費之
1960 年度部分，自本年七月至九月底，此階段尚未奉
核定預算，故對其支出內容須由實際上加以判斷，其人
事費則依據美援會所核定之編制為之，發覺用人超出定
額，由首席顧問備函說明需要，並由校長予以批准，據
助理諸君云，此款正請示增加，如不奉准，即由學校
負擔，此三月中又有部分顧問返國旅費，大體無何問

題。下午從事計算 1958 與 1959 兩年度之顧問 Quarters
Allowance 是否超過年額三千二百元美金之限度，發覺
均不超過，其原因為房租未支，蓋房屋之供應係由學校
為之，學校分期攤還之建築費在此兩年中為數甚微也，
後又以全期之限度比算，雖早期支出較多，然亦不致
超出。預定今明兩日從事於 Contract 之 Performance 觀
察，因查帳下午始畢，故須趕工，除日間問校方查詢其
每半年之 Evaluation Report 因原人不在無由得知外，其
Team 之半年進度報告則已印至去年底，今年六月份者
為全期性的，據云已完成稿送 ICA 教育組會簽，余渾
夜將去年六月與十二月者閱完，並詳閱過去有關之查帳
報告資料，於晚間將要點摘錄，備明日詳閱並與有關方
面接洽，並提出問題。計自八時開始，直至夜分，集中
精神，毫不疲倦，較之平時看書輒欠伸忽睡者不同，是
亦異矣。

10 月 30 日　星期五　晴
職務

全日對成功大學與普度大學之合作契約部分的
Performance 加以調查，此乃此次查帳中二大部分之
一，此種工作最難，第一為余於教育與工程二者皆為門
外漢，故只能就已得之充分資料中加以研閱，主要為普
度之半年工作報告，但只到去年底為止，其六月底者
資料較豐，而為時已在一年前，今年六月底者則尚在
出版過程中。另一重要者為成功大學對於該顧問團之
Evaluation Report，此則有待工學院長回校始知實況。

故余今日主要資料為去年六月底該顧問團之報告，該報告將歷年之重要 Recommendations 縮寫成二十九項，余就此加以參閱後，即於上午先與該團之彭君談初步輪廓，然後與代校長莊君地一一加以詢問，俾逐一知悉其執行情形，設不能執行，具何原因，此事與諸君談一小時，與莊氏談二小時，至下午三時始竟。下午與 Purdue Team 之 Chief Advisor 亦即其唯一之顧問刻尚未回國之 W. J. Freed 教授談話，余先將查帳報告內要點加以說明，謂大體滿意，一切有顯著進步，少數稅款諒可不必剔除，次即詢其工作情形，發現缺點等等，Freed 談鋒甚健，且不厭其詳，計談七十分鐘，大部分為彼發言，娓娓動聽，一派老教授風度。下午四時半與成功大學各有關人員談查帳經過，並廣泛交換意見，大體滿意，胡、樓二兄部分亦然。

10月31日　星期六　晴

旅行

上午八時三十五分由台南搭乘柴油快車回北，同行者胡家爵、樓有鍾二兄，到站送行者成功大學總務長劉顯琳教授，車於下午二時十五分到台北，較原定時間表遲四十五分，乃數月來因水災修復部分必須慢行之故。

閱讀

車上閱十月份 Reader's Digest，佳作甚多，計讀三篇，一篇寫東西德之一般民心，並不因東西兩柏林之被分割而有不同，寫東德之人心思漢，入木三分，且多可歌可泣之故事，尤其作者 Louis Fisher 在德時，其司機責備美軍有撤退意向一事，焦慮西方之能否出賣西德，如匈牙利往事，其一種簡單而純正與堅定之意志，令人熱淚盈框。第二篇為俄國一群不具名之學生致觀光者之信件，請外來人士不可相信赫魯雪夫，文筆簡潔有力，然其思想方式似非數十年來教育下之赤色青年所能具有。三為寫紐約時報一紐約市聞記者之一生，由賣報出身，苦讀、苦幹，成名記者，遇事喜助人而不求報，且向人道謝給以服務機會，晚年為回味其八歲時賣報生涯，凡遇報童，絕不使其觸望，且每份絕不付以低於二角五分之報價，每日有時帶同三份以上之同樣報紙，其逝世後之告別式舉行時，有一汽車司機不肯接受其前往弔祭之乘客之車資，謂其生前曾在報上對彼有所幫助，渠今日正可得此難得的自尊的服務機會。紐約時報之市聞編輯在致詞時有云："The fun has gone from the city room, gentle Mike Berger, who did more favors for scrubwomen and elevator operators, copy boys, porters and complete strangers than any one else would have dreamed of. Impish Mike Berger, delighting his fellow reporters with some wild yarn that always turned out to be true. The best newspaperman and the best-loved man in the city room has left us." 可以想見其為人矣。

11月1日　星期日　晴

師友

下午，同德芳到大崎腳中央銀行保管處訪原都民小姐，至則僅其父母在家，原小姐之子由其父母帶領撫育，後日應屆一周歲，今日為餽贈毛衣一套、玩具一件、水果二包，移時即行告辭。下午同德芳到淡水訪劉皚莉小姐之父母，此為與其父母初次見面，劉父為淡江中學教員，因患目疾，意興蕭索，所談多感喟之詞，甚矣健康影響身體之鉅也，因到時將近晚餐時，彼籌備留饌不及，余等亦須及早返寓，故談約三刻鐘即返。

瑣記

一週來之旅行始告段落，因只餘今日一天休息，而又須擠車南行北行以訪友，故感到疲勞不能迅即恢復，回憶一週來之生活，係會同樓有鍾、胡家爵二兄同在成功大學，余之旅費可列支三百一十元，彼等在美援會只可列支一百二十元，故住於成大招待所內，余則住於四春園旅社，蓋如亦住招待所，須減去日用費百分之三十五，較之住旅館為不合宜也；又回程日期余本定為星期五之晚間，因彼二人堅邀同行，余不欲太不隨和，乃以改照彼等之計劃於昨日回北，實際余須犧牲假日半天，且住台南旅館多出一天，連同路上早餐午餐，比實際可以多報之四分之一天的旅費所得幾完全相抵，彼等則可多報一天，此等事不宜多所計較也。

11 月 2 日　星期一　晴

職務

今日恢復在辦公室辦公，上午先辦理旅費報銷，按照兩月來之新手續，自行草擬傳票，正交打字小姐代打間，聞會計部分又有新規定，其原因為兩月來總務部分不為旅行人製傳票，各部分自製者難以劃一，且無統一規定，只能算作權宜之計，於是會計部分乃加以規定，囑各旅行人之單位均指定一人填製此項傳票，填好後寫一 Router，按次序由旅行人，單位主管簽字後，送之會計部分之 Administrative Accounts 部分檢簽付款，本 Audit Branch 即指定歐陽女士擔任，實際仍應由旅行人自將全部資料寫好，彼再轉交打字小姐打就送會計部分付款云。下午尚未著手整理一週來查帳資料，徐松年君語余，本月份所排工作支配表為余整理與撰寫查帳報告二週、公假一週、幫助內部事務一週，緣彼所應於二週前完成之Billing 查帳報告尚未完成，劉允中主任又已出差，彼同時須應付例行事務，不能面面俱到，故希望余能對於其 Review 文件等工作有所協助云。今日下午即從事核對工業組所擬對於懷特公司之 Evaluation 報告底稿送來會稿之審核工作，因其文內根據有五、六處引述本組之查帳報告，今既前來會稿，須檢出報告原文加以核對有無出入也。

11 月 3 日　星期二　晴

職務

本月份支配之工作共計三週，以二週撰寫成功大

學與普度大學合作契約中之查帳報告，一週辦理內部
審核工作，尚有一週為公假，據徐松年君（Principal
Auditor，亦名 External Chief Auditor）語余，此三週可
以活用，乃於今日交余若干審核之件，余處理一件，
為工業組所擬對於 J. G. White Engineering Co. 數年來勞
務之 Evaluation Report 之草案送來會稿，Audit Branch
Chief A. W. Tunnell 囑查核其中所引之查帳報告各點是
否真確，余乃將查帳報告各件原文查出加以核對，證
明皆屬相符，即以此意書於 Router 上請 Tunnell 予以會
簽，彼閱後詢余與徐君此項報告所引之查帳報告，其包
括期間如何，余等初不知其何所指，經思索知其所指者
乃係查帳報告所包括之期間並不與工業組之報告所包括
之期間一致，此應加以注意，蓋工業組所引用語句率指
其報告之期間全部而言也，此項思索自然有其深入之
點，然事實上無由加以區別，余等初意將各報告之包
括期間加註於該項 Evaluation 報告內，但體裁上亦不成
話，原稿均已將報告之日期註明，倘再加註包括之期間
益將累贅不堪，且彼所引之查帳報告旬亦不致被誤解為
包括全部無疑也，此人之好思索，為其長處，而不明取
捨，奈何。

11月4日　星期三　晴
職務
今日繼續助徐松年君處理文件簽註意見，所辦共二
件，其一為台南成功大學之合作普度顧問計劃內美籍顧
問詢顧問在赴台北就醫期間，眷屬同行可否報支旅費，

又安全分署台灣旅費又加改訂,該顧問團內之華籍職員是否適用,經余再三查核考慮,對前者認為缺乏合約根據,合約只規定眷屬診病可以報支,但未規定伴行亦在其內也,ICA 有規定可請專任 Attendant,與此意不同,故此點應不准行,二為華籍人員旅費問題,此事大為費解,計有若干種之根據如下:(1)FY1956 年之 SOP 規定須照受援單位之其他經費內待遇支報,照此則最高只能支每天六十元,(2)FY1957 印好未由美援會翻印發出之 SOP 規定,華籍職員照安全分署之華籍職員辦理,每日可支 310 元,此正為其來函請示之目的所在,(3)美援會曾通函此等合約下之機構,規定須照美援會與農復會之標準,則每日最高為 120 元,此點有正式規定並通知,最應重視,故與徐君商洽結果,認為宜採此點原則,應不為其一家樹立新制也。二為工業中心彰化工廠、桃園工廠之查帳報告發出後,不知其執行情形,應否催辦,Tunnell 囑查核意見,余檢卷知有復美援會文謂已照辦,只有一點希望豁免剔除打字機款,美援會則復文詢其對於剔除款繳還情形囑予查復,二件皆有副本送來,乃主張下月或一月作 Follow-up audit。

11 月 5 日　星期四　晴

職務

今日仍處理普通公文簽註,其一為關於以前余所查之 Industrial Center 查帳報告 1520 號,檢查公文人員照例有催詢執行情形之舉,現在距報告發出已經半年,檢查公文人員乃詢問是否有 Follow-up 之必要,而

Tunnell 乃交簽註意見，余查卷知美援會已接退除役官兵輔導會公函，謂大部分已照執行，只有打字機一部係請免剔，而美援會復文則謂請將打字機之進口稅及其他繳還款情形查復，以下無其他文件，乃擬議定於一月間從事Follow-up audit；其二為關於成功大學申請普度合作計劃，美教授台幣經費 1960 年度之預算申請表，余對於數項支出主張剔減，徐松年君又主張將 E-1 情形補入，余乃詢計劃部分，知 1961 年 E-1 尚未印發，乃就打字人員看其蠟紙，見其中並無普度之經費，又問計劃部分之蘇君，云 1960 年 E-1 中始克有此記載，而該項 E-1 因今年已將 1961 年者做出，故留而不發，即存於各主管業務部分，余乃到教育組查詢，知該年之經費為七十萬，此為唯一之根據，於是乃在簽註之意見內加入此點，此外則為減削兩項經費，一為華籍職員薪俸，細數少列而總數多列，主應從其少列者求其一致，二為外籍顧問家具換新一萬元，予以剔除，因顧問宿舍本有五棟，現在只有一棟，所存器具大可供作撥補之用也。

11 月 6 日　星期五　晴

職務

今日無他事干擾，全日用於撰寫普度大學成功大學合作計劃之查帳報告，然因準備工作不夠充分，故尚不能實際動筆，今日之工作為：（1）複閱 Manual Order 791.2，此為此項查帳之工作準則，華盛頓總署所要求之查帳方式即為以此中所定為準據者；（2）因此項 Manual Order 中之要求有一項為此次在台南成功大學時所不及取到，即該校對於普度顧問工作之 Evaluation Report，而本署及美援會文卷中亦無此項資料，乃想一變通辦法，即本署教育組曾與教育部聯合出版一種英文報告，近始發出，其中有成功大學一段，今日核閱一過，認為此項主管機關之評價，大可援據；（3）帳內曾付給 Tucker 教授子女教育費三學期，其限額依合約規定適用美國政府海外人員之規定，自本星期一即向本處 Accounting Branch 查詢，因過去資料均送至檔案部門準備銷毀，該部分須有美國人始可進入，於是託該美國人前往查詢，取來後又在大梱內尋出此有關之數頁，乃細加省覽，不料問題更多，蓋此項條文，十分繁瑣，其不足一學年者，且須按上學日期逐日攤算，而此項資料則事後不易取得，此等事項縱如何深入亦不算何等大的收穫，查帳事往往如此也。全部普度顧問之查帳報告 working papers 亦於今日開始複閱。

11 月 7 日　星期六　晴
瑣記

　　四年前德芳在中和鄉宋志先兄宅後，買林水柳放領地一百四十坪，該地本用於建築，但因為都市計劃預定公園地，如不領建築執照即行興建，當時之貸款又不能據而取得，故買後即行閒置而林水柳始終未停止耕種，上週德芳為宋兄之岳母做壽前往提起此事，宋兄意須查問四年來林是否續完地價與地價稅，如不完稅不完地價而續行耕種，顯然取巧，此其所見自極有道理，余乃於今晨到中和鄉公所財經課查詢完稅記錄，知四十五

年（四十四年及以前為林自管時期，未一併查詢）上期
起至今地價稅未完，每期自三百九十餘元至三百七十餘
元不等，余後詢以地價如何，答須問民政課，及詢民政
課，謂鄉公所無記錄，須向土地銀行洽詢，余以意度
之，恐地價與稅亦是同樣情形也；余複閱該地所有權
狀，其面積為 .133 甲，折合約四百坪，其大部分非屬
余所有，而地稅地價均在一起，如何完納，為何各所有
戶彙集一起，由於數年來一直未接觸此問題，始終認為
歸林水柳自行料理清楚，現在始知事實大相逕庭，因而
對於過去之處理方式大感困惑，除再進一步查詢地價繳
納情形外，勢須與地上有關友人如宋志先兄等交換意見
始可也。

11月8日　星期日　晴
師友

上午，佟志伸兄來訪，現在財政部內之美援會經費
內支用之商業銀行小組服務，但不滿現狀，詢問有無赴
美國謀生之機會。關文晉氏來訪，談出境證已由警備總
司令部取到，定於十一日乘四川輪回香港，此次在台
經營腸衣完全失敗，但有其他方面另起爐灶，將向政府
請求以屠戶之豬腸抵繳屠宰稅，庶乎原料可以掌握，倘
荷核准，關氏將回台與人技術合作，繼續經營。余約其
午飯，堅決不肯，遂罷，關氏之出境證附有入境證，余
與張志安先生為保證人，其所列條款為尚須保證回台，
故如在入境證滿期之時將原證寄來希望代為辦理註銷手
續云。下午，劉皚莉小姐之父母由淡水來訪，係答訪上

週余與德芳之訪問，在此盤桓數小時，並留晚飯，飯後陪同到新公園參觀國產商品展覽會，並送至車站於九時回淡水。劉君為東京高師與帝國大學畢業，談及余早年留日之友人燕奇軒與蔣基傅等，皆相知云，劉君在淡江中學教書，對此一加拿大長老會所辦之中學，長久在水準甚低之本省籍教員把持之下不求進步，致歷年之升學紀錄不足一觀一節，深致太息，劉君與余從未晤面，晤面初次亦只寒暄，今日始獲長談，其素養極佳，雖習法律，然於經濟學說亦如數家珍，蓋日本大學數十年來之時尚也。

11月9日　星期一　晴

職務

　　上週幾乎以全部時間用於應付零碎事務，今日始著手寫成功、普度二大學之合作契約查帳報告，首先依據華盛頓合作總署所定 Manual Order 之要點擬成報告之大綱，此為包括自去年四月一日至今年九月底之從未查過的部分，至於去年三月底以前由徐松年君已查過之部分的 Follow-up 部分，將另用 Follow-up 格式寫一報告，然只包括該報告之契約部分，該報告尚包括有成功大學所受美援充實教育設備等項，依據自去年終以來之查帳事務劃分原則，應由美援會辦理之，今日會同前往查帳之胡家爵、樓有鍾二兄電話約余前往一閱，余乃到該會將其所寫報告稿看過一遍，以作為引述之依據云。

交際

　　陽明山同學立法委員劉崇齡之封翁於今日在極樂

殯儀館治喪，余於上午十時往弔，依過去成例，只往弔祭，不送禮物。本署 Program Office 之 Parker 小姐柬邀與其業務有關之人員在寓舉行酒會以慶祝其本季CPB之成功，亦即 E-1 或 Country Program Book 之完成，酒餚甚豐，客人甚多。

娛樂

遠東橋牌會今晚在新生社發獎，並演戲，曹嶽維兄送余戲票，余往觀，鈕方雨、朱冠英合演拾玉鐲，季素貞等演搖錢樹，尚佳。

11月10日　星期二　陣雨
職務

開始寫成功與普度大學合作契約用款之查帳報告，今日只寫一段關於顧問人事安排，即覺問題甚多，不能解決。回憶此次查帳不夠深入，實因時間太短，若干資料直至臨行時始行交到，已不及詳細核閱，致未加深入之了解，例如該顧問團交余之成功大學顧問進退日期及假期表，其經辦人諸學彭交余時，余見假期欄只有 vacation 與 sick leave 二欄，余詢以有無 annual leave，彼云無之，余當以或係實情，未加深究。今日將其所列之表詳加研究，見內列 Freed 教授之 vacation 有三個月之久，若完全為 home leave，每兩年始得三十天，於理不合，且彼從未用過 annual leave，余深疑其有留待回國時一併使用之情形，然不能斷定，乃馳函諸君再行詳詢，又如帳列之 Tucker 顧問的子女教育費，在出發查帳前未知詳細規定，及回台北已知詳細規定，又須再進一步詢問其細節，亦不得不馳函詢問，俾明端的云。

師友

　　傍晚，到東園街亞洲腸廠訪問關文晉氏，欲約便飯為其餞行，不料其已經用飯而罷，關氏將於明日啟程赴港云。晚與德芳到中山北路訪郭宏仁楊秀卿夫婦，為其結婚後曾來訪，今日特往答訪，並贈食物，並與郭君之父晤面。

11月11日　星期三　雨

閱讀

　　上月十二日出版之 *Time* 與 *Newsweek* 皆有十年來大陸共匪政權之回顧分析報告，余自分署圖書館將二冊借到，直至今日美國軍人節假期始得以閱讀，二篇各有所長，然大體上 *Newsweek* 之一篇偏於思想鬥爭等問題，比較空洞，然文字較為生動，*Time* 之一篇注意其經濟方面，且附有圖表，比較實在，該文所孕育之思想及所表現之事實，將二篇綜合後大約如下所記：（1）此次蘇俄總理赫魯雪夫於訪美後即轉赴北平參加共匪之十月一日國慶慶典，並表示與美國所談不以武力解決世界問題之雙方意見，但共匪內部杌隉不安，必須隨時以外部問題緩和內部之緊張，因而與赫魯雪夫之見地有其距離；（2）共匪大躍進政策下，土法煉鋼與人民公社導致生產減退，初尚不覺，迨發覺各地所報生產數字完全出於捏造與粉飾迎合之心理，乃在迫不得已情形下向農民退卻，然又不肯認錯，以整肅部分幹部將其錯誤政策之責任在障眼法中驅除；（3）政治方面共匪之鄰國本有若

干向其表同情者，洎見向外侵略之圖不能一日或緩，乃
生畏懼之心，而疑忌以生，如印度乃至埃及皆其顯例
云。此項報導之內容幾乎與我方所宣傳之匪情相同，可
見我方宣傳大致尚無誇張之處也。

11月12日　星期四　雨

閱讀

　　讀巴壺天等所譯日本木村泰賢著「人生的解脫與佛
教思想」，已看完三分之一，即其第一篇「從生命觀進
展到解脫的問題」，分「生命的本質與人生的意義」、
「解脫論」、「禪的種類及其哲學意義」、「自力主義
和他力主義」等四章，作者於佛學而外，對於其他宗教
乃至哲學思想亦皆知之有素，故能說理左右逢源，有融
會貫通之妙，作者認為禪宗之境界絕高，但又在自力主
義與他力主義中辯證禪宗雖為極端之自力主義，然不能
絕對放棄他力主義之深切影響，其立論似在妥協各派佛
教之不同見解，而有一種不相妨礙之發揮，所見皆有獨
到，非一般佛門以外甚至佛門以內而理論素養不足相副
之理論家可與比擬者，惜乎書之卷帙不少，平時無暇予
以省覽云。

參觀（續昨）

　　上午率紹彭到士林園藝試驗所看蘭菊展覽，蘭花在
其新蘭亭內，出品並不甚多，且皆為西洋蘭與石斛蘭，
蝴蝶蘭則絕無僅有，據云蝴蝶蘭須春季開花，而西洋蘭
則不分季節。又陳列之榕樹盆景甚多，據云係一百數十
年前物，故售價較高，然矯揉造作，殊無佳趣也，菊花

則多為上週在新公園之展覽品，如一百二十多花之大菊花與台大醫院之原子放射種等，均一律大花平頭而十分呆板焉。

11月13日　星期五　晴曇偶雨
職務

　　繼續寫作成功大學與 Purdue University 之查帳報告，由於準備仍然不夠充分，須一面撰寫，一面參考資料，故進度甚慢。今日只寫有關課程改進之一段，所閱資料有 Purdue Team 去年十二月、六月兩次 Progress Report，成功大學上年度之 Catalogue（此為替代該校之 Evaluation Report 者，因至今為止該校之 Evaluation Report 究竟已做到何時為止，不但美援會不知，即該校本身亦甚無人知之），與本分署 Education Office 之數年總報告 The Road to Tomorrow，其中頗有重複之處，然皆一致認為極有成效，故引用之時不虞有何歧見難於抉擇也；余今日撰寫此段，經詳將各素材審定後採擇如下數項：（1）劃一各項課程之同一名稱因系不同而深淺有別者；（2）物理學與化學為工程教育之基礎，定為全體各系之共同必修科；（3）各 Purdue 顧問於提供意見而外，且各擔任其所擅長之課程教學；（4）發展 Industrial Engineering，緊密工業與教育二者間之關係，使學術與實踐打成一片，此外尚有顧問之貢獻如分訂採礦與冶鐵二系課程，劃分化學與化學工程二系課程，改變建築系課程重點由工藝轉趨於工程，則不遑寫入，以免此段分量太重。

11 月 14 日　星期六　晴

瑣記

今日以休假時間料理零星事務，上午到國民大會秘書處取來上週登記代購之分期付款衣料，計三件一套共二公尺八公寸，即送衡陽路華強西服號定製，在秘書處時並支領本學期子女教育費，又取來公務員保險診病單一份，備往看病之用。到中和鄉華安電鐘廠取來校對之鐘，據云已經證明確實，但有時較慢，此為通常現象，蓋月來電力公司電力高峰負荷較重，高雄火力發電廠尚未發電，此種情形下之電鐘，無法準確，故電鐘之使用仍不若普通鐘錶，普通鐘錶雖每日有開彈簧之煩，然不必隨時與他表校對以致撥動時針也。由中和鄉取到鐘時為十二時十分，乃在中和路等候公共汽車，過去五、六部，皆無隙地，以學生居多，過站不停，改至公路局汽車站，則所過者設非同樣擁擠，即標明為專車或直達車，乃又回至公共汽車站，勉強有車停靠，始告回寓，前後在途及等候共一小時餘。到附近建築材料行與木行探詢修理房屋用白灰、木料、紅瓦等之價錢，以木料為較複雜，報價亦異，大致二寸半與四分之杉板自七十餘元至百元外不等，視其有無邊皮而異云。

娛樂

晚，與德芳率紹因、紹彭到國都戲院看薩菩等主演之月宮寶盒（The Thief of Bagdad），為天方夜譚故事，布景奇偉，演技亦佳，不愧名片。

11 月 15 日　星期日　晴

體質

　　下午，到安息日會台灣療養醫院診療腿疾，緣二年來左腿始終易麻，注射維他命 B 亦未收效，並發現大黑痣一顆，撳之則痛，疑與腿麻有關，且可能為惡性肉瘤，今日乃持公務員保險診病單前往就診。由內科大夫 Heald 診察，余將經過告明後，彼詢有無腰痛腿痛等，余謂無之，亦無其他症疾，詢以黑痣與腿疾有關否？有無疑似癌症之點？彼云無關，且不致為癌，此處既有痛疼感覺，可以割去，乃定於下星期日晨到院切除，另外則為余照 X 光，余初不知照何部位，及到 X 光室，始知為照腋下，回問護士，謂確有關係，不用照腿，乃在 X 室照二張，一為仰照，另一為左側向上，在照時屏息為之，據云兩三日後可以有結果云。

參觀

　　參觀在中山堂集會室舉行之張穀年師生連雲精舍書畫欣賞會，多數為山水畫，山水畫中又以臨倪雲林者為多數，余已為展品較佳者有張穀年八七水災歷險圖長卷，朱士宗人物長卷、鶺鴒，沈瑞琪學北宗山水，沈規機訪文衡山，泉石出篁，李明明柳岸春曉，李淑英雙潭印月，周美齡太白觀泉，仿文衡山青綠、行書，陳書蓁白梅、江山一覽圖長卷、臨王聖教扇，張小芳疏林遠岫、富春大嶺，黃濬英仿大痴、楷書，楊愷齡仿大痴等件。

11月16日　星期一　晴

職務

　　不久以前所寫美援會駐美技術代表團FY1952至1953之查帳報告，曾送美援會會稿，日前該會會計室何大忠兄簽回，計有三項，其一為當時所發之Expenditure Authorization (EA)係以代表團費用為支出理由，但由代表團所送帳表單據發覺有一萬美元未發該團，此款何在應由該會查明，該會簽復謂係美援會自行用去，為迅速解決，此刻以不繳現款將EA數目修改為宜，第二為各年度支用餘款在報告內係由該團繳還，該會意見為該款已由該團支用，隨時供本分署查帳，第三為剔除不合之開支，該會並無意見，云云，余今日逐項提出意見，請A. W. Tunnell作最後決定，其第一項認為只係遷就事實，各該EA已簽發七、八年，此刻加以修改是否適宜，殊為疑問，第二項則既無單據送核，自然仍須剔除，況不久以前所查FY1954-56之經費報告亦係囑其繳還，同樣情形不可兩種處理，第三項則該會既無意見，只能維持原議，綜上各節，美援會雖未會簽，然因牽涉該會本身問題，且事實已甚明瞭，故主張原報告應即照發，余松年君亦認為如此云。續寫成功大學之普度大學顧問團合作報告，本文數節均已寫完，只有附錄部分尚未完成，其中最吃力之Performance部分則費時獨多云。

11 月 17 日　星期二　晴有陣雨

職務

　　續寫成功大學普度大學合作契約查帳報告，已將所附 Attachment 之各年度 Counterpart Expenditure 支用表作完，計為 1958、1959 及 1960 年度至九月底止，作完之後，余一直有一問題不能了解，即連日所寫乃銜接去年三月底之徐松年君之查帳報告，華盛頓總署之通知準備此項報告本有須由全期作起，如已有 Interim Report，即從該時作起，余本以為銜接徐君報告，即為對此點之執行，今日在細研渦去本計劃之查帳報告情形，發生一項疑問，即 1955 年底曾有 Airgram 格式之查帳報告格式送華府，以後即無，今所謂 Interim 報告係指 1499 而言，抑指 1955 年底之 Airgram 而言，不能無疑，經分別與徐君及查核 Contract 之葉于鑫君商洽，認為乃指 1955 年底之 Airgran 而言，此 1499 不過作為參考而已，於是乃決定余現在之報告須能包括 1956 一月至今年九月底，以便與前次 Airgram 相銜接，於是乃將已作成之 Counterpart Expenditure 再加入自 1956 年 1 月至 1957 年 6 月底止之階段，以便銜接已寫成之 1957 年 7 月起至本年九月底止之表。

師友

　　晚，郭宏仁楊秀卿夫婦及郭父來訪，係答訪余與德芳前星期之訪問。

師友（續昨）

　　晚，張中寧兄夫婦來訪，閒談明年國民大會選舉問題。

11月18日　星期三　大雨

職務

　　依據昨日所重新安排之原則，將成功大學與普度大學契約帳內之查帳報告重新加以修正，其修正要項計有：（1）關於普度顧問員額及來去期間，余本以去年四月一日至今年九月底之狀況列為一表，現在改為自1956年一月一日至今年九月底之期間，內容較為擴大，同時 Purdue Team 人員開來之資料只有 Home leave 而無 Annual leave，余在台南時辦事人員諸君云無 Annual leave，迨北來發現 Chief Advisor Prof. Freed 之 Home leave 為時太長，而 Annual leave 則一直未用，疑其所言不符，乃去信詢問，今日已接復書，謂係二種混為一談，但仍未加以劃分，余乃只好在所製之表內加一註腳；（2）Counterpart Fund Support 部分原只 1958 與 1959 及 1960 年度之一部分，現在亦擴大為自 1956 年一月至今年九月底，計有五個年度，分製五表，同時關於自去年四月一日至今年九月底之審核剔除事項本均在表下列出，以備查考，現在亦決定刪去，而另在 1499 號查帳報告之 Follow-up Report 內加以聲述，而將此項 1499 與 1499A 之查帳報告附送一副本於 Airgram 之後，比較體裁適合；（3）報告原文內對於修改各點有不一致之處，均經一一加以修改，使其一致。此項工作好在只是剪裁之煩，並不特別費時，但因報告後所附副本有為時極早者，尋找現成之 copy 則頗費周章云。

11 月 19 日　星期四　雨

職務

　　今日寫作所查成功大學與普度大學合作契約之另一查帳報告，此一報告與日來所作者所含期間不同，後者係用 Airgram Form，銜接前次 Airgram 截止日期 1955 年底，前者則為去年所作截至三月底為止之 No. 1499 號報告，此報告之 follow-up 報告，並兼有將三月底以後直至今年九月底之審核報告，因內容比較簡單，故一天完成，只餘數張附表待明日續作。今日所寫之報告，一為主文，其中聲明所查之範圍係去年 1499 報告所作 Recommendation 之 Implementation 情形，二為續查此一年多時間之繼續支用情形，三為附錄 Findings，內分二段，一為 Follow-up，對於 1499 報告內與 Purdue Contract 有關者之辦理情形加以說明，大致可謂均已做到，其與此 Contract 無關者則為在同一計劃下所撥加強建築設備等款之支出，由美援會以另一報告加以申述，二為去年四月至今年九月之查帳內容，計有剔除款數項，一為所付給警察局之洋人居留證費，二為一教授 Tucker 所支子女教育費超過規定之詳細算法，三為八月以後之用人費超過美援會所核定數額，應計算繳還，最後將總數列入新的 Recommendations，另一 Recommendation 則為 1959 年度支用餘款尚未繳還，亦須速繳云。

11月20日　星期五　晴

職務

　　今日將 Audit Report No. EA-1499A 之附表全部製完，包括自 1958 年度至 1960 年度各一份，前兩年度為預算與實支之比較，1960 年度則只為七至九月份之實支數，因當時預算尚未成立也，附錄各表各有尾註，說明其有意思不甚顯豁之科目如雜項支出者，內容包括之主要項目為何，並註明該科目內有何剔除之支出，以便與報告原文互相對照，寫好後即據以寫出 Recommendations 兩條，一為將剔除款一萬二千餘元繳還，二為將一九五九年度餘款之墊作 1960 年度年初開支者，亦照數繳還，至此全部完成。因其中有數項 Recommendations 之 Follow-up 係由美援會為之，故特訪該會樓有鍾與胡家爵二兄，請其一閱有無不相一致之處，僅樓兄一人在辦公室，彼亦只涉獵一過，認為無他。下午將旬日以來所作報告二份重新加以審核，對其中前後不相一致處加以對照改正，然後將兩件全交之劉允中主任，本月份工作至此已全部完竣，有如釋重負之感。下午又將所借 Program Office，美援會與上月所借軍事工程委員會等卷宗全部送還。

師友

　　日前樓有鍾兄告余，綸祥停頓後之債權人有已經將款領到者，未知係何底細，余乃函託王慕堂兄代為打聽，今日王兄來訪，謂承受者已有其人，不日即可付款，屆時小額者可以取回半數了結云。

11 月 21 日　星期六　晴

瑣記

　　因德芳連日不甚爽適，晨間余率紹彭至菜市買菜，下午並到建材行木行等處定買修理房屋之材料，又到國民大會秘書處取診病證明單，並到瑞士皮鞋廠取回送去重新打楦之皮鞋，到華強西服號試穿新近交製之西服，此等事項亦皆甚費時間也。

師友

　　上午，訪隋玠夫兄於合作金庫，意在取回託代在該庫存款之九、十兩個月利息，隋兄云原擬於十二月份一同交送，故未交余，言下即將由其自己款內墊付，余見如此，亦即表示最好即照原議，迨十二月底再行一併支取云。

娛樂

　　上午到美都麗看電影，為邵氏公司新片「粉紅色的炸彈」，由嚴俊導演並主演，寫一律師受人威脅誤入歧途，將受託執行之遺囑以失效者調換，致遺產落入遺產人所不希望承繼者之手，其手下律師誤認為其獲得鉅額提成，乃又要挾其朋分，在無可奈何之氣憤情緒下以棍擊該律師致命，移鐵道上偽為自殺，以後終被人將真情識破，最後身敗名裂，跳樓殉身，故事極富警世意味，演技亦尚不惡，范麗為炫耀其 36：21：36 之三圍，甚多服裝極盡暴露曲線之能事，又自行隨片登台歌舞三匝，故票房紀錄不惡，事實上只照影片而論，亦在水準以上也。

11 月 22 日　星期日　晴

體質

　　上午，依照規定之時間到台灣療養醫院割治左腿之肉痣，余在上週由 Dr. Heald 診斷時曾詢以有無癌症或須作切片之必要，渠云不至有癌，問是 Tumor 否？云非是，再問然則僅為 Spot 乎，渠點頭稱是，今日見手術室用語，知應為 mole 也，到院掛號後即上樓手術室換衣，上手術台，先由護士打麻藥針，繼即迅速割除，不過五分鐘，毫無痛疼之感，僅於半小時麻藥失效後略痛，然亦比普通傷口作痛時輕快多多，手術後詢醫師以其上週之 X 光報告內容若何，云有輕微之風濕症候，須再問診斷醫師，余乃到掛號處詢問，謂最好再掛號一次，乃即照辦，初收余掛號費五元，而甫在割疣時所掛之號為二元，不知其故，詢之始知為第一次附有公務員保險之診病單，現在為掛普通之複診號，余乃再給以診病單一張，於是又改為兩元，等候一小時餘始獲就診，告余X 光檢查結果，有風濕之症候，決試以電療按摩，乃至按摩室，因已近午，只好改為另來，醫云星期內三次，療後一週再來就診云。

師友

　　韓質生兄來訪，謂集體借款還債事頃晤于永之兄，因渠有病，不能擔任聯繫人，請余務必援助，余認為非集體設法，少數無濟於事，答允訪永之懇談一切云。蘇景泉兄來訪，閒談。

11 月 23 日　星期一　晴

體質

　　昨日台灣療養醫院 Dr. Heald 處方囑余一週內行電
療三次，昨日因時近中午，按摩醫師囑下午再來，余乃
改於今日下午前往開始電療，醫師首先詢余疾候，余將
診斷經過見告，並將右腿之發麻與注射維他命二年未能
根除一節相告，據答復云風濕症狀不能由 X 光查出，
Heald 醫師判斷余為風濕亦應由症狀口述情形判斷者，
腿部久坐發麻為風濕之一種，與痛疼者不同，治療仍以
多運動，多用熱水洗滌為宜，電療亦為一種促進其循環
之方法，今日共用電摩左腿與左方坐骨凡十五分鐘，並
略事按摩，當將處方箋辦下，謂再來不用持憑云

家事

　　今日開始修理房屋頂瓦，由快速工程行擔任，材料
由余自備，余今晨到山大木材行買杉板三坪，交小工帶
回，又到南昌路買洋釘，到潮州街買瓦片、白灰之類，
今日瓦工為將瓦頂揭去，重新加釘板條，以備其上加蓋
紅瓦。因翻揭瓦頂灰塵飛揚，故將寢室與客室之疊席取
下堆起，並著小兒女即在疊席堆上就寢，其法甚妙，由
寢室與客廳之物事儘量轉置於書房之內，此間為文化瓦
頂，不甚漏雨，且屋價構造亦似與其餘二間不同，故不
用修理，緣是屋內物件亦始有騰挪之餘地，不致十二分
侷促也。

11月24日　星期二　晴
家事

今日為修理房屋之第二天，仍用於拆除固有之瓦頂，臥室與客室之頂已全部拆完，並開始釘用杉木板條，此項板條有二種，一為二寸半寬四分厚，二為五寸寬三分厚，預料用兩坪，結果因腐爛待換者太多，又加二坪，均向山大木材行買進，又玄關處之上頂為兩屋之夾道，本用白鐵皮，已全部腐爛，因數年來新廚房所用鋁片似甚經久，乃改用鋁片，早晨就南昌路一帶建材行詢問，均謂無貨，鋁業公司甚少供應，一家告余須西寧南路或後車站太原路或有之，余乃到西寧南路見一家有售，而索價高昂，謂缺貨不能照鋁業公司牌價，厚薄種類繁多，余根據估計買23號波形者一張，長七尺半，謂最長者尚有八尺者，另有平形者，如布成捲，可以任剪若干，下午按裝時發覺工程所在長十三尺，尚須另買一張，於是又往買26號一張，因23號者無六尺長者，有之亦未加油，故改為26號，似亦不薄，至於最厚者則竟可用以製桌面云。今日因拆除最多，故到處灰塵飛騰，滿室污穢，所幸兩日來未有陰雨，為爭取時間，明日亟須將屋蓋好。今日尚有一小工程，即寢室壁櫥處木柱下沉達二、三寸，紙門因有歪斜之象，其前按床亦前後高低不同，今日瓦匠用汽車修理廠式之起重機將此柱頂高，地板已高出三寸，紙門亦容易啟閉，而粉牆則保持未損，則始料不及也。

11 月 25 日　星期三　陰
閱讀

　　擇要讀 R. M. Mikesell 著 *Governmental Accounting*，全書綱目為政府會計一般程序、預算、普通基金、支用會計與收入會計、公債基金、償債基金、信託基金、留本基金、特賦基金、公用營事業基金、固定資產、負債、一般財產稅會計、基金間關係、現金管理程序、會社會計、教育與醫藥二種機構、政府會計之單位成本會計、政府審計等項，末有附錄四項，一為市政會計名詞，對於政府會計所用之名詞連同普通會計名詞之可用於政府者，皆有一字彙，解釋簡單明瞭，二為 National Committee on Governmental Accounting 所擬 "Principles and Standard Procedures" 之 Summary，簡單明瞭，對於政府會計之特別問題如固定資產等等皆有論及，三為計算用表，四為市政會計之標準查帳程序，乃加利佛尼亞州 CPA 協會所擬，分八大類，由一般事項而至收入、支出、資產、負債、公債本息、餘絀、公用事業等均有極詳細之列舉，會計師可按程序執行查帳也。

家事

　　繼續修理房屋，今日開始按裝瓦頂，故屋內污穢程度已不如前昨兩日之甚。

體質

　　下午續到台灣療養醫院電療左腿麻木之疾，因連日未有長時間之伏案，故未感麻木，醫問前次電療後有無收效，尚難作肯定之答復。

11月26日　星期四　陰雨

家事

　　繼續修理房屋，包工人本謂四天可以完成，今日已為第四天，而上面鋪瓦工作只完成三分之一，日間細雨若干次，且有陣雨二、三次，幸為時尚短，未漏至天花板上，然如此天氣實令人擔心也。此項修理工程除工時已超出預料外，即材料亦往往倍蓰，如使用最多之石灰，原估二十包，現在已用至四十包，且外加水泥一包，用瓦預定一千五百片，預料亦將超過，因此次近於大修，將來可以保長時間不至漏雨也。修理工程大體上買料由余擔任，監工由德芳擔任，每日細節繁多，余因不諳內容，且不知台灣方言，與工人說話有甚大之隔閡，德芳則較為熟悉，且能粗淺之台語，便利不少。屋面除下之石灰與碎瓦本係用運砂之牛車託其運去，已運走一車，尚有近一車之多，鄰居二弄居民願用以墊鋪巷道路面，可以防止雨後泥濘，經即照辦，比牛車運出之費用車較為低廉焉。下午，姑丈來訪，談此次戶口普查時，警察送來大陸戶口調查表，因恐所填與余所填者有脫節處，乃送余處相對照，余當云目前對此事已滿城風雨，立、監兩院且提質詢，宜加觀望，且待余之表格送來後，並向外探詢他人應付方式後再做計議。

交際

　　國代同人湯志先之母為八十大慶，舉行儀式於靜心樂園，上午余往拜壽，未送壽禮。

11月27日　星期五　陰

閱讀

利用候診時間閱讀暮泊著 *How to Brush Up Your English*，此為作者在中央日報所載短文之結集，書之內容雖多甚淺顯，而供中學生之用者，然溫故知新，多能補助平時之所忽略，今日已讀完半本，茲記其獲心處如下：（1）直接法英語教法與學習，為作者所特別強調，此點在國內倡導已有數年，論者亦皆認為直接法可不經過在腦內打轉之過程而學習語言，有如兒童習國語或方言，愈是直接愈是容易收效，然至今學校多尚未能採用，足見實施上在師資與學生之年齡等方面皆存在若干不易了結之問題也，（2）英語會話之基本答話一節，甚有用，列舉許多用於同意不同意的答語，均值得熟讀，且舉出若干不可用之常用語，如 I think so; Yes, he will; No, he won't; Yes, I am 等等，但未談及如云 Yes, I do 等是否亦在須加避免之列。

家事

繼續修理房屋，因此次係將寢室與客室之屋頂全部換裝，故用料有較預定超過數倍者，如白灰一項，本在預計只二十包，現在已用至八十包，且只完成四分之三，用瓦亦多過一倍，工人工數似亦加出若干，預定昨日完成，共四天，現在預料至少六天云。

體質

第三次到台灣療養院電療，計十五分鐘。

11月28日　星期六　晴

家事

　　繼續修理房屋，大體瓦工已完，其間有一天有陣雨，幸皆甚小，未漏至屋內，其餘皆晴或微陰，適於營造，在時間之選擇上言之，可謂適當。因乘此次工人在此，決定改將魚鱗板之破損處亦加以修補，余於下午到木料行訂購杉木魚鱗板及板條，後者為一寸寬五分厚，前者為三分厚六寸寬，板條無現成者，訂製明日可交貨，又往購買鋁片一張，備加於書室之陰面魚鱗板外，以防鄰屋之水沖下使魚鱗板受損過速焉，又買柏油一桶，備刷於木板上，為防腐之用。

師友

　　上午，宋志先兄來訪，無特殊事務，余與談在中和鄉建地事，詢以余之所有權狀是否包括渠之屋基在內，如在內，何以余之部分只一百四十坪，宋兄只一百坪，而余所執之所有權狀上為一分三釐多，合四百坪之多，又既屬一個地號，原主林水柳至今欠稅，此稅不能一地號多筆稅單，宋兄歷年完稅情形如何，宋兄謂係與林水柳其他地號之現主共同繳納田賦，如何分割與地號等宋兄一概不知，而林對余之部分欠稅不納又至今耕種如常，渠亦未將稅單交余處裡，殊令人不解，余乃託宋兄傳語林水柳，彼不能脫卸責任云。

交際

　　上官業佑兄之封翁在大陸逝世，渠在蓮社家祭，上午往弔奠，雖云家祭，然素車白馬，為況甚盛。

11 月 29 日　星期日　晴曇
家事

　　繼續修理房屋，今日已為第七天，幸於下午告成，今日所辦事項為：（1）屋頂蓋瓦工程上午完成，計用紅瓦凡四千個，其中包括舊瓦可用者若干個，按一般平均數，每坪三百瓦計算，余之寢室與客室十一建坪，顯有超過，又共用白灰凡十包，亦超出一般之需要量；（2）此兩間屋頂完成後，天花板內之瓦礫與灰土由諸兒女入內掃除，費時一個上午始行告竣；（3）魚鱗板拆換舊破者，初估計三坪，余定木板四坪，今晨往提，發覺有破裂者甚多，除能將就使用者外，計退回二片（每坪十片），另兩片已運來亦須退回，因急用已加以使用，此數後證明不敷，乃於中午另至他家定製一坪，始將有損壞情形之魚鱗板予以換新；（4）魚鱗板重新加塗黑油，於今日完成；（5）此外零星工程如牆壁脫灰，自來水表附近之水泥地因修理水管而須加以修補，以及其他瑣碎項目，亦不在少；（6）七天來平均每日有四人做工，以一大工三小工計算，日需工資一百五十元左右，今包工為台幣一千四百八十元，其工程毛利約合四百元，尚屬適當云。

交際

　　上午，蘇雲章太太開弔，到極樂殯儀館致祭，未送喪儀。晚，分署同人公請 J. Gould 與 Nolan，為其歡迎歡送，到者四席，在烤肉苑，甚熱鬧。

師友

　　韓質生來訪，催洽借款事，晚訪于永之兄討論，將量力為之。

11月30日　星期一　晴

職務

　　休假一周後今日開始辦公，首先將月初所從事之成功大學與普度大學合作契約查帳所經過之 Work papers 加以編排，作成卷宗，交入 Working File 櫃內，在整理之中，發生一項問題，即所作之 EA-1499A Follow-up 與報華盛頓之 Airgram 查帳報告所作者多有相通之處，故只能以一個 File 作為兩個報告之 Working Papers 而已。次為開始閱讀次月份工作有關之文卷，即 Taiwan Handicraft Center 之 Contract 文卷，次月份之 schedule 則尚未排出。

家事

　　修理房屋費時一週，其中德芳任監工之時間為最多，眠食受影響，以致易於觸怒，今晨起床後余照例料理早餐，德芳則整理物件，其時即熱諷冷嘲，謂昨日買木板如何如何，今晨又起床後不協同工作，余謂廚房如何，德芳謂兒女輩自料理之，此非事實所許，余深為不悅，時近八點，余乃到辦公室，及晚歸來，仍餘怒不息，且不容解釋，且涉及紹南出國用費事，謂余計較其費用，其基本見解則認紹南只為其一人所生，余則凡事須出以外交方式，此為余做夢亦未想到者，且不容解釋，解釋反益激其怒，無已，只好默禱天公對德芳降福而已。

12月1日　星期二　晴

職務

繼續閱 Handicraft Promotion Center 之美籍顧問合約，因內容甚繁，今日尚只完其半。余本月份之工作為此 Center 之查帳，且已由李慶壋君代為列入本月份之 schedule，今日休假後恢復上班之徐松年君忽謂本月份余之工作似不包括此一計劃，原稿乃係衍文，此時李君已送 A. W. Tunnell 核過，並無更張，故結果仍認為係排在以內者。上月所寫成功大學與普度大學合同之改送華盛頓的 Airgram 方式之查帳報告，係以九月底之數字為截止，但華盛頓總署所來之通知本為 "Reports must be forwarded to ICA/W within thirty days from the audit cut-off dates shown below"，以下列出該計劃之 cut-off date 為本年十二月底，但現在所以已提前於九月底截止之原因不外二者：（1）上段文字誤解為十二月底以前三十天，故早早下手，希望十二月初可以完成，（2）為免臨事張皇，先查至九月底，待年度後再補將十至十二月份加以查核，如此最為具體，然亦無法完全控制也。

交際

已故丁惟汾氏之夫人亦病逝，今日在極樂殯儀館開弔與營葬，余往祭奠，無其他負擔。

師友

下午，周天固兄到辦公室閒談，渠現任行政院新聞局第一科長，謂工作甚緊張云。

12月2日　星期三　晴

職務

繼續閱覽手工業中心之 Russel Wright Associates 合約文卷，已將原合約與四次修改條文閱完，深覺此合約與一般 Technical Assistance Contract 不同，例如合約之兩造，於 Constructor 一造外，多為中國政府機關，或由美援會為之代表，此合約則由 ICA/W 出面，至第四次修正案則又改由美援會出面，約內亦未聲明何以有此更張，又如約內並未規定其 Team Members 須在中國有一 Local Currency 支付義務，即應作為一切開支全用美金，在美國支給，此點與一般契約有甚大之差異也。本月份之 Working Schedule 已印出，余自一日至18日即為查核上項計劃，21日未定明，22、23日為公假，24以至月底則為 Review and Comments，亦即應付日常公文而已。

見聞

在聯合大樓屋頂看美國 Thunder Bird 飛行員駕軍刀機之表演，共飛機五架，一架單獨表演，最精彩處為螺旋形之直升，動人心魄，另四架為編隊，上下遨翔，皆能切取連繫，最妙者為四架用開花式分成四股，然後由他處參加，作種種姿勢，表演情況至為熱烈。

師友

紹南在中央信託局之同事原都民夫婦下午來訪，主張對泥水工不必多用，或現全去。

12月3日　星期四　晴

職務

　　繼續閱 Russel Wright 合約文卷，因翻閱較多，始知數天來有一誤解，認為該項合同自原始至第三次修改均由華盛頓總署與 Russel Wright 簽訂，至第四次修改即由美援會與之簽訂，此因第四次修改即在最近，卷內一翻即可看見，數次又相銜接，加以前次所查之成功大學與普度大學合作契約文卷亦係最後修正稿放置上面，適相銜接，得此暗示，遂有此誤解也，今日知此由美援會出面之第四次修改，其本身即有原約與前三次修正，並非繼續其固有之數次也，緣此閱卷工作又須延長，蓋余所查之期間為 1959 年度，亦即去年七月一日至今年六月底，而美援會出面簽訂合約為今年八月間事，此年度內大部分時間適用新約，此新約之內容比舊約為賅備，但余至今尚未閱及，自不免另以適可之時間加以審閱也。

瑣記

　　兩週前黃鼎丞君受託至中本紡織公司代各同人購買呢料，其間因中本時間開閉不定，又因託買各人有須待領到薪俸始可前往者，荏苒多日，今日始再度由黃君與靳綿曾君會同前往，至則謂見其他方面往洽者多，小庫房內擁擠不堪，只得根本作罷矣云。

12月4日　星期五　晴

職務

　　本月份所支配之工作對於送來會簽之 Review and

Comments 本週係他人擔任，余待至下旬始輪流擔任，但因週末件數加多，今日乃分由余審閱二件，其一為礦產勘查經費，前次送來 Application 經發回請其補送細數並解釋何以人數加多，今日已對此點加以補充與說明，乃擬予以同意，其二為美亞鋼管廠貸款之 Application，此為一舊計劃之延長，舊計劃器材運到而主辦廠無力安裝運轉，只得又與美亞合作安裝，而貸款與美亞接辦其事，據云有甚多問題，但余等只能就此案之E-1 的計劃根據與 Application 內之是否能自圓其說而加以審訂，結果尚未於工業組與計劃組所發現以外者另有其他發現，故簽註照各該主管組意見辦理。

師友

同安街上午大火，本署會計處同人孔君罹難，孔君數日前曾陪周天固兄來訪，謂二人近鄰，余由此知周兄或亦遭不測，乃用電話詢問，先問其寓所，不能接通，繼問其服務之行政院新聞局，乃證實已遭回祿，乃於晚間到山地會館其姪家向周兄與其夫人慰問，德芳亦同往，面致新台幣三百元，略供添置之用，至孔君方面，則辦公室內發動捐助，大致均為百元，余亦如數，彼則暫住署內空屋云。

12月5日　星期六　晴

家事

上午，與德芳合作搬磚，緣上月修理屋頂時，原建築係在紅瓦之上另有塊磚，備修理時上房踏步之用，此次修理工人將固有磚瓦取下，重裝時即只用瓦而未再用磚，於是有將近百塊之磚棄置於後院，後院地方太少，必須騰讓，乃搬遷至前院窗外，由德芳壘成短台，其後則為歷年修理房屋竹籬等拆下不用之木料等，稍加遮蔽，以免有礙觀瞻。下午又協助糊門窗之紙，此次對門窗十二扇決定於六天內洗刷清潔，另糊新紙，今晚糊客廳內之一部分。此外家事零星照料者尚有垃圾箱蓋之修理，木屐之加釘等，垃圾箱近年因在門外不易保持清潔，往往有由他處倒來之最污穢物，乃改放院內，而院內面積不大，遂用體積甚小之奶粉木箱以代，為保持清潔，經常用木蓋緊閉，有時蓋之兩端木條鬆動，即須加釘以免散開，木屐則前端之皮樑為最易折斷或脫釘之處，亦須經常加以修補，加用新皮或加釘使固。

交際

國大代表同人安徽方念諧兄在法院公證結婚，晚間在靜心樂園宴客，新娘張玲女士，年事相仿，今晚所到客人以代表同人與安徽友人居多，計有十五席之多。

12 月 6 日　星期日　晴曇
閱讀

選讀 John Maurice Clark 論文集 *Economic Institution and Human Welfare*，全書主旨在就經濟學在應用之角度下應採何等看法，以論述如何對人類之命運有所貢獻，余僅細讀其最末一章，"The Relation of Western Econ. Thought to the World Struggle"，其要旨在提出經濟落後國家之經濟發展方式問題，主張應重視各民族之歷史文化與生活方式傳統，吾人既反對共產黨之變相併吞的與移植的方式，即當重新認定自由競爭與價格中心之西方制度並非行之四海而皆準者，作者態度冷靜客觀，蓋學養深邃而有心於世界之前途者也。書末有 Epilogue 一篇，文情並茂，環誦再四，抄錄如下：

"In that garden where Adam lost his primeval innocence there stood, we have been told, two forbidden trees: the tree of the knowledge of good and evil, and the tree of life. Adam ate of the first, and was driven from the garden lest he eat of the second. But between these two stood other trees, of which was Adam not told, and one of which has been found by some of his children.

For Adam taught his children, as he labored to till the soil, that the cure for the ills that come of knowledge is more knowledge. His children did not forget, and in any case they could not have turned back. Some of them came again to the entrance of the garden, where the angel barred the way. Though his flaming sword slow many, some made their way past. But they did not come to the tree of life.

Instead, after many hardships, they came to a great tree which had twin trunks, the branches of which interlaced, and the fruit of the two could not be distinguished. The name of the nearer trunk was the tree of knowledge how worlds are made, and the name of the farther trunk was the tree of knowledge how worlds are destroyed. And Adam's children ate; and they were seized with a great fear, beyond any fear that men had known, which left them no peace nor rest, but drove them on.

The road beyond lies through dark and dangerous chasms; and whether they will win through, it is not given to us to know. If they do, they may come to the tree which bears the knowledge how worlds may be made in which man may safely live. Only then, - if their search succeeds thus far, - may they be ready to reach out to the tree of life, which stands beyond.

12 月 7 日　星期一　晴曇

職務

繼續閱 Russel Wright 與 Taiwan Handicraft Promotion Center 合作契約文卷，今日所閱為去年夏由美援會出面與 Russel Wright 所定之約，此約為接續以前由華盛頓 ICA 與 Russel Wright 所定之約，後者十分簡單，甚至未定台幣經費支出，以致直至 1958 年度終了，未有該顧問機構之 Local Currency Support，實為同樣合約中之僅有之例，自 1959 年度起用新約，此約之詳細似亦為各同類合約之冠，美金台幣及一切可以顧慮發生之事，幾乎無一無之，甚至 Medical Allowance 一項目，規定二個 Page 之多，將 SOP 中附錄所載之醫藥費如何發生、限制、請領等等，皆加以詳盡之規定；合約閱完後，即閱以前所作之至 58 年底為止之查帳報告，此報告之名稱為對於此項合約之查帳，實際則台幣部分為工藝中心之費用，合約並無台幣支出，又閱最近胡重仁君在美援會所作查帳報告，係查核 1959 年度中心本身

用款，對於合約之台幣部分用款，亦列入 Project Detail
內，但並未查核焉。

12月8日　星期二　晴

職務

今日已將 Controller's Office 所藏卷內之 Russel Wright
與美援會所簽合同及有關文件全部閱完，其中有效部分
均加以詳細記載，另有正在磋商中之第四次修正案準備
將效期延長一年至明年九月底止者，因尚未定案，故不
加記錄焉。繼續查閱有關 Russel Wright 契約之計劃部門
所存文卷，此項文卷本係分年度分存於 Program Office 與
該一 Office 之 Local Currency Management Office 者，最近
因 EXO/C and R 即 Executive Office 之 Communication and
Record Division 建立 Central File，將各年度之文卷集中混
和庋藏，改以 PPA/PIO、CEA、Report、Correspondence
等項分列卷夾，於是須向管理人將全部調閱，乃顯出體
積龐大，且其中雜亂無章，不加裝訂，僅用橡皮圈按年
度束成一束，則又極見其不方便處矣。本處稽核組共有
本國同人九人，近來因內部工作甚繁，故出差漸漸減
少，惟本星期為例外，共有四人出差，兩人公假，所餘
只有余與李、黃二君，則破天荒矣。

師友

開發公司潘鋕甲協理來訪，謂將於廿七日途次歐洲
赴美，約二月間可到，詢余有無託帶紹南之物件，並云
已將其準備赴美贈友用之物品郵寄華盛頓紹南收存備
交，託余寫信時為之提明云。

12 月 9 日　星期三　晴

職務

繼續查閱美援會代 Taiwan Handicraft Promotion Center 與 Russel Wright Associates 所定合約之文卷，今日所閱有二部分，一部分為 Program Office 之 PPA 與 CEA，及用款單位所送 Application 之詳細預算等文卷，另一部分為本會計處之 Accounting Branch 所管各 Project 之資料卷，其中有 PIO/P 與 PIO/T 等之 copy 及按照各個 PIO 所記之數字，包括 Sub-obligation amount、Disbursement amount 及相減而得之 Unobligated balance 等，由於今日在此中蒐集資料，連帶的獲知不少美金會計部分的知識，緣余在查詢卷中 PIO/T 之數字時，發覺 1959 之 PIO/T 第一次核撥 57,000 元，第二次又核撥 43,000 元，故現在之 Sub-obligation amount 為十萬元，但其卷內只有 57,000 元，最初不解，然後詢問主管之蕭君，始知此 43,000 元之 Appropriation 與 Allotment 符號不同，在余等查帳以 Project 為主者，固可不分，但在彼會計立場，雖在同一 PIO 號碼之中，而款源有差別時，即不能化入一個帳內，於是助余在 57,000 一篇帳目之外，又尋出另一頁 43,000 之帳，惟事實上尚無動支之開始數額而已，此種曲折情形，非余以前所知者也。

娛樂

晚到國都觀影，國語片「千面女郎」，葛蘭主演，穿插京戲、崑曲、流行歌曲等，甚有趣味，故事則多漏洞。

12月10日　星期四　陰

職務

　　繼續查閱 Russel Wright Contract 有關文卷，今日所閱仍為 Correspondence 一九五八年全年，蓋 1958 年之下半年為一九五九年度，即正在著手查核帳目之期間也，此中文件與數日前所看之會計處所存 Contract 卷內者多有相同，此蓋因有關之副本多分置各處也。今日止已將閱卷工作完成，計前後費時八天左右。以前所查之美援會駐美技術代表團 1952 及 1953 年度經費之查帳報告已經發出，尚有未了事項即該團當時之單據簿與月報表，一直在余匭內放置，此因在報告未發出前之核稿期間，主管美籍人員有時須尋根究底，故留置以待不時之需，現報告既已發出，自當分別處理，其中月報表為沐松濤兄所調來，故仍還其本人，單據部分則因係公函送來，故須備文送還，但有不知係何函送來，憶在 1954-1956 年度所查帳目之 Work File（他人所作）內，初因該 File 為美援會人員調去，迨該會還來後，一再翻檢，又無此一函，正擬逕行送回以了手續，忽見在余辦公室旁之小桌上所置 1952-1953 兩本單據上各有白紙一張，乃憶及即是美援會送單據之公文，此項公文在余查帳時幾乎每日過目，即月來未查帳，亦幾乎每日望見，而搜尋多日，得來全不費功夫，不禁啞然失笑，此等事雖早年亦有之，然中年後則更多也。

12 月 11 日　星期五　晴
職務

　　上午，到台灣手工業推廣中心安排 Russel Wright 契約用款之查帳事宜，首先晤及財務組長盛長忠兄，余數日前曾在本署之樓梯遇盛兄，渠知余日內將往查帳，故歸後即囑其經手之王小姐將截至上月底之帳簿傳票加以整理，今日見余已至，益形加緊，余乃與盛兄將查帳之需要資料一一說明，並囑其他部分將 Russel Wright 契約執行情形報告與該中心對該顧問小組 Performance 之 Evaluation 資料亦加準備，並約定下星期一正式開始查帳，談竟即往訪該中心經理劉璧章，請轉囑各有關部門準備資料。下午繼續對於手工業推廣業中心加以檢查，將其中有關工作報告之部分加以紀錄，然後知其工作報告之期間並不一致且不相銜接。盛長忠兄謂 Russel Wright 中之首席顧問 Garry 不肯居住所供宿舍，而支領所規定限度之現款，謂係合同所定，余細閱合同所定之文字，有 Paid Quarters Allowance 之字樣，但須為無宿舍供給時，且此一 Paid 之字樣，亦未說明付給何人，故究竟應否付現款與其顧問之個人只憑一紙領條為之，深為懷疑，並往與 Account Branch 之 Administrative a/c Chief S. D. Chang 處研究，彼亦認為此項約文太過模糊，但至少應證明其為美援會未能供給宿舍，然後最好能提供相當憑證始可云。

12月12日　星期六　晴

參觀

上午，省立台北第一女子中學校慶並運動會，因紹中、紹寧在校肄業，故以家長身分前往參加。至時四千餘學生由重慶南路分班排隊入場即費時半小時，然後舉行開會式，校長江學珠與教育廳長劉真先後演說，繼即由初中學生約三百人表演團體操，夜間部學生表演團體舞，然後開始競賽，余因事提前退席。上午到新聞大樓參觀在台之北平與杭州藝術專科學校校友作品展覽會，其中甚多為在台教育界知名之士，如黃君璧、溥心畬，而當時為學生現在亦相當成名者為吳詠香等，作品亦殊不惡。其中包括有油畫、國畫、水彩、書法、圖案等門類，各類皆有佳作，獨書法甚缺，能寓目者只有溥心畬之對聯與卓君庸之草書而已。

師友

上午，因逢化文兄之次女將於今日下午首途搭招商局輪船赴美，特往表示送行之意，昨日逢兄之次女曾來辭行，余未獲遇。下午，韓質生太太來訪，談所進行之請友人協助還債事，尚未糾集妥當，而其中大債主一萬五千元來告必須於月底前償還，此時斷無力可以做到，意在託余向有餘款之友人接洽抵押借款，余告以此等友人甚少，如有意向銀行以不動產押款，余可介紹往訪，渠對此似無興趣，故無結果而去。

12 月 13 日　星期日　晴

交際

　　下午五時，同學張福濱兄之子在三軍軍官俱樂部結婚，備茶點招待，余到達時已入席，用點心後即辭去。

娛樂

　　下午，同德芳到愛國戲院看電影，片為德國出品「野玫瑰」，由米契爾安烈主演，描寫一十歲左右之孤兒由匈牙利暴政下逃出，在俄國由一老人收留，老人愛之如己出，在到禮拜堂時，孤兒神往於維也納合唱團之歌聲，老人乃牽往應徵，果受團長之欣賞，到團後極有造就，且認教師瑪麗亞為其義母，會該團爬山旅行，孤兒帶回野花，乘夜間人靜時潛入瑪麗亞室為之換入瓶插，且取其桌上照片回宿舍置入櫃內，其事為同室同學暗中追蹤獲悉，次日瑪麗亞失去鈔票千元，其同學道及孤兒夜間事，院長招孤兒詢問，謂如非彼所竊，即為瑪麗亞所侵占，望據實以告，孤兒深思後，即承認自己所竊，因而開除學籍，通知老人領歸，老人以懷疑態度問其真情，孤兒難言，遂行飛步外出，竟投河自盡，迨追及救歸，已奄奄一息，乃倩醫急救，是時瑪麗亞失金又在樂譜冊內發覺，知孤兒為全其最深之友愛，乃有此舉，瑪麗亞為之大慟，乃悉心調治，加以師生全體禱告，終告復生，全片雖故事之真實感為若干偶然性所沖淡，然處處充滿人間真摯之愛，感人極深，演技彩色配樂，亦復精湛難得。

12月14日　星期一　晴

職務

　　全日在手工業推廣中心查帳，上午查核其會計制
度，所設帳籍與所製表報以及傳票單據等之運用制度，
並因其以前所送分署之月報表屬於1959年度者只至本
年六月底止，實際則直至十一月份尚有帳項，但未另行
製表，余乃以其十一月底之餘額製成一試算表，並審核
其六月底至十一月底之支出內容為何，發覺完全為六月
底以前之轉帳記載，並無新的支出，有之即為1960年
度所繼續墊用，原因為1960年度只領到三個月經費，
實際則已經過半年，故須挪用上年度餘款，以致應繳還
特別帳戶並未照繳。下午則開始看FY1959年度之傳票
單據，所以自十一月份開始者，因第一次領款在十一月
間，過去四個月皆未記帳，有少數支出則暫先在其他經
費款內墊支，迨十一月份開始記帳時再行補列，余今日
由薪俸項下發覺有未蓋章之情形，即係因在其他計劃
用款先墊，人數眾多，不能僅為一人而將Payroll割
裂，故僅以證明單為之，此種情形，自然尚非完全不合
理者。

師友

　　韓質生兄來信告于永之兄之街巷門牌，余乃急為之
寫信於于永之兄，請將可洽之友人允捐者分別作進一步
之洽商，以便將款捐送，余即將此事託之於一己精神素
養之不足云。

12 月 15 日　星期二　晴曇有陣雨

職務

上午，到手工業中心繼續查帳，下午繼續工作，已將去年十一、十二兩月查完，此為其1959年度之最初二個月，該中心自去年十一月始領到援款，故以前無帳，其中較為費時者為關於旅費支出，其中有兩種情形，一為美顧問之服務年限在半年以上者，在台北有固定宿舍，設再出發至其他縣市，依合約可支台幣旅費，照安全分署成例辦理，此部分須核其出差月日與所支金額是否符合，二為其服務年限在半年以內者，在台不供宿舍，按照美國政府規定，日給出差費，在台北者每天十三元，在外埠者每天九元，均按官價外匯折給新台幣，故彼等由台北全外埠時反須減低其收入，不得另支如上所述之台幣本地旅費，緣是彼等多不出差，出差即於當日或次日北旋，余在審核時亟須參考其 Attendance Record，經通知轉達其關係人員早將外人之人事資料統計就緒，交來作為準據。

集會

下午，到重慶南路出席國民大會小組會，組長趙雪峰主席，報告關於明年國民大會之修憲問題，代表同人皆主修憲，黨部不主修憲，今日下午三時陳副總裁召集實踐研究院之代表同學舉行聯誼會，聞係對此有所報告，期望態度一致，但今日小組會內有代表仍堅持必須修憲者，又通過建議中央提名孔德成為主席團之一。

12月16日　星期三　雨

職務

全日在台灣手工業中心查帳，已查完本年一至三月份，發現情形如下：（1）外籍顧問之宿舍費用，其中房租一項有三種支法，一種為尚未移入宿舍以前在中國之友社居住，其中有報支膳什費者幸未列帳，但有一筆內含有 Bingo 者，余不知其真實內容為何，故只記下以待繼續研究，二種為居住宿舍，由中心代為覓居房屋，但有房屋租妥而歷時月餘始行移入，在移入前仍住中國之友社，重複列支，殊為不當，三種為按照最高限額支領 Quarters Allowance，每月照官價折新台幣支領，此事在合同上所定模糊，甚為費解，故亦將數記入，備再商量；（2）汽車用費浩大，汽油每月有達六百公升者，司機則報加班費、誤餐費，而修理費則更如家常便飯，暢所欲支；（3）旅費照 ICA 習慣辦理，但報銷單常有不將起迄之詳細時間註明，以致無由核算其所報是否正確者。今日見手工業中心與 Russel Wright 之第五次修正約文，當將其與第四次重要不同之處加以摘錄，此項修正之點多適用於今後一年，而余所查者則為過去一年之帳，惟事實尚有關連之處仍然不少，故仍詳細加以核閱，並將要點摘錄焉。（新約有一最大缺點，即對於失效之日期未有明白確定。）

12月17日　星期四　雨

職務

全日在台灣手工業中心查帳，已將 1959 年度部分查完，今日所查為四至六月份，連帶的數張傳票為七至十一月份者亦附訂於後；由此部分傳票，發生如下之數問題：（1）該中心對美籍顧問之支用車費，可謂予取予求，平時使用車輛，有時則叫出租汽車，甚至三輪車，而總務部分對於車輛與油料則並無嚴格之管理，余於查核之間與其主管之邵君談話，據云修理汽車為一最難控制之事，以前完全由司機提出，零星修理，不計其數，漏洞百出，而無如之何，彼最近接管其事，首先即為澈底大修，修後由修理廠保用至少半年，則可免零星修理之繁瑣與浪費，至汽油方面，只能發給油票時予以查詢，因無里程報銷，故能否核實，完全無法把握，且其中一部汽車時時由洋人自開，亦無法責成其隨時報告哩程，故此項尚須待改善云；（2）外籍顧問醫藥費漫無稽考，最初尚寫出所患何病，其後即只憑一張醫師收據報銷，與合同所定之報支手續大有出入，故余將其數目完全開出，準備予以剔除。上午並參觀其陳列室，其中所藏者為各方面之出品，余最欣賞其拓印之字畫造象與退光漆木器，均有一種技巧，惟後者成本太高，其他竹木銅繡等件，亦見匠心，聞之中心內人云，此事業雖有成長，然因成本太高，許多出品不能與日本相競，前途不能樂觀云。

12 月 18 日　星期五　晴

職務

今日因臨時受支配其他工作，未到手工業中心查帳，終日在辦公室料理偶發事項。緣上次會同到成功大學查帳之美援會樓有鍾、胡家爵兄之查帳報告已經發出，該報告為對於徐松年君以前所作之 1499 號查帳報告之 Follow-up，其中對於徐君原建議應由成大向美援會切實核對 PIO/C 物資到達情形，美援會對供給成大以必須之採購裝運資料，經胡、樓二君複查後，認為其中五四至五五年度之由華盛頓 General Services Administration 經辦之 PIO/C，有若干由於採購裝運資料不全，無法斷定為已否照購或運而未到，乃又反建議請分署洽 GSA 供給資料俾再核對，徐君現在代理主管，接到 Tunnell 之交下文件即囑余擬復，並認為胡君應就已查之部分詳加說明，並須將購運全部過程文件加以綜核，庶可不致如此籠統建議，囑余在分署文卷內先行再度校對，設未發現有變更或中止之項目，再轉請華盛頓總署洽辦，余乃分頭在 Program Office 與 Education Office 蒐集資料，皆因經辦人員不在，無法得知要領，又到 C&R 部分之集中文卷內查得部分 Contract，尚未能證明胡君原開之未到部分有何已到者，證明其內容或不致有何嚴重疏漏，傍晚向徐君說明，始決定可以用 Airgram 轉至華盛頓。

12 月 19 日　星期六　晴
閱讀

　　擇讀 Holmes & Mein: *Advanced Accounting* 一書，此書為 Irwin Series in Accounting 之一冊，本冊主要內容為 Agencies & Branches, Corporate Financing in Consolidations and Mergers; Consolidated Balance Sheets（此部分最多，占四

個 chapters）；Consolidated Income Statement and Consolidated Surplus Statement; Foreign Exchange; Partnership Organization; Partnership, Changes in Personnel, Liquidation; Liquidation of Partnerships in Installments; Venture Accounting; Receiverships; The Statement of Affairs; the Statement of Realization and Liquidation; Estates and Trusts; Governmental Accounting; Insurance Accounting for the Insured; Budgets。余就以上各章中選讀 Foreign Exchange 與 Governmental Accounting 二部分，前者乃以外匯為資產之一種，與在國內金融界所見之用兌換科目另設一套帳者大有繁簡之別，後者則特別對於政府會計之特性加以介紹，然說理甚簡略，設非對於政府會計之一般有所認識，不易由此章得到政府會計之全般概念，此書固以 Advanced 為取名，此點或不足為病也。

12 月 20 日　星期日　陰
體質

為左腿麻木症前曾到台灣療養醫院診察，經處方電療三次，其後一星期似覺稍舒，上星期有時又有麻木感，乃於今日再到該院與醫師 Heald 討論，彼認為可再試電療一星期，余雖指出大腿，彼則注意 back，似指坐骨部分而言，遂於即日在電療室由方電療師電療十五分鐘，並談治療問題，彼以為風濕最宜電療者為急性症，奏效甚速，而末期餘微細症狀者，反不易調理，此間電療係一人一次，方君云前在台灣大學醫院時係數位病人同時施療，乃由於病人太多，無法應付之故云。余今日係用公務員保險診病單，見其記帳三次電療為六十元，又在掛號時掛號人員云前見國大代表來院就診有不耐等候而發脾氣者，對此種優越感不以為然。

集會

　　晚七時率紹寧、紹因、紹彭與德芳同到國際學舍參加安全分署俱樂部所召開之 Children's Christmas Party，到會時每一兒童分得禮物一包，然後開始表演節目，有芭蕾舞，有魔術，有熊君之雜耍表演，由洋人以華語司儀，余之夾袍權充道具服裝，有電影，九時散會，在大門外又有每兒童糖果一包，因大人亦爭取，秩序大亂，貽人以不良印象。

12月21日　星期一　晴曇

職務

　　上午，將上星期五特加研究之成功大學美金器材PIO/C 未到部分問題辦一 Airgram 送請華盛頓總署轉向 General Services Administration 交涉查詢其是否交運，余辦此類公文絕少，故文字甚表不滿，交徐松年君請再加以潤色。下午，到手工業推廣中心繼續查帳，今日本擬開始查核 1960 年度，即自今年七月至十一月之支出，因須處理 1959 年度所查提之問題經該中心送來者，故未果開始，今日處理事項為：（1）1959 年度曾支修理費四百餘元無單據附入傳票，主辦之王小姐在余初次詢問時不能記憶，兩日來始查出，係與政府撥款買屋之修理同時舉辦，其一部分支付見於政府款之傳票內，只因兩方傳票均未加引證，以致記憶不清時即不能由傳票得悉詳情，經告以加註明白；（2）余在開始到該中心查帳時即先與其經理劉璧章索取對於 Russel Wright 之 Performance 的報告與評價，始終未應，今日乃由盛組長同余再問董事長室之金專員，始取來 Evaluation Report 副本一份，其中對於已經回國之 Patterson 與尚在台灣之 Garry 皆有不佳之批評，然措辭甚婉轉，該中心請余保密，余允在採用時必先得其同意。

集會

晚，到正中書局參加研究院小組會議，余任記錄，討論地方自治選舉問題。

12 月 22 日　星期二　晴

集會

今日為光復大陸設計研究委員會與國大代表聯誼會年會報到之期，上午到中山堂光復廳辦理報到手續，先為光復大陸設計會方面，繼為國民大會方面，因事先準備充分，故半小時即行告竣。

家事

紹南由美寄來玩具飛機、輪船各一，上週余無時間往取，今日休假，乃於上午往取，先填五聯申報單，在送單時須排隊，由排隊等候時間，知有若干項目未填者之填法，乃就櫃台上予以補充，又因紹南來件所寫為余之別號，身分證上亦只有一個姓名，為證明確屬本人，乃附名片一張，聞之旁邊人云，曾因寄件人將姓名寫錯

一字，覓保對保，費去三天時間始告解決，余幸早有準
備，未有此類難題，申請後再至另一櫃臺掛號，將包裹
單交櫃員，領取號碼牌一張，余見為一百五十號，而其
時十一點，只發至九十號，詢以須何時始可輪及，云下
午三時，余乃回寓，下午三時再往，見已發至二百號，
乃詢問檢察處，將號牌之一聯撕交，等候約半小時，即
輪到驗關，驗畢後又等候叫號，至出納櫃台納稅，按估
價三十元，百分之七十二納稅二十一元六角，繳納後即
至領取包裹處又待三十分鐘始取出。

交際

　　本署署長在寓舉行聖誕慶祝酒會，五時前往，近六
時始返。

12月23日　星期三　晴

集會

　　今日為光復大陸設計研究委員會第六次全體會議之
第一天，上午十時行開幕式，由陳誠主任委員主席，蔣
總統訓詞，表示對本會研究設計工作之期望，半小時禮
成；十一時接開第一次會議，由秘書長及台中、台南兩
研究區分別報告一年來之工作情形，歷半小時而散會；
下午二時半繼續開會，照議程為陳建中之匪情報告，余
因事未及聽取即行退席。中午，提名代表聯誼會在武昌
街十八號聚餐，由林尹等報告提名代表在明年二月之會
議上，有可能改列席為出席，但須經過交涉與爭取，因
決定推林尹等五人為代表，經常辦理其事，全體會每二
星期一次，臨時會隨時召集，工作方針首先須爭取中央

常務委員會對於此案之提出討論，如此方有希望解決，而促成之計先行在中央黨部秘書長唐縱與常務委員兼國民大會秘書長之谷正綱氏等處活動，使其明瞭事實經過，有理由可予解決，而不致被其他所謂後補代表援例要求，又此事之解決方式完全持重黨內，不向外張揚，又決定活動經費大家均攤，每人先繳一百元至二百元云。

體質

上午，到台灣療養醫院繼續電療左腿麻木之症，由方電療師施術，凡十五分鐘，效果並不顯著，據云此為慢性疾患易連累及之病症，收效難期顯著，實無可如何之事。

12 月 24 日　星期四　晴

職務

余於前昨兩日休假後，今日上午恢復辦公，因係聖誕節前夕，故一般均只應付例行事務，余本擬至手工業中心繼續查帳，因亦延緩，在辦公室將上星期所查部分之 Working Papers 加以整理，並用紅筆將剔除款予以標出，備寫報告時得以醒目。調整待遇自本月十三日開始，已得正式通知，各降二級，但薪額增加約二成餘，余自年薪五萬一千元增至六萬四千元新台幣，照目前黑市價格折合美金約一百二十元。

集會

光復大陸設計研究委員會全體委員會議今為第二天，上午為外交部長報告，余未參加，下午余出席，由財政部長嚴家淦報告財政經濟，歷時近二小時，內容較為充實，其價值在提供數字，使聽者得一概念，但其根據數字說明通貨膨脹情形在今年已經因發行未增而停止，銀行存款已漸漸定期多於活期，且有二、三年期之存款，認為社會之貨幣信心提高，則未免有過於樂觀之處；報告後工作檢討，余因為時已晏，即行早退。

娛樂

晚同德芳到中山堂看國大聯誼會年會平劇，由小大鵬演搖錢樹，孫元坡演將相和，徐露演棋盤山，棋盤山上場即歸，今日戲目演員最大缺點為無正生正旦，分量不夠。

12月25日　星期五　微雨

集會

上午，到中山堂出席國民大會代表聯誼會年會，九時舉行開幕式，由胡適之主席，致詞時強調一屆國大在二屆未選出前之合法性，並自稱為老弱殘兵，以自警惕。禮成後接開預備會，由行政院長陳誠報告施政，最後並述其本人處事之基本方針與近年修養方面對於不自是不自私之隨時引以為戒，語多經驗之談，足資發人深省，報告畢討論各項例案，有一案為數年來所不生問題者，即各項提案先由主席團審查，再行提大會討論，竟有人提出異議，主張全體分組審查，雖表決之結果終遭否決，然浪費時間頗多，十二時散會。下午續開年會，由代理秘書長谷正綱主席，首先報告主席團審查提案經過，然後開始討論，以臨時動議為第一案，緣民社黨立法委員金紹賢辦一刊物曰「政經」，撰文「國大代表對不起中國人」，多謾罵諷刺，又有正聲電台之「你說對不對」節目亦有同樣之論調，引起公憤，乃討論對策，主席團主張交政府依法嚴辦，討論時有人主張本聯誼會亦推出法學家代表督促政府辦理，結果修正通過。討論後，蔣總統以代表身分前來參加，並致詞詳述共匪現狀及其內部矛盾等，歷時半小時餘始竟，講完已五時半，乃散會。

師友

下午到白宮旅社訪秦亦文兄，渠上月曾夫婦二人來訪，余適出差，歸後已去，乃解釋此意。

12 月 26 日　星期六　陰雨
集會

上午到中山堂繼續參加國大代表年會第二天，今日正式討論提案，由張知本氏主席，尚屬風平浪靜，下午繼續討論，由張希文女士主席，在討論聯誼會幹事會章程修正案時，發生甚激烈之風波，若干代表對於幹事會表示不滿，其中有羅甸服者，自上午起即發言多次，至此案又請發言，且每次均用白紙寫成對聯式之語句提示其發言之要點，莊諧雜陳，多數代表以為笑謔對象，此次則又起鬨不許再講下去，彼則堅持不屈，終由主席以維持秩序之方式敉平混亂之會場而使其說完，又在一表決案處理時，有代表責難主席提付表決之次序有所顛倒，經主席以輕描淡寫之態度加以說明，利用會場情緒，終不認錯，而大告成功，此兩事為張女士之特別長處，余所見已非一次，深為嘆服。

師友

中午，約陳長興兄在中山堂附近便飯，並同往牯嶺街訪楊憶祖氏，楊氏今年七十大慶已過，其室內懸掛壽軸二事，余急為解釋今年秋間時常出差，無空用去年之方式聯絡友朋祝壽，表示歉意。

交際

劉允中主任生子滿月，同事八人合送禮品與酒席，於今晚在其寓所會餐，款由辦公室抽送公用款內開支一部分，另分別出四十元，作為買贈品之用，觥籌交錯，極一時之盛。

12月27日　星期日　晴

師友

上午看報見開發公司潘鋕甲協理動身赴美，而不知為幾時，乃於十時赴松山機場探問，知九時即已起飛赴港轉歐洲再轉美國。下午，趙棨瑞君來訪，代買維他命B Complex 六瓶，先送來二瓶，並附日曆二份。下午，童綷小姐來訪，閒談其所接紹南由美來信情形，及晚始去。晚，蘇景泉兄來訪，閒談四天來光復大陸設計研究委員會與國大代表聯誼會年會之開會情形。

娛樂

上午，率紹彭到空軍新生社看小大鵬演出京戲，為全部新四郎探母，由王鳳娟、古愛蓮與鈕方雨分飾前中後公主，余到時坐宮方唱完，王鳳娟之戲已完，故不知其是否精彩，至於古、鈕二人則古唱程派，行腔頗有心

得，鈕為一花旦，唱做身段均尚佳妙。本劇目午前十時
演起，至午後一時許始行完畢云。

體質

　　上午，到台灣療養醫院續電療一次，此為上星期日
處方之治療，當為共三次中之第三次，在未療前尚未覺
左腿甚嘛，電療後至空軍新生社觀劇，左腿始終麻木怕
風，未知是否電療後有此現象，乃亟用衣物將膝蓋以下
部分包蓋取暖，始漸漸可以支持，又因天氣漸寒，入晚
滌洗之時間將加以改善云。

12 月 28 日　星期一　晴曇

職務

　　全日在台灣手工業推廣中心查帳，今日所查為
一九六零年度自本年七月一日起至十一月三十日止之美
國顧問機構 Russel Wright 台幣費用帳，因傳票不多，
五個月之帳項於一天內查完，此一段問題較少，但亦有
不能遽作判斷之支出，須待正在送核尚未發還之預算確
定後，始可決定准駁者，則此時尚難作最終之處理。此
一階段之帳務，傳票仍歸王秀鑾小姐製記，帳目則歸蘇
定遠君登記，蘇君雖曾留學美國，且為台大講師，然細
密仍嫌不足，譬如相對基金日記帳係採多欄式，兼充總
分類帳，每月一結，無論本月各欄數抑本月底之累計數
皆不可省略，藉其是否借貸各欄能否得到平衡而兼有
試算表之作用，王小姐所記之 1959 年度帳對此並不忽
略，今蘇君所記則只將借方各欄作月結與累計，貸方各
欄則因帳項較少，而不作月計與累計，此項疏忽實為大

錯也。在分署辦公室時，並將上週所草之致華盛頓總署
Airgram 請查部分成功大學未到之 PIO/C 貨品下落者
加以校對，號數有打字漏脫處，加以補入。

師友

在手工業中心訪蘇在山教授，聲明為個人之訪問，
蓋蘇教授為紹南之師，在台大時曾多蒙教導也，蘇氏
盛讚紹南為三數年來難得一遇之好學生，既聰明又用
功云。

12月29日　星期二　陰晚雨

職務

全日在台灣手工業中心查帳，自去年七月至今年
十一月之有關 Russel Wright 台幣開支已經於昨日查完，
今日為將去年葉君之 1535 號報告之 Recommendations
加以 Follow-up，其中共三項，一為對於洋員設立
Attendance Record，此點已經做到，二為對於 PIO/C
進口物資設立記錄，此本不在此次查帳範圍以內，而依
理 Contract 以外之用款的 Follow-up 應由美援會承辦，
該會最近查帳並未正式對此1535 號報告作Follow-up，
但由其主動所查之 PIO/C Record 以觀，連帶的證明並
未做到，三為剔除稅款四千餘元，經查核其自備款帳
簿，傳票已經照繳，美援會且有 Credit memo 附其傳票
之後。下午，對於此次查帳已囑提供而尚未交到之資料
加以催辦，該中心各組各自為政，經盛組長分頭一一洽
催，尚無確實消息。下午與該中心董事長劉景山談一般
情形，彼對於 Russel Wright 之事工表示不滿，且允余

由其所作呈送美援會之 Evaluation Report 內採入余之報
告，此人為一在大陸上飽經滄桑之人士，謂在兩年前接
辦該中心時，洋人喧賓奪主，中國方面人士有類買辦，
經彼費去不少力氣始慢慢扭轉，洋人亦不復敢妄自尊大
云。上午，就過去三個月之工作寫出簡單事實交劉允中
主任彙入全般的三個月之 Activity Report 報送華盛頓。

12 月 30 日　星期三　晴

職務

　　上午請病假半天，下午整理 Russel Wright 查帳報
告之應用資料，並接見手工業中心之蘇定遠君，彼之用
意為來面交有關 Russel Wright 之諸顧問之工作狀況報
告，但一切資料為盛長忠組長交彼，彼即攜以俱來，及
將內容之須補充處面告後，彼亦知此項資料仍有待於再
度整理，於是取回，只好年後再見矣。余此次在手工業
中心所得印象為：（1）上層妄自尊大，有以凌駕洋人
為莫大貢獻者，有以不瞅不睬推託顢頇為辦事有方者，
亦有麻木不覺，雖耳提面命不知如何下手者，真可謂集
光怪陸離之大成，其實此機關之人事不過三、五十人，
而渙散如此，真可謂駭人聽聞矣。

瑣記

　　關文晉氏由香港寄來包裹一件，餽贈食品與手套，
余因星期六該海關亦放假，延至半月後再行往取，又覺
太久，乃於今日上午前往，先排隊遞申請書，再排隊定
取包號數，幸有同列某君同時另有人排隊候掛號，乃託
其同時代余亦掛一號，較為稍前，下午下班後往取，適

尚未下班，以另一小時半時間，辦理驗關納稅等手續，當日取到，前後雖費時六小時，然已可謂快矣，聞此項情形在年關左右最甚，將持續二個月之久，惜乎海關不知增加人手，一味以提取人之時間為不值一文，殊可鄙也。

12月31日　星期四　晴

職務

開始寫手工業中心與 Russel Wright 合作技術契約中用款之查帳報告，因若干資料尚未送到，故先將已有者加以整理，並將報告之主體部分寫成，此部分實最為簡單，不過為 Subject、Purpose、Scope、Project Detail、Rating 等項，其中之 Recommendations 尚須等待下文寫好後再行歸納列入，又 Financial Status 與 Findings 之二段則分別作為 Attachments，今日並將 Financial Status 一段寫好，將來只餘 Findings 之本文及其附表而已。今日為除夕，下午四時提早下班。

瑣記

歲已云暮。回顧一年來之種種變易，約略如下：（1）體格方面無顯著之不健康現象，僅左腿發麻尚未完全治癒，視力雖似繼續減退，然不戴眼鏡仍可辦公，頂部尚只花白而已。（2）記憶力減退甚速，若干事項若不筆之於書，即不免忘於無影無蹤，應酬會議之類均須有固定之張示處所，以大字為提醒之表示，否則忘誤難免。（3）做事遲鈍易錯，例如余所記之私人費用帳，其中結存部分所包括之資產方面在每次結帳時，即須核算一次，以相核對，乃常常有遺漏記載餘額之情事，非追溯數天不能知其詳數及變遷經過焉。

經濟收支表

日期	摘要	收入	支出
1/1	上月結存	44,758.00	
1/1	蛋、水果、買菜		180.00
1/1	日曆		8.00
1/2	蛋、郵票		44.00
1/4	字典		25.00
1/5	車票、香煙、酒、藥品		51.00
1/7	洗衣、牙膏、車錢、酒、書刊、水果		30.00
1/7	地價稅（景美上期）		110.00
1/7	蛋三種		42.00
1/7	酒		13.00
1/8	煙、糖、水果		20.00
1/9	酒、水果		22.00
1/10	肉、水果、鹽蛋		30.00
1/10	合庫息	107.00	
1/10	林尹父喪賻		60.00
1/10	理髮、奶粉、洗衣、皂盒		30.00
1/13	肉鬆、豆豉		10.00
1/14	兩週待遇	1,915.00	
1/14	皮鞋		100.00
1/14	黃鼎丞邀會息（初次）	105.00	
1/14	福利費		10.00
1/14	水果		10.00
1/14	家用		1,200.00
1/14	家用		400.00
1/14	蛋、煙		50.00
1/15	光復會車馬費	300.00	
1/15	請先良等中飯		60.00
1/16	收聽費		30.00
1/16	戲票		43.00
1/16	何人豪子喜儀、郵票		32.00
1/17	隋玠夫父喪禮		200.00
1/17	油漆		200.00
1/17	蛋、牙刷、紹寧藥、車票、車錢		80.00
1/22	茶葉、脫脂奶粉、酒、新港飴		85.00
1/23	書架、醬油、鳳梨酥		51.00
1/24	肉七斤、香蕉五斤		95.00
1/28	兩週待遇	1,915.00	
1/28	糖果、年賞、洗衣		65.00
1/28	蛋、臘肉		280.00
1/29	弔陳鐵弟喪		43.00
1/31	木瓜		17.00
1/31	理髮		8.00
1/31	家用		500.00

		46,777.00	1,839.00
總計			
本月結存			44,938.00

日期	摘要	收入	支出
2/2	上月結存	44,938.00	
2/2	茶盃、印照片		11.00
2/4	皮鞋、鋼筆		185.00
2/4	同仁福利		66.00
2/4	旅費節餘	1,603.00	
2/4	戲票、食品		43.00
2/4	賞輔導會工友、紹中襪		62.00
2/4	蛋、香蕉		56.00
2/6	兩週待遇	1,916.00	
2/6	同人福利		10.00
2/6	標會息	112.00	
2/6	郵片郵票		5.00
2/7	本月待遇	1,000.00	
2/7	戲票		43.00
2/7	建貸息及同仁捐20元		27.00
2/7	一、二月份眷貼	200.00	
2/7	衣料二期及電鐘十期		128.00
2/7	保險本月費		25.00
2/8	車錢		67.00
2/8	家用		200.00
2/8	託趙君買藥		150.00
2/9	車錢		18.00
2/10	車錢、食品、戲票		68.00
2/10	光復會車馬費	300.00	
2/10	車票		48.00
2/13	襪子		60.00
2/16	手電、鎖、車錢		58.00
2/18	巧格利糖五包及券		40.00
2/19	理髮		4.00
2/19	車錢		8.00
2/20	蛋、香蕉		46.00
2/23	電影、水果、車錢		17.00
2/25	兩週待遇	1,915.00	
2/25	同人捐		10.00
2/25	家用、地價稅（羅斯福路）		95.00
2/25	鄭旭東嫁女喜儀		100.00
2/26	香蕉二斤半		6.00
2/28	觀劇		7.00
2/28	糖果		3.00
	合計	51,984.00	1,666.00
	本月結存		50,318.00

日期	摘要	收入	支出
3/1	上月結存	50,318.00	
3/1	蛋、糖、車錢、水果		60.00
3/4	車票、雜用		40.00
3/7	本月待遇	1,000.00	
3/7	衣料三期及公教保險費		125.00
3/7	本月眷貼	100.00	
3/7	建貸息及同仁捐30元		35.00
3/7	皂、奶粉、電影		100.00
3/7	洗衣、理髮		10.00
3/9	家用		1,000.00
3/9	茶葉、水果		50.00
3/12	男女襪各一雙		80.00
3/16	兩週待遇	1,915.00	
3/16	家用		200.00
3/16	標會息	85.00	
3/16	家用		1,300.00
3/16	牙刷、同人捐、蛋		65.00
3/17	食品coupon及巧克力糖		90.00
3/20	光復會車馬費	300.00	
3/20	同仁捐、酒		30.00
3/20	旅費節餘	385.50	
3/20	同仁捐、水果		27.50
3/21	洗衣、電影、食品		30.00
3/23	蛋		53.00
3/24	理髮、黨費2-4月份		16.00
3/25	兩週待遇	1,915.00	
3/25	同仁捐、李洪嶽妻喪禮、家什用		110.00
3/28	蛋、香蕉		73.00
	本月共計	56,018.50	3,494.50
	本月結存		52,524.00

日期	摘要	收入	支出
4/1	上月結存	52,524.00	
4/1	衣料、童衣		200.00
4/4	本月待遇	1,000.00	
4/4	衣料四期、保險費、校友會、建貸息		190.00
4/4	本月眷貼	100.00	
4/4	蛋、奶粉、水果		90.00
4/5	照片定款、車錢		35.00
4/9	童衣、食品		100.00
4/11	蛋、橘子、車票		65.00
4/12	蛋、車票		40.00
4/13	兩周待遇	1,915.00	
4/13	同仁捐		10.00
4/13	標會息	83.00	
4/13	蚊香、DDT、香蕉		40.00

日期	摘要	收入	支出
4/15	曾明曜生女份金		100.00
4/15	家用		400.00
4/15	食品券、牙膏、食品		85.00
4/17	旅費節餘	1,395.00	
4/17	食品		5.00
4/19	蛋、紹彭理髮		55.00
4/20	光復會車馬費	300.00	
4/20	同人捐		63.00
4/22	兩周待遇	1,915.00	
4/22	蛋、水果、照片、B2、同仁捐		67.00
4/25	蛋、郵票、信封、食品、理髮		49.00
4/26	送表侄蛋品、送相壽祖水果、車錢、捐		212.00
4/30	五日來零用		37.00
	本月共計	59,232.00	1,843.00
	本月結存		57,389.00

日期	摘要	收入	支出
5/1	上月結存	57,389.00	
5/1	家用		1,400.00
5/2	本月待遇、子女教育費	1,230.00	
5/2	宴客、衣料五期		1,180.00
5/3	年度終了加發	1,000.00	
5/3	同人捐、食品、食品券		153.00
5/6	兩周待遇	1,915.00	
5/6	同仁捐		10.00
5/6	標會息	90.00	
5/6	洗衣、午飯		15.00
5/7	旅費節餘	800.00	
5/7	巧格力、奶粉、 DDT、蛋		130.00
5/9	車票、水果、理髮		50.00
5/11	蛋、玉米粉、脫脂奶粉		65.00
5/12	巧格力		20.00
5/15	光復會車馬費	300.00	
5/15	新竹台中兩天、蛋等		190.00
5/23	酒、藥皂、理髮		32.00
5/25	兩週待遇	1,915.00	
5/25	食品、同仁捐		15.00
5/29	蛋、奶粉、什用		75.00
5/30	奶粉、藥品		30.00
5/31	觀劇、糖果、食品		20.00
5/31	本月共計家用		700.00
	本月共計	64,639.00	4,085.00
	本月結存		60,534.00

日期	摘要	收入	支出
6/1	上月結存	60,554.00	
6/1	車錢、什用		17.00
6/3	兩週薪	1,915.00	
6/3	同人捐		10.00
6/3	標會息	80.00	
6/3	戲票		40.00
6/4	旅費節餘	1,176.00	
6/4	同人捐		45.00
6/4	蛋、酒		72.00
6/4	家用		400.00
6/	奶粉、食品券、書刊、香蕉、理髮		140.00
6/6	本月待遇	1,000.00	
6/6	同仁捐、勞軍		50.00
6/6	上月眷貼	100.00	
6/6	壽險		24.50
6/6	衣料 期		382.50
6/7	觀劇、食品、車錢		27.00
6/9	車票		44.00
6/9	酒、汽小、餅乾		70.00
6/12	茶葉、車錢、郵票		23.00
6/14	公請劉鐸山氏、報費、西瓜、會計公會費 48 年 3-4 月		182.00
6/16	衫褲、藥皂、蚊香		72.00
6/17	兩週待遇	1,915.00	
6/17	同仁捐		10.00
6/17	光復會車馬費	300.00	
6/17	蛋、酒、奶粉		115.00
6/19	香蕉、雜用		18.00
6/21	理髮、衣料		61.00
6/21	觀劇		12.00
6/22	聚餐、紹彭汗衫		182.00
6/23	蛋		46.00
6/25	黨費、洗衣		10.00
6/25	家用		900.00
6/26	戲票、晚點、郵票		24.00
6/27	肥皂、什用		36.00
6/29	蛋		20.00
6/30	代墊張積敬 22 日聚餐		70.00
6/30	家用		400.00
	本月共計	67,040.00	3,511.00
	本月結存		63,529.00

日期	摘要	收入	支出
7/1	上月結存	63,529.00	
7/1	家用（買菜）		200.00
7/4	本月待遇	1,000.00	

日期	摘要	收入	支出
7/4	壽險		25.00
7/4	上月眷貼	100.00	
7/4	二期衣料		80.00
7/4	同仁捐		20.00
7/6	兩週待遇	1,915.00	
7/6	同仁捐		10.00
7/6	標會息	80.00	
7/6	車錢		3.00
7/8	車票、蛋		66.00
7/10	汗衫、蛋、皂、洗衣、茶		90.00
7/10	家用		2,900.00
7/11	汗衫五件、洗衣、藥品		110.00
7/13	看病		36.00
7/14	蛋、看病		39.00
7/16	半月待遇	1,915.00	
7/16	同仁捐		10.00
7/16	光復會車馬費	300.00	
7/16	公請徐松年		50.00
7/19	陳國瑄奠儀		100.00
7/19	奶粉、洗衣、冷飲、本月冰半數、蛋、蚊香、西瓜、牙刷、紹因看病、理髮		211.00
7/19	書刊、鹹蛋、藥		50.00
7/22	雨傘、牙刷半打、洗衣		100.00
7/27	車票、樟腦、B2		57.00
7/28	香瓜、檀木		10.00
7/29	標會息	70.00	
7/29	家用		1,600.00
7/29	兩週待遇	1,915.00	
7/29	同仁捐、Reader's Digest 一年		90.00
7/29	奶粉一打		324.00
7/30	水果、其他、洗衣		15.00
	合計	70,824.00	6,196.00
	本月結存		64,628.00

日期	摘要	收入	支出
8/1	上月結存	64,628.00	
8/1	扣三期衣料		80.00
8/1	本月待遇	1,000.00	
8/1	同仁捐		40.00
8/1	上月眷貼	100.00	
8/1	壽險費		25.00
8/2	公請馬星野		40.00
8/2	紹彭理髮、香煙		20.00
8/3	多種維他命		24.00
8/4	劉兆祥賻儀及匯費		105.00
8/11	水果、前日游圓通寺、茶葉等		55.00

日期	摘要	收入	支出
8/12	兩週待遇	1,915.00	
8/12	同人捐、書刊		15.00
8/12	水災捐款		200.00
8/13	旅費節餘	500.00	
8/13	同仁捐		25.00
8/14	童棉衫、肉鬆、皮蛋、講義夾		76.00
8/15	火險費		480.00
8/15	皮鞋		230.00
8/15	皂、襪、郵票		73.00
8/15	託榮瑞買 Vitamin B		200.00
8/15	理髮		7.00
8/15	葛子覃子婚儀		100.00
8/15	近月家用（包括上月 1,800）		2,900.00
8/18	水果、雜用		14.00
8/22	食品		45.00
8/26	光復會車馬費	300.00	
8/26	紹南用		100.00
8/26	兩周待遇	1,916.00	
8/26	同仁捐		10.00
8/26	標會息	63.00	
8/26	蛋、食品		23.00
8/28	肥皂、電泡、望遠鏡		96.00
8/31	毛筆、酒、茶、理髮		50.00
8/31	風景片、洗衣、書刊、食物、毛筆		60.00
	合計	70,422.00	5,093.00
	本月結存		65,329.00

日期	摘要	收入	支出
9/1	上月結存	65,329.00	
9/1	車票		50.00
9/1	維他命 B、多種維他命、書刊		43.00
9/1	家用		1,400.00
9/3	食品、蛋		47.00
9/5	本月待遇	1,000.00	
9/5	水災及同仁捐		60.00
9/5	八月、九月眷貼	200.00	
9/5	安樂村地價稅、車票		95.00
9/5	保險費		25.00
9/5	四期衣料		80.00
9/9	兩週待遇	1,915.00	
9/9	同仁捐		10.00
9/9	水果		15.00
9/9	家用		900.00
9/11	洗衣、郵簡、毛筆		23.00
9/16	蛋、理髮、水果		37.00
9/14	餽贈		40.00

日期	摘要	收入	支出
9/14	劉鐸山三女喜儀		100.00
9/14	家用		1,700.00
9/15	蛋、青菜		23.00
9/19	交衍訓、赴基隆、食品		160.00
9/20	請關文晉氏便飯		90.00
9/26	理髮、蚊香、肥皂、針藥		37.0
9/28	紹彭用、書刊、蛋、水果		40.00
9/29	兩周待遇	1,915.00	
9/29	水果、洗衣		17.00
9/29	標會息	53.00	
9/29	郵簡		10.00
9/30	蛋、電池		27.00
	合計	70,412.00	5,029.00
	本月結存		65,383.00

日期	摘要	收入	支出
10/1	上月結存	65,383.00	
10/1	蛋、酒		60.00
10/2	旅費節餘	950.00	
10/2	吳春熙母喪儀		50.00
10/3	寄美木箱及郵票		260.00
10/3	車票（回數票）		19.00
10/3	本月待遇	1,000.00	
10/3	保險費		25.00
10/3	本月眷貼	100.00	
10/3	同人捐		10.00
10/3	五期衣料		80.00
10/4	午飯		20.00
10/5	華美周刊、茶葉、水果		40.00
10/6	聚餐、書刊		7.00
10/7	兩週待遇	1,915.00	
10/7	同仁捐		65.00
10/7	食品券、水果		56.00
10/8	藥四種		118.00
10/9	周君父喪賻		50.00
10/10	逢化文長女婚禮		100.00
10/11	車票、拖鞋、車費、理髮		96.00
10/11	家用		200.00
10/11	交衍訓		100.00
10/11	送姑母被單		100.00
10/11	牙膏、游高展飲料、棉毛衫		69.00
10/12	雞蛋、鹽蛋、肥皂、酒		86.00
10/16	黨費、吳稚暉銅像捐		19.00
10/17	光復會車馬費	300.00	
10/17	日來家用		800.00
10/17	家用		1,800.00
10/18	食物、印文件		24.00

日期	摘要	收入	支出
10/19	肥皂、酒、書刊		39.00
10/21	兩週待遇	1,915.00	
10/21	標會息	60.00	
10/21	水果		12.00
10/22	蛋		50.00
10/24	家用（衣料）		400.00
10/24	家用		100.00
10/24	理髮		5.00
10/24	洗衣、茶葉		15.00
10/25	午飯		9.00
10/31	十一月份待遇	1,000.00	
10/31	保險費、六期衣料		105.00
10/31	下月眷貼	100.00	
10/31	同仁捐		10.00
10/31	皮鞋		260.00
	合計	72,723.00	5,259.00
	本月結存		67,464.00

日期	摘要	收入	支出
11/1	上月結存	67,464.00	
11/1	禮品、車票		86.00
11/4	兩週待遇並加班	2,155.00	
11/4	同人捐		20.00
11/4	蛋		50.00
11/4	防癆印花		50.00
11/4	襪二雙、郵票、酒、肥皂、洗衣		117.00
11/6	換鞋跟、俱樂部年費、水果		43.00
11/7	車錢、水果、理髮		19.00
11/9	車錢、車票、牙籤		29.00
11/11	味精、水果、郵票		31.00
11/11	車票		48.00
11/11	肥皂、牙膏、玩具		57.00
11/11	酒、豆豉、水仙		57.00
11/13	旅費節餘	1,200.00	
11/13	家用		500.00
11/14	子女教育費	270.00	
11/14	蛋、餅乾、電影		83.00
11/19	書刊、鞋油、修鞋		11.00
11/18	兩週待遇並加班	2,155.00	
11/18	同仁捐		67.00
11/18	家用		800.00
11/21	光復會車馬費	300.00	
11/21	砂糖、理髮		27.00
11/22	看病、紹彭理髮等		17.00
11/22	家用		300.00
11/23	茶葉、郵簡		30.00
11/25	陳崇禮子蛋糕		40.00

日期	摘要	收入	支出
11/25	蛋、車錢		39.00
11/28	煙		7.00
11/30	修理房屋、工料費		1,480.00
11/30	修屋木料		900.00
11/30	修屋其他材料		2,256.00
11/30	綸祥倒帳		2,500.00
11/30	歡送 John Gould 公份		70.00
11/30	午餐及花生米、車錢		20.00
	總計	73,544.00	9,754.00
	本月結存		63,790.00

日期	摘要	收入	支出
12/1	上月結存	63,790.00	
12/1	食品等		5.00
12/2	兩週待遇	1,966.00	
12/2	同人火災捐		40.00
12/2	臨時藥品		20.00
12/3	蛋		70.00
12/4	送周天固慰火災		300.00
12/4	送孔君慰火災		100.00
12/5	本月待遇	1,000.00	
12/5	扣衣料一期		72.00
12/5	年修加發一個月	1,000.00	
12/5	保險同人捐		35.00
12/5	本月眷貼	100.00	
12/5	禮法		5.00
12/5	水果		10.00
12/5	方念諧喜儀		60.00
12/7	食品 coupon、月曆		55.00
12/8	水果、麵食		15.00
12/11	縫工		600.00
12/11	蛋、食品、蚊香		95.00
12/12	水果		20.00
12/13	張福濱子喜儀		50.00
12/13	洗染衣服		50.00
12/13	電影、糖果		25.000
12/14	DDT、書刊		10.00
12/15	光復會車馬費	300.00	
12/15	蛋、木瓜		22.00
12/15	同仁捐		10.00
12/16	賀年明信片、郵票、餅乾		50.00
12/16	兩週待遇	1,966.00	
12/16	同人捐		10.00
12/17	借韓質生及匯費		504.00
12/17	家用		600.00
12/19	書刊、日曆、食品、水果、紹因襪		32.00

日期	摘要	收入	支出
12/20	汽車、看病、禮法、名片二百		81.00
12/21	糖果、賀年片、洗衣、郵票、紹中毛筆		58.00
12/23	提名代表聚餐、奶粉、木瓜		136.00
12/23	家用		500.00
12/24	光復會出席費	200.00	
12/24	劉允中生子公分		40.00
12/24	國大年會費	1,000.00	
12/24	維生素 B		200.00
12/24	一月份待遇	1,000.00	
12/24	水果		24.00
12/24	車票		48.00
12/24	郵票、同仁捐		40.00
12/24	壽險		25.00
12/24	扣二期衣料		120.00
12/25	德芳唇膏		50.00
12/26	陳長興	1,000.00	
12/26	專案借支		63.00
12/28	鹽蛋、糖		20.00
12/30	兩週待遇	2,488.00	
12/30	兩次包裹稅		95.00
12/30	華美週刊、郵簡、同人捐		60.00
12/30	景美地價稅		90.00
12/31	家用		4,800.00
12/31	水果、換鞋跟		36.00
	總計	75,810.00	9,351.00
	本月結存		66,159.00

吳墉祥簡要年表

1909 年	出生於山東省棲霞縣吳家村。
1914-1924 年	入私塾、煙台模範高等小學（11 歲別家）、私立先志中學。
1924 年	加入中國國民黨。
1927 年	入南京中央黨務學校。
1929 年	入中央政治學校（國立政治大學前身）財政系。
1933 年	大學畢業，任大學助教講師。
1937 年	任職安徽地方銀行。
1945 年	任山東省銀行總經理。
1947 年	任山東齊魯公司常務董事兼董事會秘書長。當選第一屆棲霞國民大會代表。
1949 年 7 月	乘飛機赴台，眷屬則乘秋瑾輪抵台。
1949 年 9 月	與友協力營救煙台聯中校長張敏之。
1956 年	任美國援華機構安全分署高級稽核。
1965 年	任台達化學工業公司財務長。
1976 年	退休。
2000 年	逝世於台北。

民國日記 48

吳墉祥在台日記（1959）

The Diaries of Wu Yung-hsiang at Taiwan, 1959

原　　著	吳墉祥
主　　編	馬國安
總 編 輯	陳新林、呂芳上
執行編輯	林弘毅
封面設計	陳新林
排　　版	溫心忻

出　　版　🛡️ 開源書局出版有限公司

香港金鐘夏慤道 18 號海富中心
1 座 26 樓 06 室
TEL：+852-35860995

🏵️ 民國歷史文化學社 有限公司

10646 台北市大安區羅斯福路三段
37 號 7 樓之 1
TEL：+886-2-2369-6912
FAX：+886-2-2369-6990

初版一刷	2020 年 11 月 30 日
定　　價	新台幣 400 元
	港　幣 105 元
	美　元 15 元
I S B N	978-986-99750-1-8
印　　刷	長達印刷有限公司
	台北市西園路二段 50 巷 4 弄 21 號
	TEL：+886-2-2304-0488

http://www.rchcs.com.tw

國家圖書館出版品預行編目 (CIP) 資料

吳墉祥在台日記 (1959) = The diaries of Wu
Yung-hsiang at Taiwan. 1959/ 吳墉祥原著 ; 馬國
安主編 . -- 初版 . -- 臺北市 : 民國歷史文化學社有
限公司 , 2020.11

　面；　公分 . -- (民國日記 ; 48)

ISBN 978-986-99750-1-8 (平裝)

1. 吳墉祥　2. 臺灣傳記　3. 臺灣史　4. 史料

783.3886　　　　　　　　　109019380